サクッとうかる

日商1級

完成編テキスト【第2版】

商業簿記・会計学

JN076333

ネットスクール出版

改訂によりここが変わりました！

－１級商業簿記・会計学－　2021 年 11 月

「サクッとうかる日商１級 テキスト 完成編」を初版から第２版へ改訂するにあたり、主に以下の点を追加しました。

１．会計基準の新設に伴う追加

① 「収益認識に関する会計基準」による収益認識の Chapter を新設
② 「収益認識に関する会計基準」による原価回収基準の処理

２．最近の本試験での出題に伴う追加

① 四半期財務諸表
② セグメント情報
③ 賃貸等不動産
④ 連結会計における取得関連費用の処理
⑤ 子会社でその他有価証券評価差額金がある場合の持分変動の処理

本書は 2021 年 11 月 1 日時点の会計基準等にもとづいて作成されています。

この本を手にとった方へ

『サクッとうかる日商１級商業簿記・会計学』は、**日商１級商業簿記・会計学で合格点をとる**ことを目的としたものです。

日商１級の平均合格率は10％、平均学習期間は１年～２年。

このことからも日商１級のレベルの高さ、出題範囲の広さがわかることと思います。

けれども、難しい問題ばかり出題され、それが解けなければ受からないという試験ではありません。たまにそのような問題が出題されることもありますが、大部分は基本がしっかり身についていれば確実に解くことができ、そして合格点がとれる問題です。

ただし、範囲が広いので、効率的に学習することも重要です。

この本では、**基本を効率的に、そして確実に身につける**ことを重視し、**内容の重要度**を明らかにした構成になっています。また、１級ではありますが、**平易な表現**を用いており、さらに類書に例がないほど**図やイラストを多用**しています。

本書の活用により、合格に必要な知識を確実にサクッと身につけていただけることでしょう。

「２級まで学習したけど、１級は難しいからなぁ」と１級の学習を迷っている方、「少し勉強してみたけど、どうも難しかった」という方…まずはこのテキストを読んでみませんか。

皆様が日商１級に合格されることを心よりお祈りいたします。

CONTENTS

この本を手にとった方へ ········ iii
本書の構成 ····················· vii

Chapter1

リース会計２
❶セール・アンド・リースバック··············2
❷リース契約の中途解約······················8
❸リース料の前払い························12
（研究）
見積現金購入価額をリース資産の取得原価とする場合 ·16

Chapter2

有価証券２
❶有価証券の計上時点······················18
（参考）売手の処理······················20
❷外貨建満期保有目的債券（利息法）·········22
（研究）税効果会計で回収が見込まれない場合···26

Chapter3

外貨換算会計２
❶為替予約（独立処理）····················28
（参考）予定取引························32
（研究）税率が変わった場合の税効果·······36

Chapter4

有形固定資産２
❶固定資産の取得原価······················38
（参考）借入資本の利子の処理·············39
❷資本的支出と収益的支出··················42
（参考）取替法··························48
（参考）総合償却························48

Chapter5

繰　延　資　産　❶繰延資産……………………………54

Chapter6

連　結　会　計　3　❶連結上の退職給付会計……………………66
（参考）その他の包括利益の組替調整………74
（参考）退職給付に係る資産………………75
（研究）数理計算上の差異の計算方法………79
❷子会社株式の追加取得……………………81
❸子会社株式の売却…………………………92
❹段階取得による支配獲得…………………103
（参考）評価差額の実現……………………112

Chapter7

連　結　会　計　4　❶在外子会社の財務諸表項目の換算…………114
❷在外子会社の連結…………………………122
（参考）外貨建てのれん……………………126
❸株式交換の連結上の処理…………………131
❹株式移転の連結上の処理…………………136
（参考）交付株式数の決定…………………140
❺連結キャッシュ・フロー計算書…………146

Chapter8

本　支　店　会　計　❶本支店会計　復習のポイント……………160
❷期中取引……………………………………163
❸本支店合併財務諸表の作成………………171
❹帳簿の締切り………………………………177
❺在外支店の財務諸表項目の換算…………190

Chapter9

収　益　認　識　❶収益認識の基本的処理……………………198
❷収益認識に係る個別論点…………………220

Chapter10

工　事　契　約　❶工事契約の会計（建設業会計）……………236
❷工事契約の会計処理…………………………247
（参考）工事損失引当金………………………253

Chapter11

特殊商品売買　❶特殊商品売買………………………………260
❷委託販売………………………………………263
（参考）受託販売……………………………276
❸試用販売………………………………………278
❹未着品売買……………………………………290
❺割賦販売………………………………………295

Chapter12

特　殊　論　点　1　❶総記法…………………………………………306
（豆知識）トレーディング目的で保有する棚卸資産　310
❷オプション取引………………………………311
（参考）予定取引に係るオプション………314
（参考）貸付金の譲渡………………………317
（参考）有価証券の保有目的の変更………321

Chapter13

特　殊　論　点　2　❶事業分離（連結）…………………………326
（参考）共同支配企業の形成………………333
❷分配可能額……………………………………337
❸四半期財務諸表………………………………357
（参考）セグメント情報……………………365
（参考）賃貸等不動産………………………369
❹不動産の流動化………………………………373
❺概念フレームワーク…………………………382

さくいん……………………………………………387

本書の構成

簿記の試験であるため、まずは各チャプターの仕訳をできるようにすること、また総合問題での出題が多いため、各チャプターの後ろにある（基本問題）を解けるようにして、自分のできる範囲を広げていきましょう！

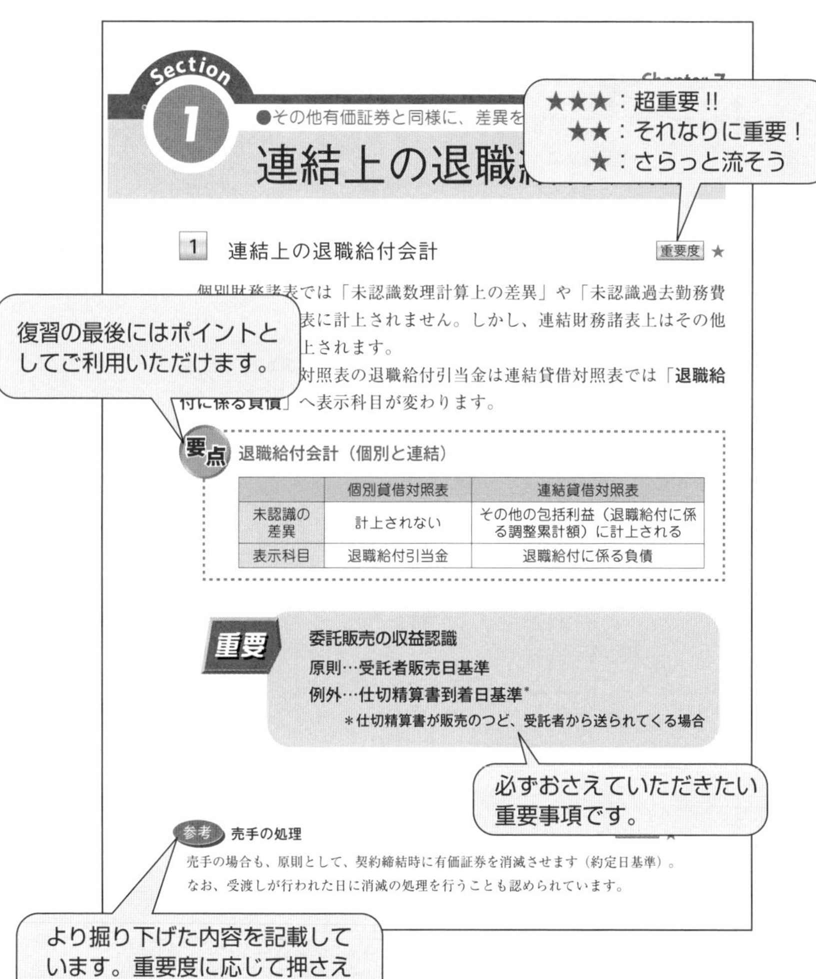

内容についての確認問題です。
必ず解けるようにしてください。

基本問題

次の資料にもとづき、当期末（×５年３月31日）の貸借対照表および損益計算書を作成しなさい。円未満の端数が生じた場合には、四捨五入する。

決算整理前残高試算表

×５年３月31日　（単位：円）

備　品	10,000	備品減価償却累計額	2,000

１．決算整理事項

(1)×２年４月１日に、所有する以下の備品についてリース会社とセール・アンド・リースバック取引を行ったが、未処理である。

取得原価 10,000 円、減価償却累計額 2,000 円

減価償却方法：定額法、経済的耐用年数：５年、残存価額：ゼロ、間接法

(2)セール・アンド・リースバック取引

売却価額：9,000 円、年間リース料：2,480 円（３月末日に後払い）

リース期間：４年間、リースバック以降の経済的耐用年数：４年

貸手の計算利子率：４％、所有権移転条項：あり

答案用紙

（単位：円）

貸借対照表

Ⅱ　固定資産
　１ 有形固定資産
　　リース資産（　　　）
　　減価償却累計額（　　　）
　　　⋮　　　⋮
Ⅰ　流動負債
　　リース債務（　　　）
Ⅱ　固定負債
　　リース債務（　　　）
　　長期前受収益（　　　）

損益計算書

Ⅲ　販売費及び一般管理費
　　減価償却費（　　　）
　　　⋮　　　⋮
Ⅴ　営業外費用
　　支払利息（　　　）

➡ トレーニングの 問題１ へ！

トレーニング（別売り）との対応を示しています。
あわせて解いて、はじめて実力が定着します。

Chapter 1

リース会計2

リース会計の応用論点ですが本試験で出題されていますので、しっかりおさえましょう！

●売却したけどモノが動いていない場合の損益は？

セール・アンド・リースバック

1 セール・アンド・リースバック取引とは 重要度 ★

セール・アンド・リースバックとは、借り手が所有する固定資産を貸し手に売却（セール）し、貸し手からその固定資産のリースを受ける（リースバック）取引をいいます。

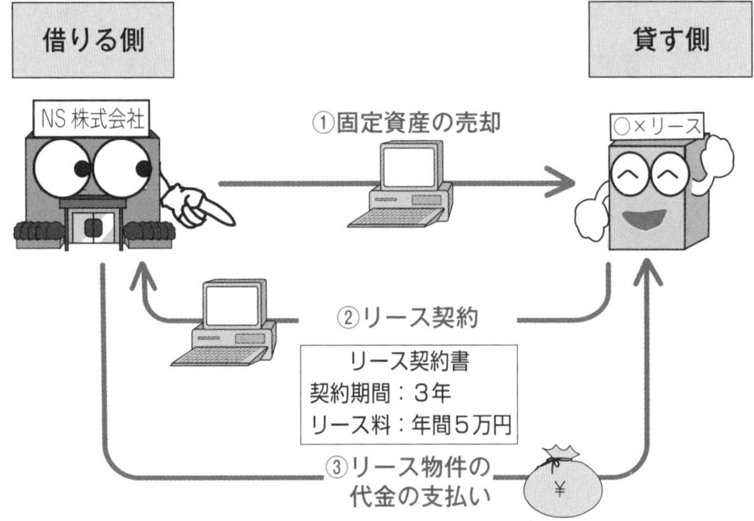

セール・アンド・リースバックにより、借り手は固定資産を所有したまま、売却による資金調達ができることから、その実態は、「固定資産を担保とした借入れ」といえます。

2 セール・アンド・リースバック取引の処理 重要度★★★

(1)固定資産売却時

セール・アンド・リースバック取引がファイナンス・リース取引に該当する場合、固定資産の売却にかかる損益は**長期前受収益または長期前払費用として繰り延べます**。

(2)リースバック時・リース料支払い時

リース資産・リース債務を計上します。なお、計上額は以下のとおりとなります。リース料の支払いの処理は、通常のリース取引と同じです。

①所有権移転ファイナンス・リース取引の場合
貸し手の購入価額(借り手の売却価額)
②所有権移転外ファイナンス・リース取引の場合
貸し手の購入価額(借り手の売却価額)とリース料総額の割引現在価値のうち、いずれか低い方

所有権移転ファイナンス・リース取引が出題されることが多いため、借り手の売却価額をリース資産とすると押さえれば十分です!

(3)決算時

通常のファイナンス・リース取引と同様に、減価償却を行います。ただし、残存価額は、固定資産売却前の当初の取得価額にもとづいて計算します。

さらに長期前受収益または長期前払費用は、毎期のリース資産に対する減価償却費の割合に応じて償却し、減価償却費に加減します。

定額法であれば、残存耐用年数にわたって長期前受収益または長期前払費用を減価償却費に加減します。

例

●次の資料より、(1)売却時、(2)リースバック時、(3)リース料支払時、(4)決算時の仕訳を行う。決算日は３月31日である。対価の受払いは当座預金口座より行う。

(1)×２年４月１日に、所有する以下の備品についてリース会社とセール・アンド・リースバック取引を行った。

取得原価 10,000円、減価償却累計額 2,000円

減価償却方法：定額法、経済的耐用年数：５年、

残存価額：ゼロ、間接法

(2)セール・アンド・リースバック取引（所有権移転）

売却価額：9,000円、年間リース料：2,480円（３月末日に後払い）

リース期間：４年間、リースバック以降の経済的耐用年数：４年

貸手の計算利子率：４％

(1)×２年４月１日（売却時）

（借）	備品減価償却累計額	2,000	（貸）備　　品	10,000
	当座預金	9,000	長期前受収益	1,000

9,000円－（10,000円－2,000円）＝1,000円

(2)×２年４月１日（リースバック時）

（借）	リース資産	9,000	（貸）リース債務	9,000

売却価額

⑶×３年３月31日（リース料支払時）

（2,480円－360円＝2,120円）

（借）リース債務	2,120	（貸）当座預金	2,480
支払利息	360		

（9,000円×４％＝360円）

⑷×３年３月31日（決算時）

（9,000円÷４年＝2,250円）

（借）減価償却費	2,250	（貸）リース資産減価償却累計額	2,250
（借）長期前受収益	250	（貸）減価償却費	250

（1,000円÷４年＝250円）

長期前受収益の償却の計算は、正確には以下のようになります。

$$1{,}000\text{円}\times\frac{2{,}250\text{円（減価償却費）}}{9{,}000\text{円（取得原価）}}=250\text{円}$$

ただし、定額法の場合、$\frac{2{,}250\text{円（減価償却費）}}{9{,}000\text{円（取得原価）}}$＝0.25となり、

耐用年数４年の償却率と等しくなるため、耐用年数で割って計算できます。

※長期前払費用と長期前受収益の貸借対照表の表示
長期前払費用と長期前受収益は純粋な経過勘定ではないため、１年以内分と１年超分を分けずに、まとめて、投資その他の資産・固定負債の区分に表示することが多いです。

基本問題

次の資料にもとづき、当期末（×5年3月31日）の貸借対照表および損益計算書を作成しなさい。円未満の端数が生じた場合には、四捨五入する。

決算整理前残高試算表

×5年3月31日　（単位：円）

備品	10,000	備品減価償却累計額	2,000

1．決算整理事項

(1)×4年4月1日に、所有する以下の備品についてリース会社とセール・アンド・リースバック取引を行ったが、未処理である。

取得原価 10,000円、減価償却累計額 2,000円

減価償却方法：定額法、経済的耐用年数：5年、残存価額：ゼロ、間接法

(2)セール・アンド・リースバック取引

売却価額：9,000円、年間リース料：2,480円（3月末日に後払い）

リース期間：4年間、リースバック以降の経済的耐用年数：4年

貸手の計算利子率：4％、所有権移転条項：あり

答案用紙

（単位：円）

貸借対照表

Ⅱ　固定資産
　1 有形固定資産
　　リース資産（　　　）
　　減価償却累計額（　　　）
　　⋮　　　⋮
Ⅰ　流動負債
　　リース債務（　　　）
Ⅱ　固定負債
　　リース債務（　　　）
　　長期前受収益（　　　）

損益計算書

Ⅲ　販売費及び一般管理費
　　減価償却費（　　　）
　　⋮　　　⋮
Ⅴ　営業外費用
　　支払利息（　　　）

解答

（単位：円）

貸借対照表		損益計算書	
Ⅱ　固定資産		Ⅲ　販売費及び一般管理費	
1 有形固定資産		減価償却費	（ 2,000 ）
リース資産	（ 9,000 ）	⋮	⋮
減価償却累計額	（ 2,250 ）	Ⅴ　営業外費用	
⋮	⋮	支払利息	（ 360 ）
Ⅰ　流動負債			
リース債務	（ 2,205 ）		
Ⅱ　固定負債			
リース債務	（ 4,675 ）		
長期前受収益	（ 750 ）		

(1)　備品の売却

（借）	備品減価償却累計額	2,000	（貸）	備品	10,000
	当座預金	9,000		長期前受収益	1,000*

＊ 9,000円－（10,000円－2,000円）＝1,000円

(2)　リースバック時

（借）	リース資産	9,000	（貸）	リース債務	9,000

(3)　リース料支払い時

（借）	リース債務	2,120＊2	（貸）	当座預金	2,480
	支払利息	360＊1			

＊1　9,000円×4％＝360円　　＊2　2,480円－360円＝2,120円

(4)　決算時

（借）	減価償却費	2,250＊1	（貸）	リース資産減価償却累計額	2,250
（借）	長期前受収益	250＊2	（貸）	減価償却費	250

＊1　9,000円÷4年＝2,250円　　＊2　1,000円÷4年＝250円

(5)　リース債務の分類

リース債務残高：9,000円－2,120円＝6,880円

翌期支払利息：6,880円×4％＝275.2→275円

翌期返済分：2,480円－275円＝2,205円（流動負債）

翌々期以降返済分：6,880円－2,205円＝4,675円（固定負債）

➡ トレーニングの 問題1 へ！

●解約すると、リース資産とリース債務がなくなる。

リース契約の中途解約

1 リース契約の中途解約とは

重要度 ★

リース期間終了前に契約を解約した場合、借り手は貸し手に違約金（契約解除金）を支払うとともに、リース債務の残高を一括返済します。

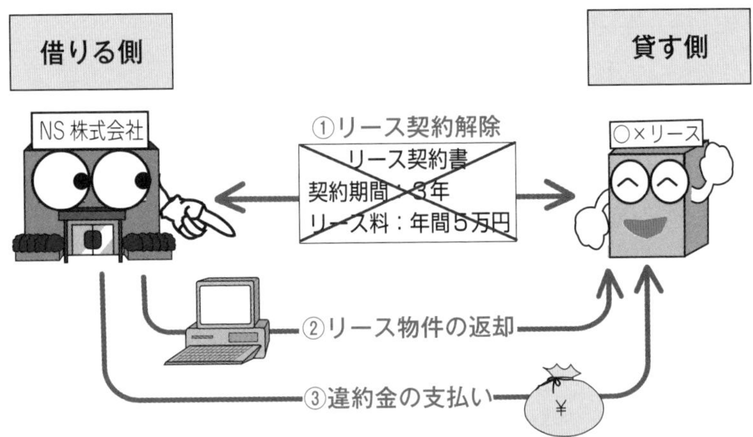

ファイナンス・リースの２要件のノンキャンセラブル（解約不能）には、中途解約の際に高額の違約金がかかるため、実質的に中途解約ができないことが含まれます。

2 中途解約の処理

重要度 ★★

解約によりリース債務は消滅するためリース債務残高を減らし、支払う違約金との差額を**リース債務解約損**として処理します。

また、リース物件を返還するため、リース資産の帳簿価額を**リース資産除却損**として処理します。

例

●備品に係る所有権移転ファイナンス・リース契約について当期首（×5年4月1日）をもって中途解約し、違約金3,000円は小切手を振り出して支払った。下記の資料にもとづいて、中途解約時の仕訳を行う。

〈リース契約の内容〉

・契約日：×1年4月1日　リース期間：5年
・リース料：年額2,400円（毎年3月31日に当座預金より支払い）
・リース資産の計上額：10,000円
　リース債務の前期末残高：2,050円
・リース資産の減価償却：経済的耐用年数5年、残存価額0円、定額法、間接法
・リース資産減価償却累計額の前期末残高：8,000円

(1)違約金の支払い

(借)			(貸)	
リース債務	2,050		当座預金	3,000
リース債務解約損	950			

3,000円－2,050円＝950円

(2)リース資産の返還

(借)			(貸)	
リース資産減価償却累計額	8,000		リース資産	10,000
リース資産除却損	2,000			

10,000円－8,000円＝2,000円

基本問題

次の資料にもとづき、当期末（×5年3月31日）の損益計算書を作成しなさい。

決算整理前残高試算表

×5年3月31日　　　　（単位：円）

リース資産	9,000	リース債務	4,675
		リース資産減価償却累計額	4,500

1．決算整理事項

備品に係る所有権移転外ファイナンス・リース契約について当期末（×5年3月31日）をもって中途解約したが、期末のリース料の支払い、違約金5,000円の支払い（いずれも小切手振出し）とリース資産の返還の処理が未処理である。

〈リース契約の内容〉

・契約日：×2年4月1日　リース期間：4年、利子率：4％

・リース料：年額2,480円（毎年3月31日に当座預金より支払い）

・リース資産の減価償却：経済的耐用年数4年、残存価額0円、定額法

答案用紙

（単位：円）

損益計算書

Ⅲ　販売費及び一般管理費

減価償却費（　　　）

⋮　　⋮

Ⅴ　営業外費用

支払利息（　　　）

⋮　　⋮

Ⅶ　特別損失

リース債務解約損（　　　）

リース資産除却損（　　　）

解答

(単位：円)

損益計算書

Ⅲ	販売費及び一般管理費	
	減価償却費	(2,250)
	⋮	⋮
Ⅴ	営業外費用	
	支払利息	(187)
	⋮	⋮
Ⅶ	特別損失	
	リース債務解約損	(2,618)
	リース資産除却損	(2,250)

(1) リース料の支払い

(借)	リース債務	2,293 *2	(貸)	当座預金	2,480
	支払利息	187 *1			

＊1　4,675円×4％＝187円
＊2　2,480円－187円＝2,293円

リース債務残高：4,675円－2,293円＝2,382円

(2) 違約金の支払い

(借)	リース債務	2,382	(貸)	当座預金	5,000
	リース債務解約損	2,618 *			

＊　5,000円－2,382円＝2,618円

(3) 減価償却およびリース資産の返還

(借)	減価償却費	2,250 *1	(貸)	リース資産減価償却累計額	2,250
(借)	リース資産減価償却累計額	6,750 *2	(貸)	リース資産	9,000
	リース資産除却損	2,250 *3			

＊1　9,000円÷4年＝2,250円
＊2　4,500円＋2,250円＝6,750円
＊3　9,000円－6,750円＝2,250円

➡ トレーニングの 問題2 へ！

●利息はお金を借りる期間に応じて発生。

リース料の前払い

1　リース料の前払いの処理

重要度 ★★

リース料を前払いする場合には、リース契約開始時に最初のリース料を支払います。リース契約開始時に支払うリース料は、全額リース債務を減少させます。

そして、利払日が決算日と異なる場合には、決算日に利息の見越し計上を行います。

支払利息は時の経過により発生するため、リース開始時には利息は発生していないからです。

要点

リース料の前払い

①リース契約時のリース料：全額をリース債務の減少とする
②決算時：当期分の利息の見越し計上

例

●次の資料にもとづいて⑴当期首および⑵当期末において必要な仕訳を行う。決算日は３月31日である。

・当期首に次の所有権移転外ファイナンス・リース契約にもとづき、備品を調達した。リース期間：４年、リース料の支払い：毎年４月１日に年額10,000円を当座預金より支払う。
・リース資産の取得原価：37,000円
・備品の経済的耐用年数は５年である。
・利子率は年５％を用いる。
・リース資産の減価償却は、定額法、残存価額ゼロ、間接法による。

⑴取得時・リース料支払い時（当期首）

（借）リース資産	37,000	（貸）リース債務	37,000
（借）リース債務	10,000	（貸）当座預金	10,000

⑵決算時

①利息の見越し計上

（借）支払利息	1,350*	（貸）未払利息	1,350

リース債務：37,000円－10,000円＝27,000円
支払利息：27,000円×５％＝1,350円

②減価償却

（借）減価償却費	9,250*	（貸）リース資産減価償却累計額	9,250

37,000円÷４年＝9,250円

基本問題

次の資料にもとづき、当期末（×５年３月31日）の貸借対照表および損益計算書を作成しなさい。

決算整理前残高試算表

×５年３月31日　　　（単位：円）

リース資産	37,000	リース債務	37,000

1．決算整理事項

・当期首に次の所有権移転外ファイナンス・リース契約にもとづき、備品を調達し、リース資産・リース債務を計上した。
リース期間：４年、リース料の支払い：×４年４月１日に年額10,000円を当座預金より支払ったが未処理である。

・リース資産の取得原価：37,000円

・備品の経済的耐用年数は５年である。

・利子率は年５％を用いるものとする。

・リース資産の減価償却は、定額法、残存価額ゼロ、間接法による。

答案用紙

（単位：円）

貸借対照表

Ⅱ　固定資産

　1 有形固定資産

　　リース資産（　　　）

　　減価償却累計額（　　　）

　　⋮　　　⋮

Ⅰ　流動負債

　　リース債務（　　　）

　　未払費用（　　　）

Ⅱ　固定負債

　　リース債務（　　　）

損益計算書

Ⅲ　販売費及び一般管理費

　　減価償却費（　　　）

　　⋮　　　⋮

Ⅴ　営業外費用

　　支払利息（　　　）

解答

（単位：円）

貸借対照表		損益計算書	
Ⅱ　固定資産		Ⅲ　販売費及び一般管理費	
1 有形固定資産		減価償却費	（ 9,250 ）
リース資産	（ 37,000 ）	：	：
減価償却累計額	（ 9,250 ）	Ⅴ　営業外費用	
：	：	支払利息	（ 1,350 ）
Ⅰ　流動負債			
リース債務	（ 8,650 ）		
未払費用	（ 1,350 ）		
Ⅱ　固定負債			
リース債務	（ 18,350 ）		

(1)　リース料の支払い

(借) リース債務	10,000	(貸) 当座預金	10,000

リース債務残高：37,000円－10,000円＝27,000円

(2)　決算時

①　利息の見越し計上

(借) 支払利息	1,350＊	(貸) 未払利息	1,350

＊ 27,000円×5％＝1,350円

②　減価償却

(借) 減価償却費	9,250＊	(貸) リース資産減価償却累計額	9,250

＊37,000円÷4年＝9,250円

(3)　リース債務の分類

リース債務残高：27,000円

翌期支払利息：1,350円

翌期返済分：10,000円－1,350円＝8,650円（流動負債）

翌々期以降返済分：27,000円－8,650円＝18,350円（固定負債）

➡ トレーニングの 問題3 へ！

見積現金購入価額をリース資産の取得原価とする場合

リース取引で貸し手の購入価額が明らかでない場合に、見積現金購入価額がリース料総額の割引現在価値より低いときは、見積現金購入価額をリース資産の取得原価とします。

このとき支払利息の計算では、**「見積現金購入価額とリース料総額の割引現在価値が等しくなる割引率」**を用います*。

＊追加借入利子率で支払利息を計算すると、最終的にリース債務残高がゼロとならなくなるからです。

【例】A社は、備品を以下のファイナンス・リース取引により使用している。

次の場合につき1年目のリース料支払時の仕訳を示しなさい。なお、円未満の端数は四捨五入すること。

・リース期間は3年であり、年間の支払リース料は10,000円（後払い）である。

・備品の見積現金購入価額は27,232円である。

・当社の追加借入利子率は4％であり、このときの年金現価係数は2.7751（3年）である。

・見積現金購入価額とリース料総額の割引現在価値が等しくなる割引率は5％である。

⑴リース資産の取得原価

リース料総額の割引現在価値：10,000円×2.7751＝27,751円

見積現金購入価額：27,232円

27,751円＞27,232円　∴リース資産の取得原価：27,232円

（借）	リース資産	27,232	（貸）リース債務	27,232

⑵リース料支払時

（借）	リース債務	8,638*2	（貸）現金預金	10,000
	支払利息	1,362*1		

＊1　27,232円×5％＝1,361.6→1,362円

＊2　10,000円－1,362円＝8,638円

Chapter 2

有価証券２

　有価証券の計上時点と外貨建満期保有目的債券は本試験でたまに出題されます。

●会計期間をまたいで売買した場合の処理は？

有価証券の計上時点

1 有価証券の計上時点

重要度 ★★

有価証券などの金融商品を取得したときは、原則として、取得する契約を締結した日（約定日）に取得の処理を行います。これを、**約定日基準**（やくじょうびきじゅん）といいます。

ただし、例外として有価証券の場合のみ、受渡しが実際に行われた日に取得の処理を行うことも認められています。これを**修正受渡日基準**（しゅうせいうけわたしびきじゅん）といいます。

例

●次の各取引の仕訳を、(1)約定日基準、(2)修正受渡日基準によりそれぞれ示しなさい。

(1)×1年3月29日
N社（当社）は、S社が保有する株式（S社の簿価70円）を100円で購入する契約を締結した。売買目的で保有する。

(2)×1年3月31日
株式の時価は120円である。切放法により評価を行う。

(3)×1年4月2日
株式の受渡しが行われ、N社は代金100円を現金で支払った。

(1)約定日基準の場合

①3月29日（約定日）

(借) 売買目的有価証券	100	(貸) 未 払 金	100

②3月31日（決算日）

120円－100円＝20円
時価 ＞ 取得原価

(借) 売買目的有価証券	20	(貸) 有価証券評価損益	20

③4月2日（受渡日）

(借) 未 払 金	100	(貸) 現 金	100

(2)修正受渡日基準の場合

①3月29日（約定日）

仕訳なし

まだ有価証券の受渡しが行われていないので、「仕訳なし」となります。

②3月31日（決算日）

契約時から価格変動リスクは生じているため、時価評価します。

(借) 売買目的有価証券	20	(貸) 有価証券評価損益	20

120円－100円＝20円
時価 ＞ 取得原価

③4月2日（受渡日）

(借) 売買目的有価証券	100	(貸) 現 金	100

参考 売手の処理　　重要度★

売手の場合も、原則として、契約締結時に有価証券を消滅させます（約定日基準）。

なお、受渡しが行われた日に消滅の処理を行うことも認められています（修正受渡日基準）。

ただし、修正受渡日基準の場合でも約定日に売却損益が確定するため、売却損益の計上だけは行います。

【例】

⑴×１年３月29日に、Ｓ社は売買目的有価証券（簿価70円）を100円で売却する契約を締結した。

⑵×１年３月31日（決算日）

⑶×１年４月２日に株式の受渡しが行われ、代金100円を現金で受取った。

(1)約定日基準の場合

①3月29日（約定日）

(借)			(貸)		
(借)	未収金	100	(貸)	売買目的有価証券	70
				有価証券売却益	30

②3月31日（決算日）

仕訳なし

③4月2日（受渡日）

(借)			(貸)		
(借)	現金	100	(貸)	未収金	100

(2)修正受渡日基準の場合

①3月29日（約定日）

(借)			(貸)		
(借)	売買目的有価証券	30	(貸)	有価証券売却益	30

②3月31日（決算日）

仕訳なし

③4月2日（受渡日）

(借)			(貸)		
(借)	現金	100	(貸)	売買目的有価証券	100

現在、株券は発行されず、株式は証券会社などの口座で管理されるため、管理場所が売手の口座から買手の口座に振り替えられたときが受渡しになります。

➡ トレーニングの 問題1 問題2 へ！

●基本的な考え方は定額法と同じ！

外貨建満期保有目的債券(利息法)

1 計算方法

重要度 ★★

外貨建満期保有目的債券について償却原価法（利息法）を採用しているときでも、まず償却原価法を適用し、決算時レートで換算するという基本的な考え方は定額法と同じです。

(1) **償却原価法（利払日）**

利息配分額：外貨建取得原価×実効利子率

利札受取額：外貨建額面金額×券面利子率

外貨建償却額：利息配分額－利札受取額

円建償却額：外貨建償却額×期中平均レート

(2) **決算時レートで換算（決算日）**

為替差損益：外貨建償却原価×決算時レート－（取得原価＋円建償却額）

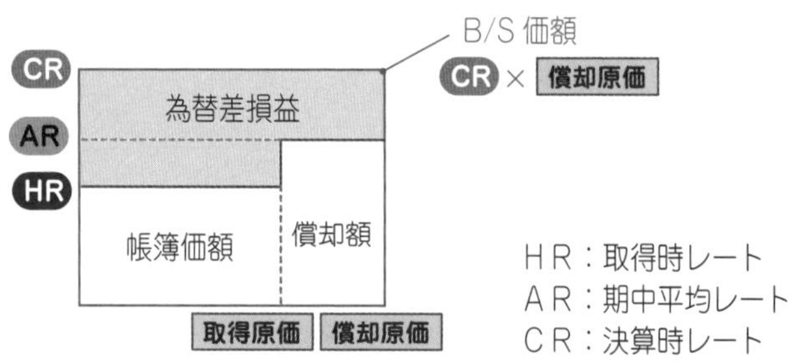

上記の算式を暗記する必要はありません。

例

●次の資料にもとづき、期末の利払日と決算日における仕訳を示しなさい。なお、有価証券利息は現金で受け取っている。

(1)X1年4月1日にA社社債（額面200ドル、償還期日は×6年3月31日）を180ドルで購入した。取得時のレートは1ドル100円である。満期保有目的である。
利払日は3月末日、A社社債の券面利子率は2.5%、市場の実効利子率は5%である。

(2)額面金額と取得価額の差額は金利の調整と認められるため、償却原価法（利息法）を適用する。
期中平均レートは1ドル105円である。
決算時のレートは1ドル110円である。

---

(1)利払日

5ドル×110円　　550円＋420円

(借) 現　　　金	550	(貸) 有価証券利息	970
満期保有目的債券	420		

利息配分額：180ドル×5%＝9ドル
利札受取額：200ドル×2.5%＝5ドル
外貨建償却額：9ドル－5ドル＝4ドル
円建償却額：4ドル×105円＝420円

(2)決算日

(借) 満期保有目的債券	1,820	(貸) 為替差損益	1,820

為替差損益：(180ドル＋4ドル)（外貨建償却原価）×110円（決算時レート）－(18,000円＋420円)＝1,820円

基本問題

次の資料にもとづき、当期末（×５年３月31日）の貸借対照表および損益計算書を作成しなさい。

決算整理前残高試算表

×５年３月31日　　　　（単位：円）

売買目的有価証券	1,000	有価証券利息	550
満期保有目的債券	18,000		

１．決算整理事項

当社が当期末に保有する有価証券は次のとおりである。

	取得原価	当期末時価	保有目的
A社株式	1,000円	1,200円	売買目的
C社社債	180ドル	185ドル	満期保有目的

⑴A社株式は当期に取得したものである。

⑵×５年３月30日に売買目的でB社株式を500円で購入する契約を締結した。受渡日は×５年４月２日である。B社株式の当期末時価は600円で修正受渡日基準を採用する。

⑶C社社債は、×４年４月１日に満期保有目的（額面200ドル、償還期日は×９年３月31日）で購入したものであり、取得時のレートは１ドル100円である。

①額面金額と取得価額の差額は金利の調整と認められるため、償却原価法（利息法）を適用する。期中平均レートは１ドル105円である。

②利払日は３月末日、C社社債の券面利子率は2.5%、市場の実効利子率は５%である。当期の利札の仕訳は処理済みであるが、償却原価法の仕訳が未処理である。決算時のレートは１ドル110円である。

答案用紙

(単位：円)

貸借対照表		損益計算書	
Ⅰ　流動資産		Ⅳ　営業外収益	
有価証券	(　　　)	有価証券利息	(　　　)
：	：	為替差益	(　　　)
Ⅱ　固定資産		有価証券評価益	(　　　)
3 投資その他の資産			
投資有価証券	(　　　)		

解答

(単位：円)

貸借対照表		損益計算書	
Ⅰ　流動資産		Ⅳ　営業外収益	
有価証券	(1,300)	有価証券利息	(970)
：	：	為替差益	(1,820)
Ⅱ　固定資産		有価証券評価益	(300)
3 投資その他の資産			
投資有価証券	(20,240)		

(1)　A社株式

(借) 売買目的有価証券	200*	(貸) 有価証券評価損益	200

＊ 1,200円－1,000円＝200円

(2)　B社株式

(借) 売買目的有価証券	100*	(貸) 有価証券評価損益	100

＊　600円－500円＝100円

(3)　C社社債

(借) 満期保有目的債券	420*1	(貸) 有価証券利息	420
(借) 満期保有目的債券	1,820*2	(貸) 為替差損益	1,820

＊1　利息配分額：180ドル×5％＝9ドル
　　利札受取額：200ドル×2.5％＝5ドル
　　外貨建償却額：9ドル－5ドル＝4ドル
　　円建償却額：4ドル×105円＝420円

＊2　(180ドル＋4ドル)×110円－(18,000円＋420円)＝1,820円

➡ トレーニングの 問題3 へ！

税効果会計で回収が見込まれない場合

繰延税金資産と繰延税金負債の金額は、将来の回収または支払いが見込まれない額を除いて、計上します。

「繰延税金資産の回収可能性がない」とは、当期に将来減算一時差異（当期加算）が発生したけど、将来、差異が解消し課税所得が減算されることによる法人税等の減額が認められない場合をいいます。ここでいう「回収」とは、収入ではなく支払いの減少です。

【例】以下の資料にもとづき、当期末の税効果の仕訳を行う。法定実効税率は40%とする。

⑴売掛金に対する貸倒引当金1,000円を計上したが、税務上、否認された。
⑵退職給付引当金2,000円を計上したが、税務上、否認された。
⑶繰延税金資産の回収可能性を評価した結果、将来の課税所得と相殺可能な将来減算一時差異は2,500円と判断された。

(借) 繰延税金資産	1,000*	(貸) 法人税等調整額	1,000

＊ 2,500円×40%＝1,000円

なお、繰延税金資産の回収不能額については評価性引当額として財務諸表に注記します。

貸借対照表

Ⅱ 固定資産	
3投資その他の資産	
繰延税金資産	1,000

＊(2,500－2,000)×40%＝200

繰延税金資産の発生原因別の内訳

繰延税金資産	
貸倒引当金	400
退職給付引当金	800
繰延税金資産小計	1,200
評価性引当額	△200*
繰延税金資産合計	1,000

Chapter 3

外貨換算会計2

為替予約の独立処理と予定取引を学習します。
いずれも決済時よりも決算時の処理が
出題されていますのでおさえましょう！

●外貨建取引と為替予約を別々に処理

為替予約（独立処理）

1 為替予約の処理

重要度 ★

為替予約の処理には、独立処理（原則）と振当処理（特例）があります。振当処理では、為替予約取引を外貨建取引や外貨建金銭債権債務と別個に考えずに、まとめて処理していました。

一方、独立処理（原則）とは、為替予約取引（ヘッジ手段）と外貨建取引や外貨建金銭債権債務（ヘッジ対象）とを分けて行う処理をいいます。

為替予約は、為替リスクの変動を回避（ヘッジ）するための手段、つまりヘッジ手段です。また、ヘッジする対象は外貨建取引なので、外貨建取引をヘッジ対象といいます。

2 独立処理

重要度 ★★

為替予約は**デリバティブ取引（先物取引）に該当**するため、独立処理では、**決算日に時価評価**を行います。

外貨建取引による外貨建金銭債権債務については、決算日に換算替えを行います。

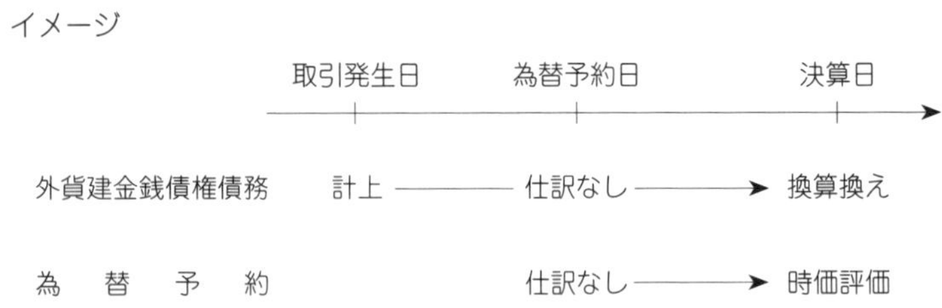

例

●次の資料にもとづき、(1)取引発生時、(2)為替予約時、(3)決算時、(4)翌期首、(5)決済時の仕訳を示しなさい。なお、為替予約は独立処理（洗替法）による。

【資料】

(1)×1年12月1日

商品10ドルを掛けで売り上げた。取引発生時の為替レート（直物）は1ドル108円である。

(2)×2年2月1日

上記の売掛金に為替予約を行った（ドル売予約）。

先物（予約）レートは1ドル104円である。

(3)×2年3月31日

決算日をむかえた。決算時の為替レート（直物）は1ドル103円、先物レートは1ドル101円である。

(4)×2年4月1日

為替予約の差額を振り戻す。

(5)×2年6月30日

上記売掛金が現金で決済された。決済時の為替レート（直物）は1ドル99円、先物レートは1ドル99円である。

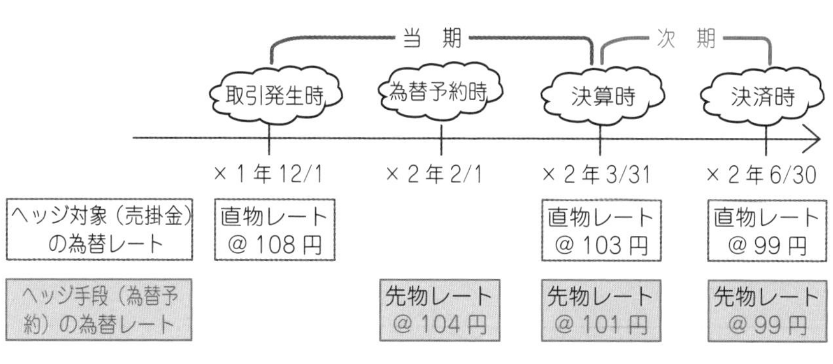

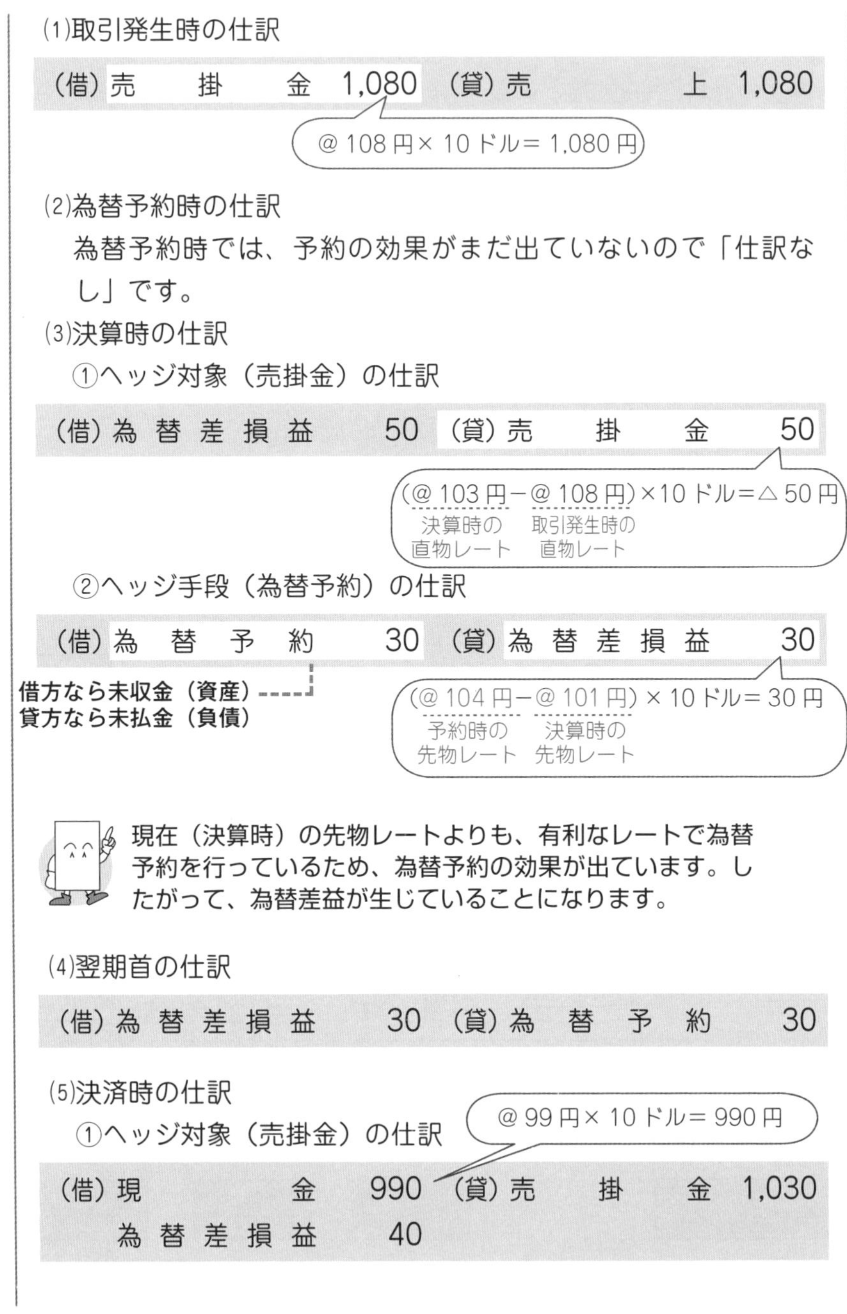

⑴取引発生時の仕訳

(借)	売掛金	1,080	(貸)	売上	1,080

@108円×10ドル＝1,080円

⑵為替予約時の仕訳

為替予約時では、予約の効果がまだ出ていないので「仕訳なし」です。

⑶決算時の仕訳

①ヘッジ対象（売掛金）の仕訳

(借)	為替差損益	50	(貸)	売掛金	50

(@103円－@108円)×10ドル＝△50円
決算時の直物レート　取引発生時の直物レート

②ヘッジ手段（為替予約）の仕訳

(借)	為替予約	30	(貸)	為替差損益	30

借方なら未収金（資産）
貸方なら未払金（負債）

(@104円－@101円)×10ドル＝30円
予約時の先物レート　決算時の先物レート

現在（決算時）の先物レートよりも、有利なレートで為替予約を行っているため、為替予約の効果が出ています。したがって、為替差益が生じていることになります。

⑷翌期首の仕訳

(借)	為替差損益	30	(貸)	為替予約	30

⑸決済時の仕訳

①ヘッジ対象（売掛金）の仕訳

@99円×10ドル＝990円

(借)	現金	990	(貸)	売掛金	1,030
	為替差損益	40			

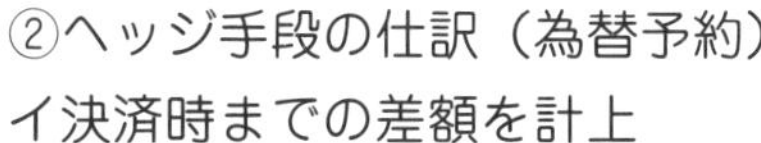

②ヘッジ手段の仕訳（為替予約）

イ決済時までの差額を計上

(借)		(貸)	
為替予約	50	為替差損益	50

（@104円－@99円）×10ドル＝50円

ロ為替予約の消滅

@99円×10ドル＝990円（ドル売り）

(借)		(貸)	
現金	1,040	現金	990
		為替予約	50

@104円×10ドル＝1,040円（円買い）

イとロを合わせると、次の仕訳となります。

(借)		(貸)	
現金	50	為替差損益	50

ドルの売予約

ドル売り

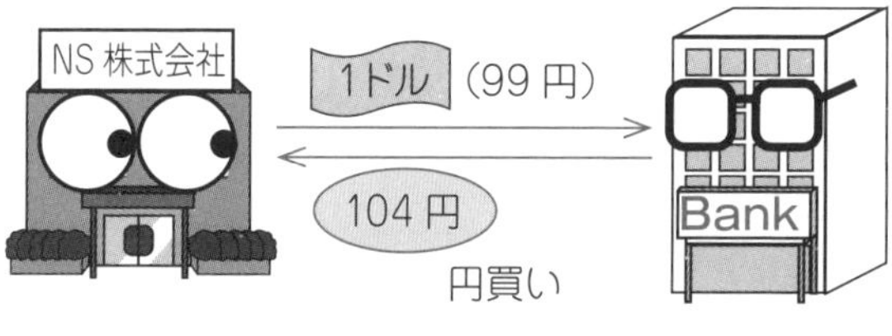

NS株式会社

1ドル （99円）

104円

Bank

円買い

売掛金の決済（ドル売り予約）

（予約時の先物レート－決算時の先物レート）×外貨額＝⊞為替差益（高く予約できた）

⊟為替差損（低く予約してしまった）

買掛金の決済（ドル買い予約）

（決算時の先物レート－予約時の先物レート）×外貨額＝⊞為替差益（低く予約できた）

⊟為替差損（高く予約してしまった）

予定取引

重要度★★

予定取引とは、将来予定されている（まだ行われていない）取引のことをいい、予定取引についても為替予約を行うことができます。

たとえば、翌期に商品を売り上げる予定があるけれども、円高（1 ドル 100 円→ 1 ドル 90 円）が予想される場合、これに備えて、為替予約を取引の前に行うことができます。

予定取引の処理方法はいくつかありますが、ここでは振当処理のみ説明します。

【例】次の資料にもとづき、(1)為替予約時、(2)決算時、(3)翌期首、(4)取引発生時、(5)決済時の仕訳を示しなさい。なお、為替予約は振当処理による。

【資料】

(1)×２年２月１日	×２年４月 20 日に予定されている商品 10 ドルの売上にともなって生じる売掛金に、為替予約（ドル売予約）を行った。予約レートは１ドル 104 円である。
(2)×２年３月 31 日	決算日をむかえた。決算時の先物レートは１ドル 101 円である。
(3)×２年４月１日	期首につき、再振替仕訳を行う。
(4)×２年４月 20 日	予定どおり、商品 10 ドルを掛けで売り上げた。取引発生時の為替レート（直物）は１ドル 102 円である。
(5)×２年６月 30 日	上記売掛金が現金で決済された。決済時の為替レート（直物）は１ドル 99 円、先物レートは１ドル 99 円である。

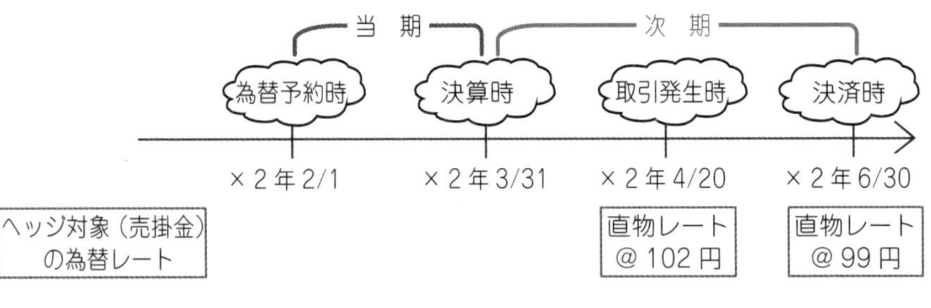

(1) 為替予約時の仕訳

為替予約時では、予約の効果がまだ出ていないので「仕訳なし」となります。

(2) 決算時の仕訳

振当処理の場合、当期末に振り当てる売掛金が発生していないため、為替予約差額を売掛金に振り当てることはできません。

そこで、為替予約の効果を財務諸表に反映させるために、為替予約を時価評価し、評価差額を繰り延べます。

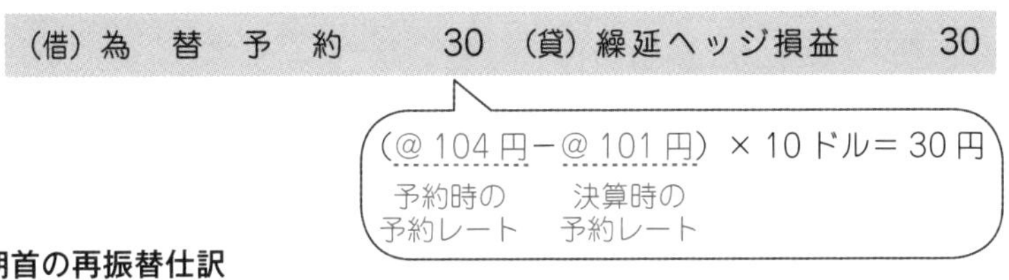

(借)	為替予約	30	(貸)	繰延ヘッジ損益	30

(3) 期首の再振替仕訳

(借)	繰延ヘッジ損益	30	(貸)	為替予約	30

(4) 取引発生時の仕訳

予約レートで計上します。

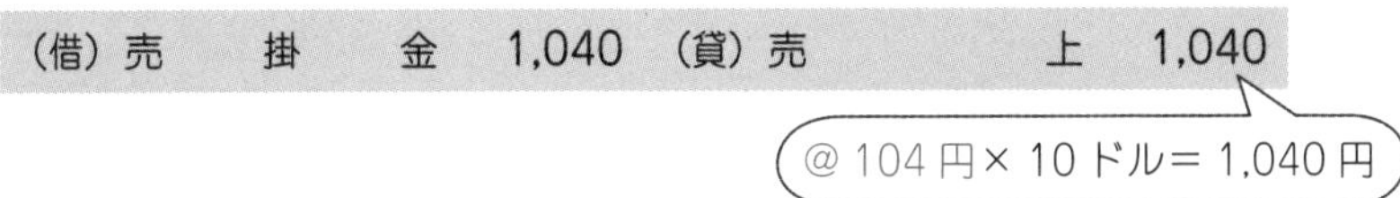

(借)	売掛金	1,040	(貸)	売上	1,040

(5) 決済時の仕訳

予約レートで決済します。

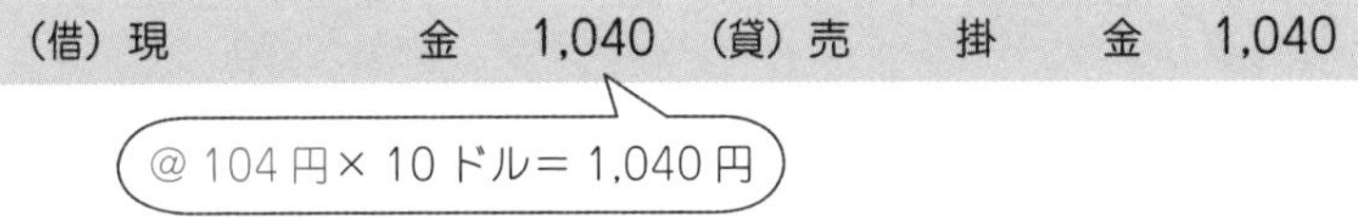

(借)	現金	1,040	(貸)	売掛金	1,040

基本問題

次の資料にもとづき、当期末（×5年3月31日）の貸借対照表および損益計算書を作成しなさい。

決算整理前残高試算表

×5年3月31日　　　　（単位：円）

売掛金	1,080	売上	1,080

1．決算整理事項

⑴×4年12月1日に商品を10ドルで掛け販売した（販売時のレート：@108円）が、この売掛金（決済日：×5年5月1日）について×5年2月1日に10ドルにつき@105円で為替予約（ドル売り予約）を行った。為替予約の処理は独立処理による。

⑵決算時の為替レートは次のとおりである。

直物レート：@103円　先物レート：@101円

答案用紙

（単位：円）

貸借対照表		損益計算書	
Ⅰ　流動資産		Ⅰ　売上高	（　　　）
売掛金	（　　　）	⋮	⋮
為替予約	（　　　）	Ⅴ　営業外費用	
⋮	⋮	為替差損	（　　　）

解答

（単位：円）

貸借対照表		損益計算書	
I　流動資産		I　売上高	（ 1,080 ）
売掛金	（ 1,030 ）	：	：
為替予約	（ 40 ）	V　営業外費用	
：	：	為替差損	（ 10 ）

(1)　売掛金の換算

(借) 為替差損益	50*	(貸) 売掛金	50

＊（@103円－@108円）×10ドル＝△50円（差損）
（@103円：決算時、@108円：取引時）

(2)　為替予約の時価評価

(借) 為替予約	40*	(貸) 為替差損益	40

＊（@105円－@101円）×10ドル＝40円（差益）
（@105円：予約時、@101円：決算時）

➡ トレーニングの 問題1 問題2 へ！

税率が変わった場合の税効果

繰延税金資産と繰延税金負債の金額は、将来の税金の減少額または増加額を表すため、一時差異が解消すると見込まれる期の税率にもとづいて計算していました。

法人税等の税率が変わった場合、過年度に計上された繰延税金資産と繰延税金負債を新たな税率にもとづいて再計算します。

【例】以下の資料にもとづき、×1期末と×2期末の税効果の仕訳を行う。

(1)×１期末における固定資産に係る減価償却超過額は1,000円であった。
×１期末における将来の予定実効税率は30%であった。

(2)×２期に固定資産に係る減価償却超過額1,000円が新たに発生し、×２期末における固定資産に係る減価償却超過額は2,000円となった。
×２期末における将来の予定実効税率は35%であった。

(1)×１期末

(借) 繰延税金資産	300*	(貸) 法人税等調整額	300

＊　1,000円×30%＝300円

(2)×２期末

当期末時点の一時差異(累計)に変更後の税率を掛けて当期末繰延税金資産を計算し、前期末繰延税金資産との差額を、法人税等調整額とします。

(借) 繰延税金資産	400*	(貸) 法人税等調整額	400

＊　2,000円×35%－300円＝400円

Chapter 4

有形固定資産2

固定資産の取得原価と、
資本的支出と収益的支出を学習します。
固定資産の取得原価は計算問題ではなく
会計学の理論問題として出題され、
資本的支出は計算問題で出題されています。

●取得原価をどうするかで減価償却費も変わってくる

固定資産の取得原価

1 購入により取得した場合

重要度 ★

購入により固定資産を取得した場合には、購入代金から値引・割戻額を控除した支払代金に、登記料や試運転費など、その固定資産を使いはじめるまでに必要な付随費用を加えた金額が取得原価となります。

取得原価＝（購入代金－値引・割戻額）＋付随費用

2 自家建設（じかけんせつ）により取得した場合

重要度 ★

自家建設により固定資産を取得した場合には、建設に要した材料・賃金・その他諸経費にもとづく製造原価が取得原価となります。

取得原価 ＝ 適正な原価計算基準に従って計算された製造原価

例

●次の取引の仕訳を示しなさい。
事務所を自家建設した。この建設に関して発生した費用は、材料費 8,000 円、労務費 9,000 円、経費 3,000 円である。

（借）	建物	20,000	（貸）	材料費	8,000
				労務費	9,000
				経費	3,000

借入資本の利子の処理

重要度 ★

自家建設に際し借り入れた資金の利子の取扱いは、以下のとおりです。

> 原則：支払利息として営業外費用に計上
> 容認：有形固定資産が**稼動する前**の期間に属するものに限り、
> 　　借入資本の利子を取得原価に算入することができる。

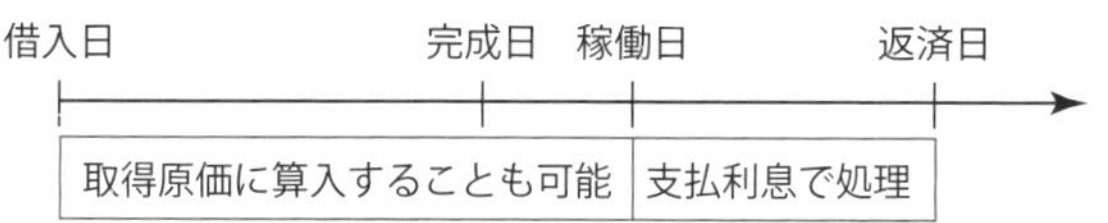

【例】　事務所を自家建設した。この建設に関して発生した費用は、材料費8,000円、労務費9,000円、経費3,000円である。

なお、この建設資金のうち10,000円については4月1日に年利3％で銀行から借り入れており、その利息300円については全額、支払利息として計上している。

借入日から返済日までの期間は1年、借入日から稼働日までの期間は8カ月であった。

利息を固定資産の取得原価に含める方法による場合の仕訳を示しなさい。

(借)	建　　物	20,200	(貸)	材　料　費	8,000
				労　務　費	9,000
				経　　費	3,000
				支払利息	200

$$\text{支払利息：}10{,}000\text{円} \times 3\% \times \frac{8\text{カ月}}{12\text{カ月}} = 200\text{円}$$

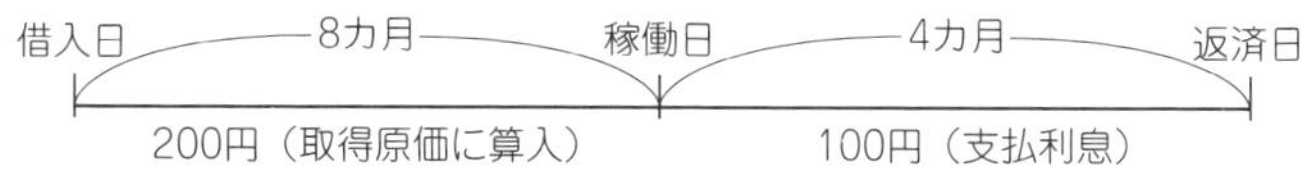

3　贈与により取得した場合

重要度 ★

贈与を受けたこと（受贈）により固定資産を取得した場合、支出額はゼロですが、時価等を基準とした公正な評価額を取得原価とします。

取得原価 ＝ 時価等を基準とした公正な評価額

4　現物出資により取得した場合

重要度 ★

有形固定資産の現物出資を受けた場合、原則として、給付された日の有形固定資産の時価を、取得原価とします。

取得原価 ＝ 原則として、給付された日の有形固定資産の時価

5 交換により取得した場合

重要度 ★

(1)同種・同用途の有形固定資産との交換

自己所有の有形固定資産との交換で、それと同種・同用途の他の有形固定資産を取得した場合、自己所有の有形固定資産の簿価を取得原価とします。

取得原価 ＝ 交換に供された自己資産の適正な簿価

これは、同種・同用途の固定資産との交換では**投資の継続性が認められるため、新たな資産を取得したとは考えず、もとの資産を使いつづけている**と考えるためです。

(2)同種・同用途でない有形固定資産との交換

自己所有の資産との交換で、それと同種・同用途でない他の有形固定資産を取得した場合、自己所有の資産の時価を取得原価とします。

取得原価 ＝ 交換に供された自己資産の時価

これは、同種・同用途でない固定資産との交換では投資の継続性が認められないため、一度、**自己所有の資産を時価で処分して、その代金で新たな固定資産を取得**したと考えるからです。

事業分離の投資の継続と清算の考え方と同じです。

➡ トレーニングの 問題1 へ！

●改良・修繕、両方同時にやったら耐用年数で按分！

資本的支出と収益的支出

1　資本的支出と収益的支出

重要度 ★

有形固定資産の**価値を高めるため（改良）の支出**は、**資本的支出**として、その有形固定資産の取得原価に算入します。

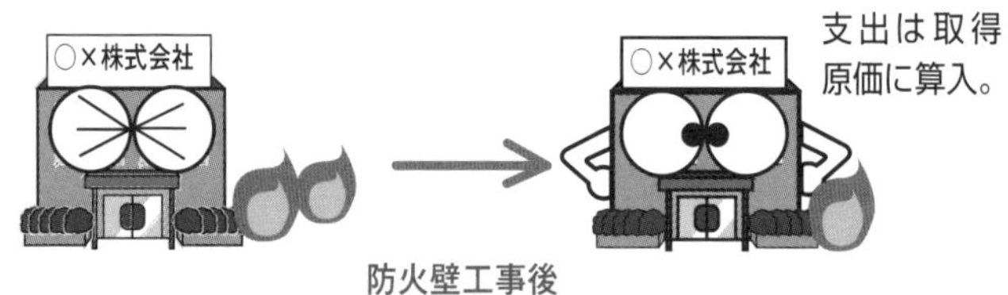

固定資産の耐用年数が延長するような支出が資本的支出です。

また、有形固定資産の**本来の機能を取り戻すため（修繕）の支出**は、**収益的支出**として、**支出した期の費用**とします。

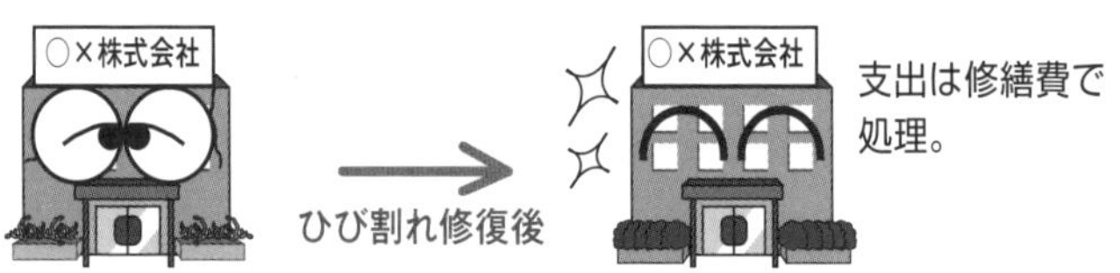

要点　資本的支出と収益的支出

資本的支出（改良）…その支出を取得原価に算入
収益的支出（修繕）…その支出は支出した期の費用で処理

例

●建物の定期修繕と改良を行い、代金10,000円を小切手を振り出して支払った。このうち4,000円は改良代（資本的支出）、残りは修繕費とみなされる。

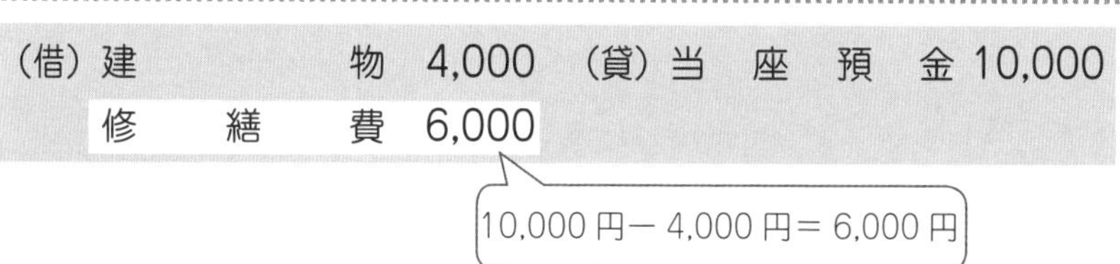

（借）		（貸）	
建　　物	4,000	当 座 預 金	10,000
修 繕 費	6,000		

10,000円－4,000円＝6,000円

資本的支出部分は減価償却の対象になります。

2 資本的支出と収益的支出を同時に行った場合　重要度★★

(1)資本的支出の計算

有形固定資産の改良と修繕を同時に行い、耐用年数が延長した場合、支出した金額のうち、**耐用年数延長分を資本的支出、それ以外の部分を収益的支出**として処理します。

資本的支出の具体的な計算式は次のとおりです。

$$\textbf{資本的支出}＝\textbf{支出した金額}\times\frac{\textbf{耐用年数延長分}}{\textbf{延長後の残存耐用年数}}$$

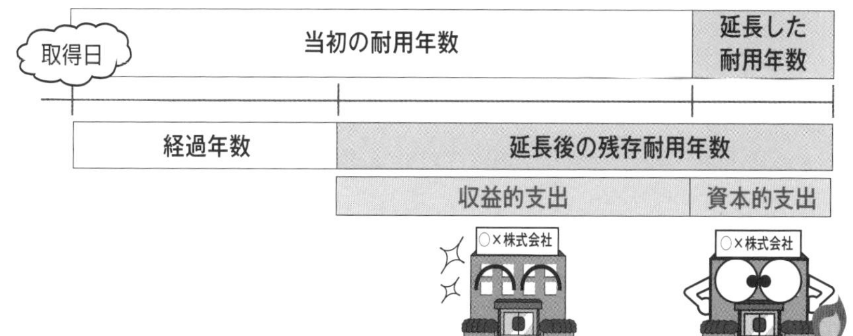

例

●当期首に取得後10年が経過した建物（耐用年数30年）について修繕を行い、代金5,000円は小切手を振り出して支払った。なお、修繕の結果、当該建物の修繕後の使用可能期間は25年と見積もられる。

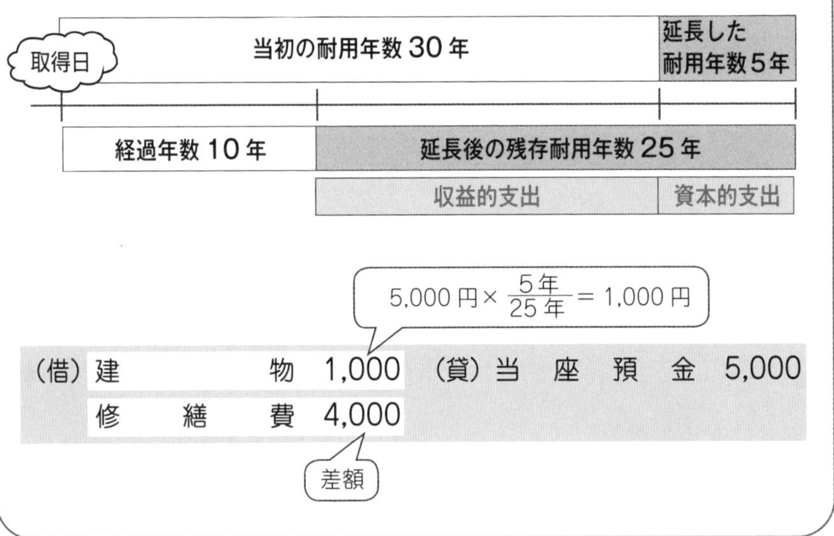

$$5{,}000\text{円} \times \frac{5\text{年}}{25\text{年}} = 1{,}000\text{円}$$

（借）	建　　物	1,000	（貸）	当座預金	5,000
	修 繕 費	4,000			

差額

⑵資本的支出の減価償却

資本的支出を行った有形固定資産の減価償却費は、既存部分と資本的支出部分に分けて計算します。

定額法を前提とすると、**既存部分の減価償却費**は、**取得原価（既存部分）から減価償却累計額と残存価額を差し引いた金額を、延長後の残存耐用年数で割って**計算します。

また、**資本的支出部分の減価償却費**は、**取得原価（資本的支出部分）から残存価額を差し引いた金額を、延長後の残存耐用年数で割って**計算します。

要点 資本的支出の減価償却費

$$\text{既存部分の減価償却費} = \frac{\text{取得原価} - (\text{減価償却累計額} + \text{残存価額})}{\text{延長後の残存耐用年数}}$$

$$\text{資本的支出部分の減価償却費} = \frac{\text{取得原価（資本的支出）} - \text{残存価額}}{\text{延長後の残存耐用年数}}$$

それぞれの図を示すとこんな感じです。

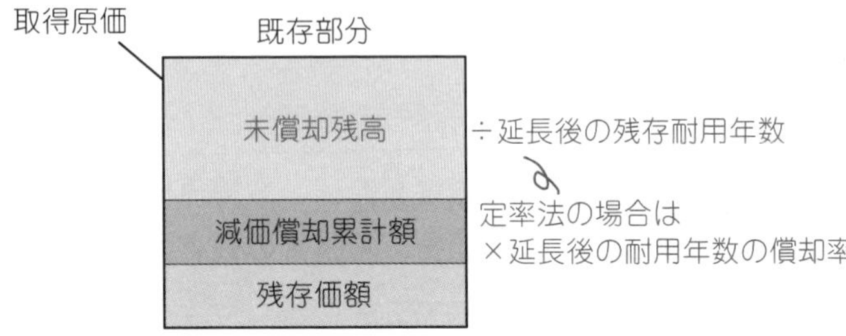

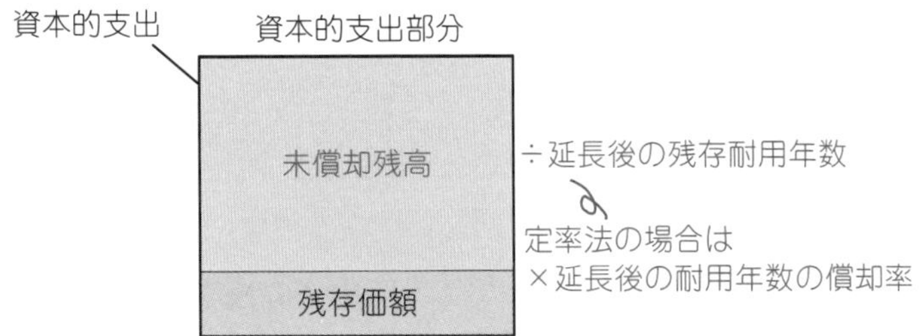

期中に資本的支出を行った
場合は月割計算で！

例

- 決算につき建物の減価償却（残存価額はゼロ、定額法。間接法で記帳）を行う。
- 建物（取得原価30,000円、耐用年数30年、減価償却累計額10,000円）について当期首（取得後10年経過）に修繕を行い、修繕後の使用可能期間が25年に延長した。
- 支出した修繕費のうち、資本的支出に相当する1,000円は取得原価に含めること。資本的支出分も残存価額はゼロである。

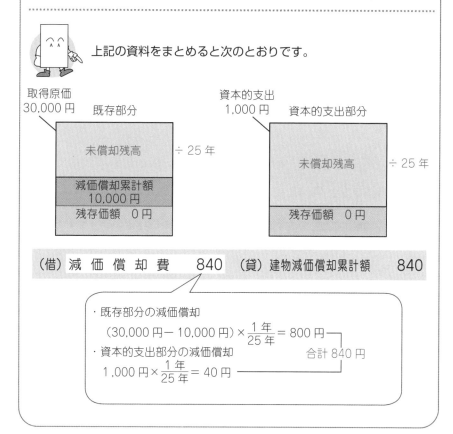

上記の資料をまとめると次のとおりです。

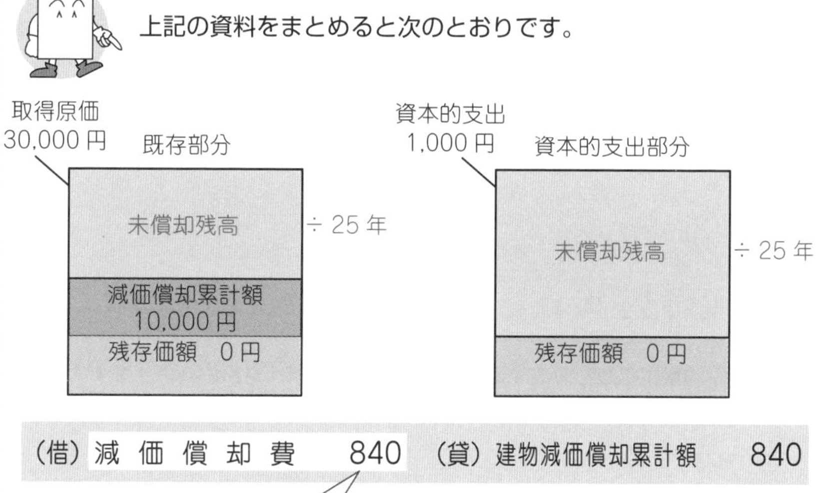

（借）減価償却費　840　（貸）建物減価償却累計額　840

・既存部分の減価償却

（30,000円－10,000円）×$\frac{1年}{25年}$＝800円

・資本的支出部分の減価償却

1,000円×$\frac{1年}{25年}$＝40円

合計840円

取替法（とりかえほう）

重要度 ★

取替法とは、取替資産の部分的取替に要する費用を収益的支出（取替費）として処理する方法です。取替法は減価償却とは異なる費用配分方法です。

取替資産とは、鉄道の枕木やレールのように同種物品が多数集まって１つの全体を構成し、老朽品を部分的に取り替えることにより全体が維持される資産をいいます。

【例】取替資産である鉄道レールの一部を新品に取り替え、代金1,000円を現金で支払った。

(借) 取替費	1,000	(貸) 現金	1,000

総合償却

重要度 ★

総合償却とは、一定の基準によってグルーピングした有形固定資産について一括して減価償却を行う方法です。減価償却費を計算するにあたっては、平均耐用年数を用います。

$$平均耐用年数=\frac{要償却額の合計}{定額法＊の年償却額の合計}$$

減価償却費＝（取得原価合計－残存価額合計）÷平均耐用年数

＊　平均耐用年数を算定する段階では、年償却額は定額法によります。
なお、平均耐用年数が割り切れない場合には、通常端数を切り捨てます。

【例】

1．当社は、×5年4月1日に以下の機械を取得した。×6年3月31日の決算にあたり、これらの機械について定額法により総合償却を行う。減価償却の記帳方法は間接法による。

	取得原価	耐用年数	残存価額
A機械	10,000円	12年	取得原価の10%
B機械	7,000円	7年	取得原価の10%
C機械	3,000円	5年	取得原価の10%

平均耐用年数の計算で1年未満の端数が生じた場合には切り捨てること。

2．×8年3月31日に機械Cを除却した。除却時の機械の評価額は200円であった。除却時に除却した資産の要償却額を減価償却累計額として減らす方法による。

⑴平均耐用年数の計算

	要償却額		年償却額	
A機械	10,000円×0.9＝	9,000円	9,000円÷12年＝	750円
B機械	7,000円×0.9＝	6,300円	6,300円÷ 7年＝	900円
C機械	3,000円×0.9＝	2,700円	2,700円÷ 5年＝	540円
	合計：	18,000円	合計：	2,190円

平均耐用年数：$\dfrac{18,000円}{2,190円}$＝8.219…→8年

⑵減価償却費

20,000円×0.9÷8年＝2,250円

（借）減価償却費	2,250	（貸）機械減価償却累計額	2,250

⑶除却時

総合償却の場合、個々の資産の帳簿価額は不明であるため、償却済みとみなして要償却分の減価償却累額を減らします。なお、評価額は貯蔵品（流動資産）で処理します。

（借）機械減価償却累計額	2,700＊	（貸）機械	3,000
貯蔵品	200		
固定資産除却損	100		

＊ 3,000円×0.9＝2,700円

基本問題

次の資料にもとづき、当期末（×5年3月31日）の貸借対照表および損益計算書を作成しなさい。

決算整理前残高試算表

×5年3月31日　（単位：円）

借方科目	金額	貸方科目	金額
建物	30,000	建物減価償却累計額	15,000
修繕費	10,000		

1．決算整理事項

(1)建物について当期首に修繕と耐震補強工事を合わせて行い、10,000円を現金で支払ったが、全額を修繕費として処理している。

(2)この建物は当期首から15年前の4月1日に取得し、定額法、耐用年数30年、残存価額：ゼロにより減価償却を行ってきたが、上記の耐震補強工事により当期首からの残存耐用年数は20年となった。
資本的支出分も残存価額はゼロである。

答案用紙

(単位：円)

貸借対照表	
Ⅱ　固定資産	
1 有形固定資産	
建物	(　　)
減価償却累計額	(　　)

損益計算書	
Ⅲ　販売費及び一般管理費	
減価償却費	(　　)
修繕費	(　　)

解答

(単位：円)

貸借対照表	
Ⅱ　固定資産	
1 有形固定資産	
建物	(32,500)
減価償却累計額	(15,875)

損益計算書	
Ⅲ　販売費及び一般管理費	
減価償却費	(875)
修繕費	(7,500)

(1) 資本的支出分の修正

(借) 建物	2,500*	(貸) 修繕費	2,500

＊ $10{,}000円 \times \frac{5年}{20年} = 2{,}500円$

(2) 減価償却

(借) 減価償却費	875*	(貸) 建物減価償却累計額	875

＊資本的支出分：2,500 円÷ 20 年＝ 125 円
　既存分：(30,000 円－ 15,000 円) ÷ 20 年＝ 750 円
　合計：125 円＋ 750 円＝ 875 円

➡ トレーニングの 問題2 ～ 問題3 へ！

理論問題

次の文章のうち、正しいものには○を、誤っているものには×を正誤欄に記入し、×を記入した場合にはその理由を簡潔に述べなさい。

1．建物を自家建設した場合に、その建物の建設に必要な資金を借り入れた利子のうち、稼働前の期間に属するものは、取得原価に算入しなければならない。

2．贈与その他無償で取得した資産については、公正な評価額をもって取得原価とするが、資産を低廉取得した場合、つまり公正な評価額に比べて著しく低い支出額で取得した場合にも、公正な評価額をもって取得原価とする。

3．同種の物品が多数集まって一つの全体を構成し、老朽品の部分的取替を繰り返すことにより全体が維持されるような固定資産については、部分的取替に要する費用を資本的支出として処理する方法を採用することができる。

解答

1	×	借入資本利子の取得原価算入は容認であり強制ではない。
2	○	
3	×	部分的取替に要する費用を収益的支出として処理する方法を採用することができる。

Chapter 5

繰延資産

繰延資産を計上している会社は体力のない会社とみなされるため多くの会社が一括費用処理しています。そのため、本試験でもあまり出題されません。

Section
1

●費用なのに資産に計上できるのです

繰延資産

1 繰延資産とは

重要度 ★

繰延資産とは、支出した期に全額を費用としないで、資産として翌期以降に繰り延べることが認められた支出のことをいいます。

なお、繰延資産として計上できる支出は、会計基準等で定められたもののうち、次の要点に掲げた3つの要件を満たす必要があります。

要点 繰延資産とは

次の3つの要件を満たす費用を資産計上したもの
①すでに対価の支払いが完了し、または支払義務が確定していること
②これに対応する役務（サービス）の提供を受けていること
③その効果が将来にわたって発現すると期待されること

これだけ見ていても難しすぎるので、創立費を例にとって説明しますね。

創立費は、会社設立時の登記費用、定款(ていかん)作成費用など、会社の設立にかかった費用です。会社の登記手続が済んだ時点で、会社は、司法書士や役所から登記というサービス（役務）を受けた（②の要件）わけですから、司法書士などにお金を支払う義務（①の要件）が生じます。

NS 株式会社

司法書士事務所
手続きが完了したからお金払ってね。

そして、登記が終わって会社が設立し、存続している間、登記の効果が期待されます（③の要件）。

したがって、創立費は①から③の要件をすべて満たすので、繰延資産として計上できるのです。

NS 株式会社
費用はすでに発生したけど、この看板をおろすまで、設立の効果が続きます。

なお、**繰延資産として計上するかどうかは会社の任意**です。

だから、３要件を満たしても、繰延資産としないで、全額をその期の費用とすることもできるのです。なお、こちらの処理（全額費用処理）が原則です。

2 繰延資産の項目

重要度 ★

繰延資産は、そもそも費用なので換金価値のないものです。このような、換金価値のない資産を無制限に計上することはできず、次の項目に限って計上することが認められています。

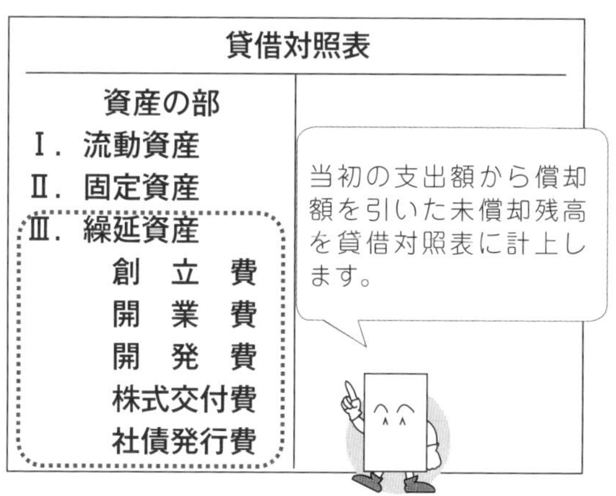

貸借対照表
資産の部
Ⅰ．流動資産
Ⅱ．固定資産
Ⅲ．繰延資産
創　立　費
開　業　費
開　発　費
株式交付費
社債発行費
当初の支出額から償却額を引いた未償却残高を貸借対照表に計上します。

繰延資産として処理することが認められている各項目について、簡単に見ておきましょう。

⑴創立費

創立費とは、定款作成費、登記料など、会社を設立するまでに支出した費用をいいます。なお、会社設立時の株式発行費も創立費で処理します。

⑵開業費

開業費とは、会社を設立したあと、営業を開始するまでに支出した費用（開業までの従業員給料など）をいいます。

⑶開発費

開発費とは、新技術の採用や新市場の開拓などのために支出した費用のうち、経常的な費用を除く部分いいます。

新技術の採用のために支出した経常的な費用は「研究開発費」です。

⑷株式交付費

株式交付費とは、会社設立後に、株式の追加発行（増資）や**自己株式の処分**をするときに支出した費用をいいます。

設立時か設立後かで項目が変わります。

つまり、設立時の株式発行費は**創立費**、設立後の株式発行費は**株式交付費**で処理することになります。

⑸社債発行費等

社債発行費等とは、社債募集および新株予約権の募集のための広告費や金融機関への取扱手数料など、社債および新株予約権を発行するときに支出した費用をいいます。

3　繰延資産の処理

重要度 ★

創立費、開業費、開発費、株式交付費、社債発行費は、**原則として支出した期の費用として処理**しますが、**繰延資産**として処理することも認められます。

あくまでも、「繰延資産として処理することもできる」という容認規定です。会計学の理論問題に注意！
計算問題で、問題文に繰延資産とする指示が無ければ、原則処理である費用処理で解答します。

そして、繰延資産として処理した場合は、一定期間内に**償却（費用化）**しなければなりません。

処理の違いによって、社債発行費等以外の繰延資産と社債発行費等に分けて見てみましょう。

⑴社債発行費等以外の繰延資産の償却

創立費、**開業費**、**開発費**は、その支出後**5年以内**に、また、**株式交付費**は、その支出後**3年以内**に、**定額法**により償却します。ただし、開発費については定額法以外の合理的な方法も認められます。

なお、償却費の計算は、基本的に**月割り**で行います。

社債発行費以外は、3文字→5年、5文字→3年とおさえましょう！

社債発行費等以外の繰延資産の償却
創立費、開業費、開発費は5年以内、
株式交付費は3年以内に定額法によって償却

また、**創立費償却**、**開業費償却**、**株式交付費償却**については、損益計算書上、**営業外費用**に表示し、**開発費償却**は**販売費及び一般管理費**（または売上原価）に表示します。

なお、開業費償却は、販売費及び一般管理費に表示することもできます（容認規定）。

社債発行費等以外の償却費

創立費償却、開業費償却、株式交付費償却
⇒営業外費用

開発費償却⇒販売費及び一般管理費または売上原価

ここまでの処理について、具体例を使って見てみましょう。

例

●次の資料にもとづき、決算（×４年３月31日）における仕訳を示しなさい。

決算整理前残高試算表
×4年3月31日　　（単位：円）

開　発　費	4,000＊1	
株式交付費	3,600＊2	

＊1 開発費は×２年４月１日に取得したものである。
＊2 株式交付費は×３年８月１日に支出したものである。←３年以内

●当社は、繰延資産として計上できるものはすべて繰延資産として処理し、最長償却期間で月割償却を行っている。なお、過年度の償却は適正に行われている。

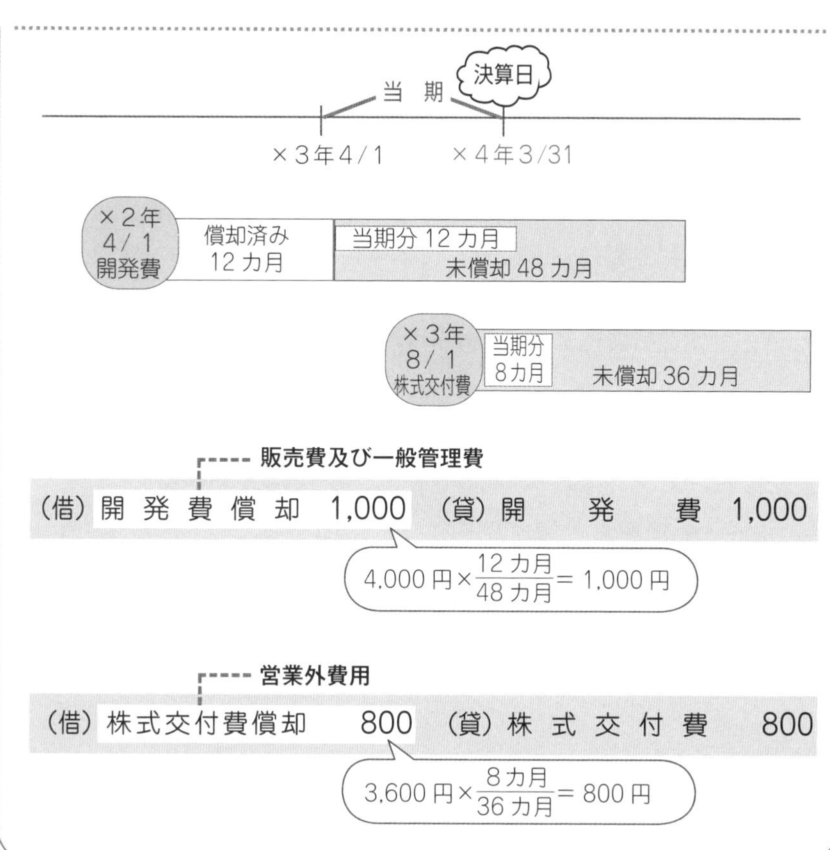
当期
決算日
×3年4/1
×4年3/31
×2年 4/1 開発費
償却済み 12カ月
当期分 12カ月
未償却 48カ月
×3年 8/1 株式交付費
当期分 8カ月
未償却 36カ月
販売費及び一般管理費
(借) 開発費償却 1,000 (貸) 開発費 1,000
4,000円×12カ月/48カ月=1,000円
営業外費用
(借) 株式交付費償却 800 (貸) 株式交付費 800
3,600円×8カ月/36カ月=800円

⑵ 社債発行費等の償却

社債発行費は、その支出後、**社債の償還期間内**に**原則として利息法**により償却します。なお、**定額法（月割り）**による償却も認められています。

また、新株予約権の発行にかかる費用についても、社債発行費として処理することができます。新株予約権の発行にかかる費用は、その支出後、**３年以内に定額法（月割り）**により償却します。

なお、**社債発行費償却**は、損益計算書上、**営業外費用**に表示します。

社債発行費等の償却

	社　債	新株予約権
償還期間	償還期間内	３年
償却方法	原則：利息法 容認：定額法	定額法

利息法は計算が非常に複雑で、試験の出題可能性も低いと思われるため、定額法の処理のみ、具体例を使って見ていきます。

例

●次の資料にもとづき、決算（×4年3月31日）における仕訳を示しなさい。

決算整理前残高試算表
×4年3月31日　　（単位：円）

社債発行費	5,000	

(1)残高試算表の社債発行費は、×3年4月1日に社債（額面20,000円）を発行したさいにかかったものである。なお、当該社債の償還期限は×8年3月31日である。
(2)社債発行費は、償還期間で定額法により償却する。

営業外費用

（借）社債発行費償却　1,000　（貸）社債発行費　1,000

$5{,}000円 \times \frac{12カ月}{60カ月} = 1{,}000円$

Ch 5 繰延資産

償却期間をおさえれば十分です！

償却費は月割りで計算

	原則処理	容認処理			償却費のP/L表示
		容　認	償却方法	最長償却期間	
創　立　費	支出時に費用処理	繰延資産として処理（要償却）	定額法[*1]	**5年**	営業外費用
開　業　費				**5年**	営業外費用[*2]
開　発　費				**5年**	販売費及び一般管理費[*3]
株式交付費				**3年**	営業外費用
社債発行費等			・社債 【原則】利息法 【容認】定額法	**償還期間内**	営業外費用
			・新株予約権 定額法	**3年**	

＊1 開発費はほかの合理的な方法も可
＊2 または販売費及び一般管理費
＊3 または売上原価

基本問題

次の資料にもとづき、決算（×5年3月31日）の仕訳を示しなさい。

【資料】

1．決算整理前残高試算表は次のとおりである。

決算整理前残高試算表

×5年3月31日　　　　（単位：円）

株式交付費	2,000 ＊1	
社債発行費	4,000 ＊2	

＊1 株式交付費は×3年4月1日に3,000円を支出したものである。

＊2 社債発行費は×3年4月1日に社債（額面10,000円、償還期限×8年3月31日）を発行したさいに支出したものである。

2．繰延資産として計上できるものはすべて繰延資産として処理し、最長償却期間で定額法により償却する。

解答

(借)	株式交付費償却	1,000＊1	(貸)	株式交付費	1,000
(借)	社債発行費償却	1,000＊2	(貸)	社債発行費	1,000

＊1 $3{,}000円\times\frac{12カ月}{36カ月}=1{,}000円$

＊2 $4{,}000円\times\frac{12カ月}{60カ月-12カ月}=1{,}000円$

Ch 5 繰延資産

理論問題

次の文章のうち、正しいものには○を、誤っているものには×を正誤欄に記入し、×を記入した場合にはその理由を簡潔に述べなさい。

1. 「企業会計原則」によれば，すでに対価の支払が完了し又は支払義務が確定し，これに対応する役務の提供を受けたにもかかわらず，その効果が将来にわたって発現するものと期待される費用については，これを繰延資産として貸借対照表に計上しなければならない。

2. 繰延資産として資産計上できるのは、研究開発費の他、新株予約権に係る費用、自己株式の取得費用ならびに処分費用などである。

3. 繰延資産に該当する社債発行費等とは、社債募集のための広告費、金融機関の取扱手数料、証券会社の取扱手数料、目論見書・社債券等の印刷費、社債の登記の登録免許税その他社債発行のため直接支出した費用をいい、新株予約権の発行に係る費用は含まれない。

解答

1	×	繰延資産として貸借対照表に計上することができる。
2	×	研究開発費ではなく開発費。自己株式の取得費用は繰延資産に該当しない。
3	×	新株予約権の発行にかかる費用も含まれる。

➡ トレーニングの 問題1 へ！

Chapter 6

連結会計3

連結上の退職給付と、追加取得と売却は
よく出題されていますので、
しっかりおさえましょう！

●その他有価証券と同様に、差異を連結B / S上、計上する

連結上の退職給付会計

1 連結上の退職給付会計

重要度 ★

個別財務諸表では「未認識数理計算上の差異」や「未認識過去勤務費用」は、財務諸表に計上されません。しかし、連結財務諸表上はその他の包括利益に計上されます。

また個別貸借対照表の退職給付引当金は連結貸借対照表では「**退職給付に係る負債**」へ表示科目が変わります。

退職給付会計（個別と連結）

	個別貸借対照表	連結貸借対照表
未認識の差異	計上されない	その他の包括利益（退職給付に係る調整累計額）に計上される
表示科目	退職給付引当金	退職給付に係る負債

連結と個別で一番違うのは、差異の処理方法です。

●退職給付会計における個別と連結の処理

P社は、S社を連結している。P社の個別損益計算書において、退職給付費用60円、個別貸借対照表において、退職給付引当金が150円計上されている。

当期に数理計算上の差異10円（借方）が発生した。数理計算上の差異は翌期から10年で償却する。なお、S社は退職給付会計は行っていない。

①損益計算書

個別上も連結上も退職給付費用（損益計算書項目）は変わりません。

個別損益計算書		連結損益計算書	
退職給付費用 60円		退職給付費用 60円	

②貸借対照表

個別財務諸表上は、差異を除いた金額150円が退職給付引当金として計上されます。

一方、連結財務諸表上は、未認識の差異も含めた金額160円が退職給付に係る負債として計上され、差異の未償却分10円がその他の包括利益に計上されます。

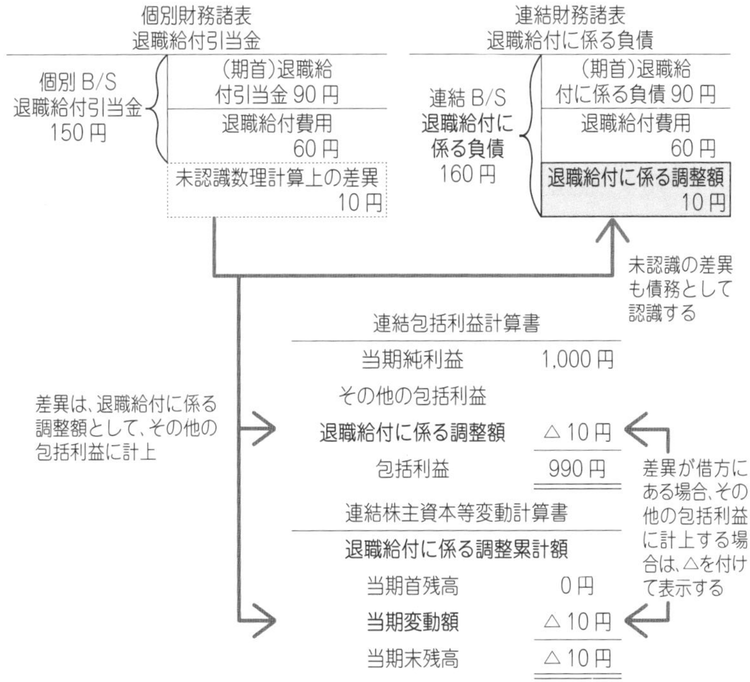

2 退職給付会計の連結修正仕訳

重要度 ★★★

差異が当期に発生した場合の連結修正仕訳は、以下の2つです。

①個別財務諸表で計上していた退職給付引当金を**退職給付に係る負債へ振り替える**

②個別上で**未認識分の差異を退職給付に係る負債として計上**する

1つ目の仕訳で科目を振り替え、2つ目の仕訳で個別貸借対照表に計上していなかった差異を連結財務諸表へ計上します。

(1)差異を翌期から償却する場合

例

●次の資料にもとづき、退職給付にかかる連結修正仕訳を示しなさい。

●当期に数理計算上の差異50円（借方差異）が発生（翌期より5年で償却）した。

当期末の個別貸借対照表に退職給付引当金150円が計上されている。税効果は考慮しない。

●連結修正仕訳（退職給付）

①退職給付引当金を退職給付に係る負債へ振り替える

（借）退職給付引当金	150	（貸）退職給付に係る負債	150

（借）退職給付引当金：**個別上で計上していた退職給付引当金を消去**

（貸）退職給付に係る負債：**退職給付に係る負債を連結上で計上**

②未認識分の差異を退職給付に係る負債として計上

（借）退職給付に係る調整額	50	（貸）退職給付に係る負債	50

（借）退職給付に係る調整額：**相手勘定は、退職給付に係る調整額**

（貸）退職給付に係る負債：**連結上では差異を認識するので、その分負債が増える**

仮に、当期から差異を償却した場合は、個別上でも差異の一部が

(借) 退職給付費用　10　(貸) 退職給付引当金　10

として認識されています。その認識分だけ、先ほどの例と比べて「退職給付に係る調整額」も減少します。

(2) 差異を当期から償却する場合

例

●次の資料にもとづき、退職給付にかかる連結修正仕訳を示しなさい。

●当期に数理計算上の差異50円（借方差異）が発生（当期より5年で償却）した。

当期末の個別貸借対照表に退職給付引当金160円が計上されている。税効果は考慮しない。

●連結修正仕訳（退職給付）

①退職給付引当金を退職給付に係る負債へ振り替える

(借) 退職給付引当金	160	(貸) 退職給付に係る負債	160

- 借方：個別上で計上していた退職給付引当金を消去
- 貸方：退職給付に係る負債を連結上で計上

②未認識分の差異を退職給付に係る負債として計上

(借) 退職給付に係る調整額	40	(貸) 退職給付に係る負債	40

- 40：50円－（50円÷5年）
- 借方：相手勘定は、退職給付に係る調整額
- 貸方：連結上では差異を認識するので、その分負債が増える

3 税効果会計を適用する場合

重要度 ★★★

個別上の退職給付引当金も税効果会計の対象であるように、連結上の「退職給付に係る負債」「退職給付に係る調整額」も税効果会計の対象になります。

差異が借方の場合を例にみていきましょう。

差異が借方の場合を例にとると、個別財務諸表上では未認識の差異を連結財務諸表上で認識した結果、「退職給付に係る負債」は「退職給付引当金」に比べ、認識した差異分だけ増えています。その増加した分に対して繰延税金資産を増やすと考えます。

(1)差異が発生した期の処理

例

●次の資料にもとづき、退職給付にかかる連結修正仕訳を示しなさい。

●当期に数理計算上の差異50円（借方差異）が発生（翌期より5年で償却）した。
個別貸借対照表に退職給付引当金150円が計上されている。
税効果を適用する（実効税率40%）。

●連結修正仕訳（退職給付）

①退職給付引当金を退職給付に係る負債へ振り替える

（借）退職給付引当金	150	（貸）退職給付に係る負債	150

②未認識分の差異を退職給付に係る負債として計上

(借) 退職給付に係る調整額	50	(貸) 退職給付に係る負債	50

×税率(40%)

③税効果会計の適用

(借) 繰延税金資産	20	(貸) 退職給付に係る調整額	20

退職給付に係る調整額は、退職給付に係る調整額で調整

要点 連結退職給付＋税効果会計

⑴差異が借方の場合

(借) 退職給付に係る調整額	××	(貸) 退職給付に係る負債	××
(借) 繰延税金資産	××	(貸) 退職給付に係る調整額	××

⑵差異が貸方の場合

(借) 退職給付に係る負債	××	(貸) 退職給付に係る調整額	××
(借) 退職給付に係る調整額	××	(貸) 繰延税金資産*	××

＊税務上、退職給付引当金の計上は認められておらず、個別上で、繰延税金資産を計上しているため、退職給付に係る負債が減少した場合には繰延税金資産を減らします。

4 財務諸表の各項目の計算

重要度 ★

以下の式を用いて解答すると便利です。

退職給付に係る負債（B/S）
＝期末実際退職給付債務 − 期末実際年金資産

退職給付に係る調整額（C/I）
＝当期末退職給付に係る調整累計額－前期末退職給付に係る調整累計額

連結包括利益計算書（C/I）で表示されるその他の包括利益は、当期の変動額になります。

⑵差異を償却した期の処理

例

●次の資料にもとづき、退職給付に係る連結修正仕訳を示しなさい。
当社では数理計算上の差異について発生した年度の翌年度から償却を行っている。
●前期に発生した数理計算上の差異50円（借方差異）のうち10円を当期に償却した。
個別貸借対照表に退職給付引当金210円が計上されている。
税効果を適用する。（実効税率40%）。

●連結修正仕訳（退職給付）
①退職給付引当金の振替え

（借）退職給付引当金	210	（貸）退職給付に係る負債	210

②数理計算上の差異
イ前期の引継ぎの仕訳
前期の連結修正仕訳は個別財務諸表に反映されていないため、前期に計上した数理計算上の差異の開始仕訳を行います。

（借）退職給付に係る調整額当期首残高	50	（貸）退職給付に係る負債	50
（借）繰延税金資産	20	（貸）退職給付に係る調整額当期首残高	20

ロ当期の償却の仕訳
数理計算上の差異の償却額について、発生時と貸借逆の仕訳を行うことにより、退職給付に係る調整額を減少させます。

（借）退職給付に係る負債	10	（貸）退職給付に係る調整額＊2	10
（借）退職給付に係る調整額＊2	4＊1	（貸）繰延税金資産	4

＊1　10円×40%＝4円
＊2　連結株主資本等変動計算書に合わせて「退職給付に係る調整累計額当期変動額」としても大丈夫です。

数理計算上の差異を発生の翌年度から償却する場合、退職給付に係る調整額について、連結株主資本等変動計算書上、当期首残高と当期変動額を分けるために、左記のようにイとロに分けて仕訳した方が適切です。

なお、数理計算上の差異50円を発生年度から償却（10円）する場合、差異の発生年度の連結修正仕訳では、数理計算上の差異の未償却残高について以下の仕訳を行います。

（借）	退職給付に係る調整額	40＊1	（貸）	退職給付に係る負債	40
（借）	繰延税金資産	16＊2	（貸）	退職給付に係る調整額	16

＊1　50円－10円＝40円
＊2　40円×40％＝16円

その他の包括利益の組替調整　重要度★★

(1) 組替調整（くみかえちょうせい）

当期および過去の期間に**その他の包括利益に含まれていた部分を、当期純利益に移し替えること**を**組替調整（リサイクリング）**といいます。

その他有価証券評価差額金や退職給付に係る調整額などは、資産や負債を評価した際の差額でいわば未実現の利益であり、売却や償却により収益または費用となり当期純利益に移し替えられます。

(2) 注記

組替調整額は、その他の包括利益の内訳項目にかかる増減要因であり、その他の包括利益の内訳項目ごとに注記する必要があります。

【例】　×1年度にP社（親会社）は、A社株式（その他有価証券）を1,000円で購入し、×2年度に売却した。なお、税効果会計は考慮しない。

A社株式の×1年度末の時価は1,200円、×2年度の売却時の時価は1,500円であった。全部純資産直入法による。

(1) 実際の仕訳

①×1年度末

（借）その他有価証券	200	（貸）その他有価証券評価差額金	200

② ×2年度期首

（借）その他有価証券評価差額金	200	（貸）その他有価証券	200

③ 売却時

（借）現　金　預　金	1,500	（貸）その他有価証券	1,000
		投資有価証券売却益	500

連結損益計算書

投資有価証券売却益	500
⋮	⋮
当期純利益	500

前期に200発生し、
当期に300追加で発生し、
合計500が売却益に振り替えられた。➡

連結包括利益計算書

当期純利益	500
その他の包括利益	
その他有価証券評価差額金	△200
包括利益	300
注記	
その他有価証券評価差額金	
当期発生額	300
組替調整額	△500
その他の包括利益合計	△200

(2) 組替調整額の理解のためのイメージ上の仕訳

組替調整額の理解のためのイメージ上の仕訳としては、②期首の振戻仕訳をせず、③売却時に時価に評価替えしてから売却すると考えます。これは、その他の包括利益の増減を、注記上、前期分と当期分で分けて把握するためのものであり、会計処理としての洗替法とは別のものです。

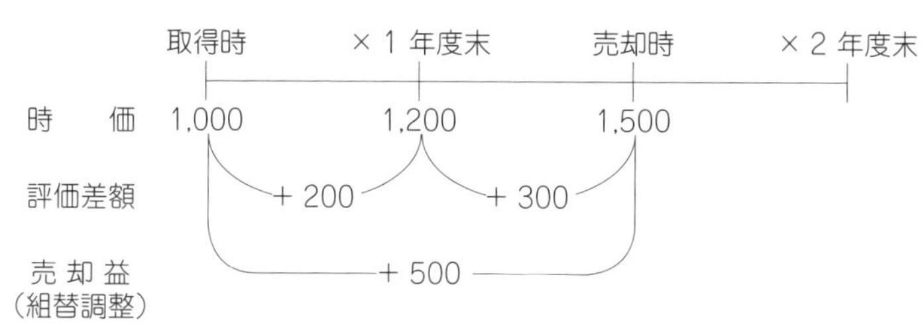

①×１年度末

(借) その他有価証券	200	(貸) その他有価証券評価差額金	200

②×２年度期首

仕　訳　な　し

③売却時

イ時価評価

(借) その他有価証券	300*	(貸) その他有価証券評価差額金	300

＊ 1,500円－1,200円＝300円

ロ売却

(借) 現　金　預　金	1,500	(貸) その他有価証券	1,500

ハ組替調整

(借) その他有価証券評価差額金	500	(貸) 投資有価証券売却益	500

参考 退職給付に係る資産　重要度★

期末における年金資産が退職給付債務を上回る場合には、個別貸借対照表上、固定資産の投資その他の資産の区分に「**前払年金費用**」として表示します。

そして、連結貸借対照表上、「**退職給付に係る資産**」に振り替えます。

基本問題

次の資料にもとづき、当期末(×5年3月31日)の個別財務諸表と連結財務諸表を作成しなさい。なお、実効税率を40%として税効果を適用する。

(1)期首退職給付債務：22,000円 期首年金資産：12,000円
退職給付引当金：10,000円 個別上の繰延税金資産：4,000円

(2)勤務費用：4,000円、利息費用：3,000円、期待運用収益：2,000円

(3)当期に数理計算上の差異1,000円(借方差異)が発生した。数理計算上の差異は発生の翌年度から10年で定額法により償却する。

(4) 期末退職給付債務：30,000円、期末年金資産：14,000円

答案用紙

(単位：円)

貸借対照表		損益計算書	
Ⅱ　固定資産		Ⅲ　販売費及び一般管理費	
3 投資その他の資産		退職給付費用	(　　　)
繰延税金資産	(　　　)	⋮	⋮
Ⅱ　固定負債		法人税等調整額	(　　　)
退職給付引当金	(　　　)		

(単位：円)

連結貸借対照表	
Ⅱ　固定資産	
3 投資その他の資産	
繰延税金資産	(　　　)
Ⅱ　固定負債	
退職給付に係る負債	(　　　)
Ⅰ　株主資本	
Ⅱ　その他の包括利益累計額	
退職給付に係る調整累計額	(　　　)

連結損益計算書	
Ⅲ　販売費及び一般管理費	
退職給付費用	(　　　)
⋮	⋮
法人税等調整額	(　　　)

連結包括利益計算書	
当期純利益	20,000
その他の包括利益	
退職給付に係る調整額	(　　　)
包括利益	(　　　)

解答

(単位：円)

貸借対照表	
Ⅱ　固定資産	
3 投資その他の資産	
繰延税金資産	(6,000)
Ⅱ　固定負債	
退職給付引当金	(15,000)

損益計算書	
Ⅲ　販売費及び一般管理費	
退職給付費用	(5,000)
⋮	⋮
法人税等調整額	(2,000)

（単位：円）

連結貸借対照表			連結損益計算書	
Ⅱ	固定資産		Ⅲ 販売費及び一般管理費	
	3 投資その他の資産		退職給付費用	（ 5,000 ）
	繰延税金資産	（ 6,400 ）	：	：
Ⅱ	固定負債		法人税等調整額	（ 2,000 ）
	退職給付に係る負債	（ 16,000 ）		
Ⅰ	株主資本		**連結包括利益計算書**	
Ⅱ	その他の包括利益累計額		当期純利益	20,000
	退職給付に係る調整累計額	（ △600 ）	その他の包括利益	
			退職給付に係る調整額	（ △600 ）
			包括利益	（ 19,400 ）

(1) 個別上の処理（退職給付費用の計上）

（借）	退職給付費用	5,000 *1	（貸）	退職給付引当金	5,000
（借）	繰延税金資産	2,000 *2	（貸）	法人税等調整額	2,000

＊1　4,000円＋3,000円－2,000円＝5,000円
＊2　5,000円×40％＝2,000円
　　期末退職給付引当金：10,000円＋5,000円＝15,000円

(2) 連結上の処理

①科目の振替え

（借）	退職給付引当金	15,000	（貸）	退職給付に係る負債	15,000

②未認識数理計算上の差異の計上

（借）	退職給付に係る調整額	1,000	（貸）	退職給付に係る負債	1,000
（借）	繰延税金資産	400 *	（貸）	退職給付に係る調整額	400

＊ 1,000円×40％＝400円

➡ トレーニングの 問題1 ～ 問題4 へ！

研究 数理計算上の差異の計算方法

ここでは、個別上の退職給付会計における数理計算上の差異の計算方法について見ていきます。

数理計算上の差異は、年金資産の実績値と見積り額との差額や、退職給付債務の実績値と見積り額との差額などをいいます。

なお、実績値は年金基金などの外部委託機関から入手できますが、見積り額は計算する必要があります。

見積り額を計算するには、期待運用収益や勤務費用などの各項目が年金資産や退職給付債務に与える影響を把握する必要があります。

各項目	影　響
勤務費用	退職給付債務の増加
利息費用	退職給付債務の増加
期待運用収益	年金資産の増加
掛け金の支払額	年金資産の増加
退職一時金の支払額	退職給付債務の減少
退職年金の支払額	退職給付債務の減少・年金資産の減少

【例】　次の資料にもとづき、当期の退職給付費用を計算しなさい。

⑴期首退職給付債務：10,000円　　期首年金資産：3,000円

⑵勤務費用　　：700円
　利息費用　　：600円
　期待運用収益：500円

⑶年金掛け金の支払額：400円

⑷退職一時金の支払額：300円

⑸年金基金からの退職年金の支払額：200円

⑹期末退職給付債務の実績値：11,000円
　期末年金資産の実績値：3,600円

⑺数理計算上の差異は、発生年度から10年で償却する。

退職給付費用 | 830 | 円

（単位：円）

退職給付債務

借方	貸方
一時金　300	期首　10,000
退職年金　200	勤務　700
期末（見積り）10,800	利息　600

年金資産

借方	貸方
期首　3,000	退職年金　200
期待　500	期末（見積り）3,700
掛け金　400	

退職給付債務見積り額：10,000円＋700円＋600円－300円－200円＝10,800円

数理計算上の差異：10,800円（見積り額）－11,000円（実績値）＝△200円（負債が大きくなる 借方差異）

年金資産見積り額：3,000円＋500円＋400円－200円＝3,700円

数理計算上の差異：3,600円（実績値）－3,700円（見積り額）＝△100円（資産が小さくなる 借方差異）

数理計算上の差異の償却額：(200円＋100円)÷10年＝30円

退職給付費用：700円＋600円－500円＋30円＝830円

●非支配株主から子会社株式を買ったと考える！

子会社株式の追加取得

1 支配獲得後の子会社株式の追加取得 重要度 ★★★

支配獲得後にさらに親会社が子会社株式を取得した場合の処理について見てみましょう。

まず、子会社の資産・負債の評価替えの仕訳ですが、支配獲得時に資産・負債のすべてを時価に評価替えしているので、**追加取得時には評価替えの仕訳は行いません。**

たとえ、追加取得時の帳簿価額と時価が異なっていたとしても、評価替えはしません。

次に投資と資本の相殺消去ですが、支配獲得時において、子会社の資本（資本金や利益剰余金）は全額消去されています。

したがって、追加取得時には、親会社が追加取得した分だけ**非支配株主持分を減らす**ことにより、投資（S社株式）と資本（非支配株主持分）の相殺消去を行います。

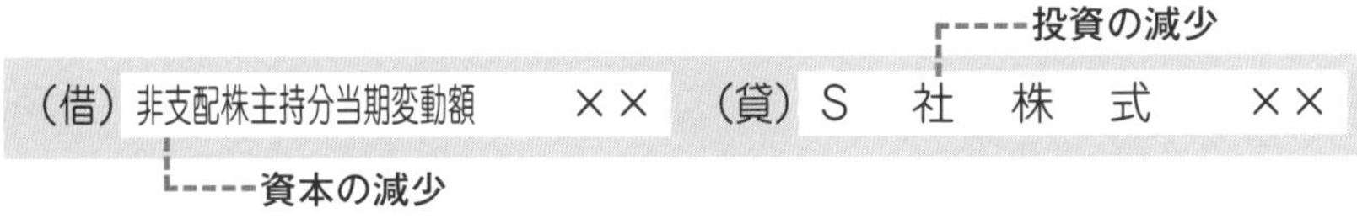

投資の減少

(借) 非支配株主持分当期変動額	××	(貸) S 社 株 式	××

資本の減少

親会社が非支配株主からS社株式を買ったと考えるので、非支配株主持分が減少するのです。

なお、相殺消去する資本（減額する非支配株主持分）を計算するさいには、**支配獲得時に計上した評価差額を含める**ことに注意してください。

$$\begin{array}{c}\text{減 額 す る}\\\text{非支配株主持分}\end{array}=\left(\begin{array}{c}\text{追加取得時の子会社の}\\\text{資本金や利益剰余金}\end{array}+\begin{array}{c}\text{支配獲得時}\\\text{の評価差額}\end{array}\right)\times\begin{array}{c}\text{追加取得}\\\text{比 率}\end{array}$$

連結グループ

P社（親）

S社（子）

親会社
持分

非支配株主
持分

資　本　金	P社（親）	
利益剰余金		
評 価 差 額		

S社株式
（追加取得）

親会社の投資と相殺
投資消去差額は
「資本剰余金当期変動額」

追加取得分

非支配株主

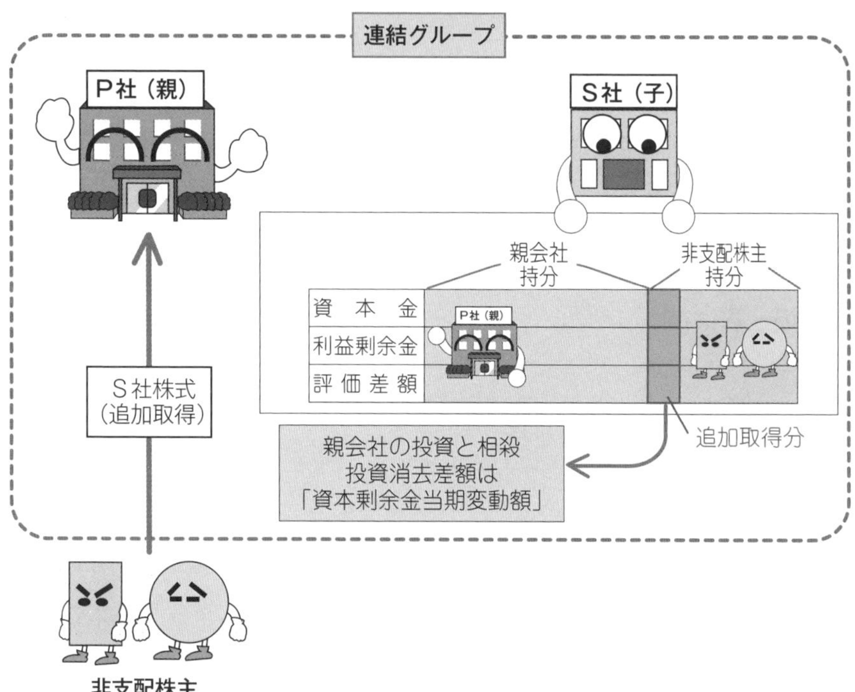

　子会社株式の追加取得は親会社と非支配株主との資本取引と考え、投資と資本の相殺消去によって生じる貸借差額は、**資本剰余金当期変動額**で処理します。

（借）非支配株主持分当期変動額　　××　（貸）S　社　株　式　　××

　　　　資本剰余金当期変動額　　　　××

　　　┗----- 貸借差額。借方の場合

例

● P社はS社の発行済株式（S社株式）のうち、すでに60%を所有し支配しているが、さらに20%を220円で追加取得した。次の資料にもとづき、追加取得にかかる連結修正仕訳を示しなさい。

●支配獲得時の子会社の諸資産の時価は1,100円（帳簿価額1,000円）であった。　評価差額100円（1,100円－1,000円）

●追加取得時のS社の資本金は600円、利益剰余金は300円である。

●**連結修正仕訳（投資と資本の相殺消去）**

（600円＋300円＋100円）×20%＝200円
追加取得時の資本金＋利益剰余金　支配獲得時の評価差額

（借）	非支配株主持分当期変動額	200	（貸）	S社株式	220
	資本剰余金当期変動額	20			

資本剰余金当期変動額：貸借差額

非支配株主持分を計算するさいに、
支配獲得時に計上した評価差額を含めることに注意しましょう。

なお、子会社株式の追加取得の処理の結果、親会社を含めた連結上の資本剰余金の当期末残高がマイナス（借方残高）となる場合、決算時に利益剰余金から減らします。

（借）	利益剰余金（当期変動額）	××	（貸）	資本剰余金（当期変動額）	××

テキスト基礎編1で学習した自己株式の処理の結果、
その他資本剰余金がマイナスになった場合と、考え方は同じです。

➡ トレーニングの 問題5 へ！

2　その他有価証券評価差額金を計上している場合　重要度 ★★

⑴資本連結

その他有価証券評価差額金を含めた子会社の純資産と子会社株式の相殺を行います。

⑵子会社のその他有価証券評価差額金の増加額（減少額）

支配獲得後の子会社のその他有価証券評価差額金の増加額（減少額）のうち非支配株主に対応する分を非支配株主持分に振り替えます。

⑶子会社株式の追加取得

通常の追加取得と同様に、非支配株主持分減少額と子会社株式の取得原価との差額を資本剰余金とします。

例

●次の資料にもとづき、子会社株式の追加取得に係る連結修正仕訳を示しなさい。

●P社は×1年3月31日にS社の株式の60％を480円で取得し、支配している。×2年3月31日に、S社の株式の20％を250円で追加取得した。S社の純資産の内訳は以下のとおりである。

⑴S社の純資産

×1年3月31日

資　本　金：600円　　利益剰余金：100円

その他有価証券評価差額金：50円

×2年3月31日

資　本　金：600円　　利益剰余金：300円

その他有価証券評価差額金：150円

なお、S社は剰余金の配当を行っていない。

⑵のれんは発生の翌年度より10年で償却する。

①資本連結

(借)	資本金当期首残高	600	(貸)	S　社　株　式	480
	利益剰余金金当期首残高	100		非支配株主持分当期首残高	300 *2
	その他有価証券評価差額金当期首残高	50			
	の　れ　ん	30 *1			

＊1　480円－(600円＋100円＋50円)×60％＝30円
＊2　(600円＋100円＋50円)×40％＝300円

②のれんの償却

(借)	のれん償却額	3 *	(貸)	の　れ　ん	3

＊30円÷10年＝3円

③子会社の当期純利益の振替え

(借)	非支配株主に帰属する当期純利益	80 *	(貸)	非支配株主持分当期変動額	80

＊(300円－100円)×40％＝80円

④子会社のその他有価証券評価差額金の増加額の振替え

(借)	その他有価証券評価差額金当期変動額	40 *	(貸)	非支配株主持分当期変動額	40

＊(150円－50円)× 40％＝40円

⑤追加取得

(借)	非支配株主持分当期変動額	210 *1	(貸)	S　社　株　式	250
	資本剰余金当期変動額	40 *2			

＊1　(600円＋300円＋150円)×20％＝210円
＊2　貸借差額

➡ トレーニングの 問題7 へ！

3 株式の取得関連費用がある場合 重要度 ★★

株式の取得関連費用とは、株式の取得にさいして購入代金以外にかかる費用であり、証券会社に支払う手数料などがあります。

(1)株式の取得関連費用の処理

子会社株式の取得関連費用は、個別上、取得のための付随費用として子会社株式の取得原価に含めます。

一方、連結上、取得関連費用は支払手数料などを用いて費用処理します。そのため、連結修正仕訳が必要となります。

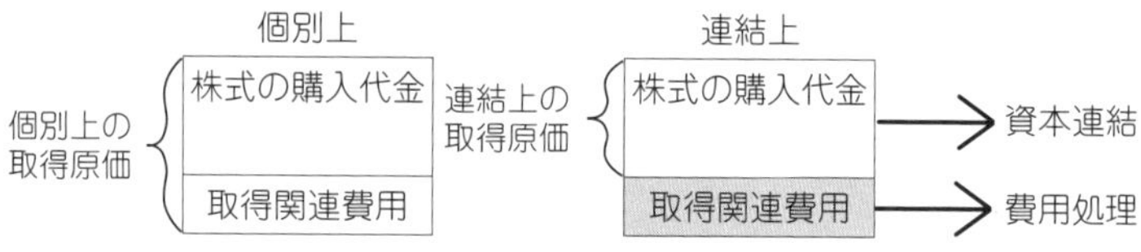

(2)資本連結時の処理

例

●次の資料にもとづき、資本連結に係る連結修正仕訳を示しなさい。

●P社は×1年3月31日にS社の発行済株式（S社株式）のうち、60%を取得し、子会社株式として570円を計上している。なお、子会社株式の取得原価には、購入手数料30円が含まれている。

(1)×1年3月31日のS社の純資産
資本金：600円　　利益剰余金、100円
支配獲得時の子会社の諸資産に100円の評価益が生じていた。

(2)のれんは、発生の翌年度より10年間にわたり均等に償却する。

①取得関連費用

支配獲得時に連結貸借対照表のみ作成する場合、費用項目である支払手数料は利益剰余金で処理します。

(借)	利益剰余金(支払手数料)	30	(貸) S社株式	30

②評価差額の計上

(借)	諸資産	100	(貸) 評価差額	100

③資本連結

子会社株式勘定の全額を消去することに変わりはありませんが、取得関連費用を除いて資本連結することによりのれんの金額が変わってきます。

(借)	資本金	600	(貸) S社株式	540 *1
	利益剰余金	100	非支配株主持分	320 *3
	評価差額	100		
	のれん	60 *2		

＊1　570円－30円＝540円
＊2　540円－(600円＋100円＋100円)×60%＝60円
＊3　(600円＋100円＋100円)×40%＝320円

参考　取得関連費用を費用処理する理由　重要度★

企業結合にかかった多額の費用を被取得企業の取得原価に含め多額ののれんが計上された事例を受けて、企業の買主と売主との直接的な取引ではない取得関連費用を費用処理することになりました。そして、企業を支配するという経済的実態は、企業結合と連結で同じであるため、連結上の取得関連費用も費用処理することになりました。

(3)追加取得時の処理

例

● 次の資料にもとづき、子会社株式の追加取得に係る連結修正仕訳を示しなさい。

● P社は×1年3月31日にS社の発行済株式（S社株式）のうち60%を取得し、子会社株式として570円を計上している。なお、子会社株式の取得原価には、購入手数料30円が含まれている。
その後、×2年3月31日にS社の株式の20%を追加取得し、子会社株式として240円を追加計上している。追加取得分の取得原価には、購入手数料20円が含まれている。

(1) S社の純資産

×1年3月31日　資本金：600円　　利益剰余金、100円
支配獲得時の子会社の諸資産に100円の評価益が生じていた。

×2年3月31日　資本金：600円　　利益剰余金、300円
なお、S社は剰余金の配当を行っていない。

(2)のれんは、発生の翌年度より10年間にわたり均等に償却する。

---

①追加取得時の取得関連費用

支配獲得時と同様に、取得関連費用を費用処理します。

(借)	支払手数料	20	(貸) S社株式	20

②追加取得

(借)	非支配株主持分当期変動額	200 *2	(貸) S社株式	220 *1
	資本剰余金当期変動額	20 *3		

＊1　240円－20円＝220円
＊2　(600円＋300円＋100円)×20%＝200円
＊3　貸借差額

➡ トレーニングの 問題6 へ！

資本剰余金当期変動額の連結株主資本等変動計算書の記載　重要度 ★

子会社株式の追加取得の処理により発生した資本剰余金当期変動額は、連結株主資本等変動計算書上、以下のように記載します。

連結株主資本等変動計算書

資本剰余金	
当期首残高	××
当期変動額	
非支配株主との取引に係る親会社の持分変動	××
当期末残高	××

「非支配株主との取引に係る親会社の持分変動」は本試験では答案用紙に印刷されていると思われるため、覚える必要はありません！

基本問題

次の資料にもとづき、×２年度末の連結財務諸表上ののれん、資本剰余金、非支配株主持分の金額を求めなさい。

【資料】

⑴　×１年度末にＰ社は、Ｓ社の発行済株式のうち70％を730円で取得し、Ｓ社を支配した。×１年度末の土地の時価は440円（簿価400円）である。

×１年度末のＳ社資本

資本金　500円　　利益剰余金　360円

⑵　のれんは発生の翌年度から10年間で均等償却する。

⑶　×２年度末にＰ社は、Ｓ社の発行済株式のうち10％を140円で追加取得した。×２年度末のＳ社当期純利益は100円である。

×２年度末のＳ社資本

資本金　500円　　利益剰余金　460円

⑷　×２年度末のＰ社の資本剰余金は200円である。

答案用紙

×２年度末の財務諸表の金額	のれん	資本剰余金	非支配株主持分
	円	円	円

解答

×２年度末の財務諸表の金額	のれん	資本剰余金	非支配株主持分
	90円	160円	200円

解説

(1)×１年度末の評価替えの仕訳

（借）	土　　　地	40 *	（貸）	評　価　差　額	40

＊ 440円－400円＝40円

(2)×１年度末の連結修正仕訳

（借）	資　本　金	500	（貸）	S　社　株　式	730
	利益剰余金	360		非支配株主持分	270 *
	評　価　差　額	40			
	の　れ　ん	100			

＊ （500円＋360円＋40円）×30％＝270円

(3)×２年度の連結修正仕訳

①のれんの償却

（借）	のれん償却額	10 *	（貸）	の　れ　ん	10

＊ 100円÷10年＝10円

②子会社当期純利益の振替え

（借）	非支配株主に帰属する当期純利益	30 *	（貸）	非支配株主持分当期変動額	30

＊ 100円×30％＝30円

(4)追加取得

（借）	非支配株主持分当期変動額	100 *	（貸）	S　社　株　式	140
	資本剰余金当期変動額	40			

＊ （500円＋460円＋40円）×10％＝100円

の　れ　ん：100円－10円＝90円
資本剰余金：200円－40円＝160円
非支配株主持分：270円＋30円－100円＝200円

【タイムテーブル】

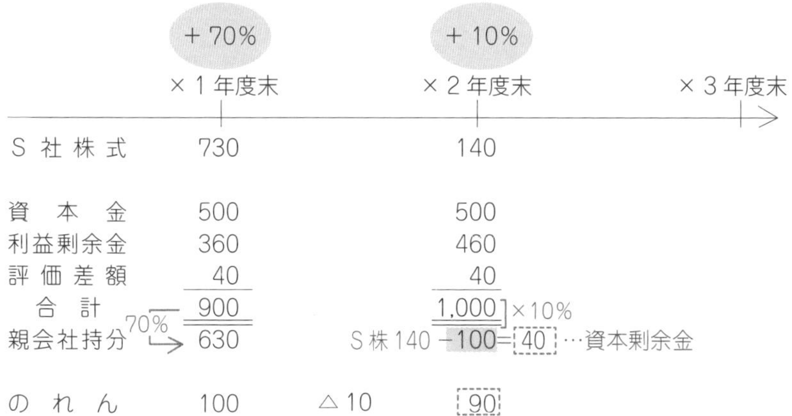

Section 3

●追加取得と逆の考え方です

子会社株式の売却

1 子会社株式の売却

重要度 ★★★

支配獲得後に親会社が子会社株式を売却した場合は、連結上、親会社持分が減り、**非支配株主持分が増えた**として処理します。そして、**売却価額と非支配株主持分増加額との差額を資本剰余金（当期変動額）として処理**します。

あわせて、個別上計上している子会社株式売却益（売却損）を取り消します。

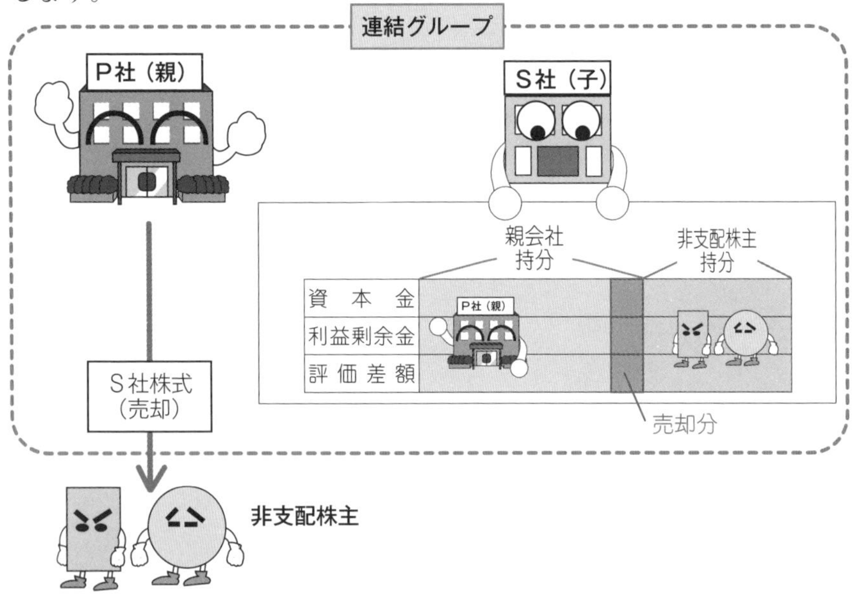

要点 子会社株式の売却

- ●非支配株主持分を増やす
- ●売却価額と非支配株主持分増加額との差額を資本剰余金当期変動額とする
- ●子会社株式売却損益を取り消す

例

●×1年3月31日にP社はS社の発行済株式（S社株式）のうち80%を760円で取得し、支配した。そして、×2年3月31日にこのうち8分の1（S社の発行済株式の10%）を140円で売却している。次の資料にもとづき、子会社株式の売却にかかる連結修正仕訳を示しなさい。
(1)支配獲得時の子会社の諸資産の時価は1,050円（帳簿価額1,000円）であった。
(2)株式売却時のS社の資本金は600円、利益剰余金は350円である。

(1)連結上あるべき仕訳

非支配株主に株式を売却し、非支配株主持分を増加させます。

(借)		(貸)	
現金預金	140	非支配株主持分当期変動額	100 *1
		資本剰余金当期変動額	40 *2

＊1　(600円＋350円＋50円)×10%＝100円
（600円＋350円＋50円：×2年3月子会社資本）

＊2　140円－100円＝40円

(2)個別上の仕訳

(借)		(貸)	
現金預金	140	S社株式	95 *1
		子会社株式売却益	45 *2

＊1　760円×$\frac{1}{8}$＝95円

＊2　140円－95円＝45円

(3) 連結修正仕訳

(借)		(貸)	
S社株式	95	非支配株主持分当期変動額	100
子会社株式売却益	45	資本剰余金当期変動額	40

➡ トレーニングの 問題8 へ！

なお、子会社株式の売却の処理の結果、親会社を含めた連結上の資本剰余金の当期末残高がマイナス（借方残高）となる場合、決算時に利益剰余金から減らします。

（借）利益剰余金当期変動額	××	（貸）資本剰余金当期変動額	××

なお、一部売却による法人税等への影響の処理については本試験での重要性は低いと思われるため、本書では割愛しています。

補足　資本剰余金当期変動額の連結株主資本等変動計算書の記載　重要度★

子会社株式の売却の処理により発生した資本剰余金当期変動額は、連結株主資本等変動計算書上、以下のように記載します。

連結株主資本等変動計算書

資本剰余金	
当期首残高	××
当期変動額	
非支配株主との取引に係る親会社の持分変動	××
当期末残高	××

子会社株式の追加取得と同じです。覚える必要はありません！

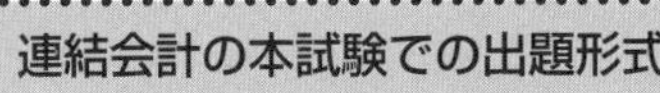

連結会計の本試験での出題形式

1級の本試験で、連結会計が出題された場合の多くは、連結財務諸表を作成する総合問題です。しかも、答案用紙にほとんどの科目名は記入済みとなっています。

そのため、連結会計を学習するときは連結修正仕訳の結果、連結財務諸表の各科目の金額がどうなるかを意識しながら学習した方がよいです。

連結修正仕訳は、主に資本連結の仕訳と、商品売買など親子会社間の取引に係る成果連結の仕訳に分けられます。

資本連結の仕訳のうち、資本金は、必ず親会社の資本金になるため得点できます。資本剰余金についても、持分変動による資本剰余金の増減額を把握できれば得点できます。
しかし、利益剰余金については他の仕訳の集計を全て正確に行わないと得点できず、本試験では埋没論点（正解できなくても合否に影響しない論点）となることが多いです。

一方、成果連結の仕訳は取引ごとに解答できるため得点源になり、ここをいかに正確に解答するかが大切となります。

連結上の税効果会計については、集計項目が少なければ解答できますし、集計項目が多ければ埋没論点となります。

非支配株主持分については、当期末子会社純資産（評価差額含む）に非支配株主の割合を掛けた金額に、アップ・ストリームによる非支配株主持分への影響額を加減して計算できます。

2 その他有価証券評価差額金を計上している場合　重要度 ★★

子会社でその他有価証券評価差額金を計上している場合の子会社株式の一部売却でも、売却価額と親会社持分減少額との差額を資本剰余金とする点は同じです。なお、**支配獲得時から売却時までのその他有価証券評価差額金の増加額（減少額）のうち売却分を減らします。**

例

●次の資料にもとづき、子会社株式の売却に係る連結修正仕訳を示しなさい。

●Ｐ社は×１年３月31日にＳ社の発行済株式（Ｓ社株式）のうち80％を取得し、子会社株式として1,360円を計上している。その後、×２年３月31日にこのうちＳ社の株式の10％を210円で売却している。

⑴Ｓ社の純資産

×１年３月31日　資本金：1,200円　利益剰余金：400円
その他有価証券評価差額金：50円

×２年３月31日　資本金：1,200円　利益剰余金：550円
その他有価証券評価差額金：150円

なお、Ｓ社は剰余金の配当を行っていない。

⑵のれんは、発生の翌年度より10年間にわたり均等に償却する。

①資本連結

（借）		（貸）	
資本金当期首残高	1,200	Ｓ　社　株　式	1,360
利益剰余金当期首残高	400	非支配株主持分当期首残高	330 *2
その他有価証券評価差額金当期首残高	50		
の　れ　ん	40 *1		

＊1　1,360円－(1,200円＋400円＋50円)× 80％＝40円
＊2　(1,200円＋400円＋50円)× 20％＝330円

②のれんの償却

(借)	のれん償却額	4 *	(貸)	のれん	4

* 40円÷10年＝4円

③子会社の当期純利益の振替え

(借)	非支配株主に帰属する当期純利益	30 *	(貸)	非支配株主持分当期変動額	30

* (550円－400円)×20%＝30円

④子会社のその他有価証券評価差額金増加額の振替え

(借)	その他有価証券評価差額金当期変動額	20 *	(貸)	非支配株主持分当期変動額	20

* (150円－50円)×20%＝20円

⑤子会社株式の一部売却

イ連結上あるべき仕訳

(借)	現金預金	210	(貸)	非支配株主持分当期変動額	190 *2
	その他有価証券評価差額金当期変動額	10 *1		資本剰余金当期変動額	30 *3

*1 (150円－50円)×10%＝10円
*2 (1,200円＋550円＋150円)×10%＝190円
*3 貸借差額

ロ個別上の仕訳

(借)	現金預金	210	(貸)	S社株式	170 *1
				子会社株式売却益	40 *2

*1 1,360円×$\frac{1}{8}$＝170円　　*2 210円－170円＝40円

③連結修正仕訳

(借)	S社株式	170	(貸)	非支配株主持分当期変動額	190
	その他有価証券評価差額金当期変動額	10		資本剰余金当期変動額	30
	子会社株式売却益	40			

➡ トレーニングの 問題 10 へ！

3 株式の取得関連費用がある場合

重要度★★

個別上、取得関連費用を含めた子会社株式の帳簿価額にもとづいて売却の仕訳を行っていることに注意します。

例

●次の資料にもとづき、子会社株式の売却に係る連結修正仕訳を示しなさい。

●P社は×1年3月31日にS社の発行済株式（S社株式）のうち80%を取得し、子会社株式として840円を計上している。なお、子会社株式の取得原価には、購入手数料40円が含まれている。

その後、×2年3月31日にこのうちS社の株式の10%を140円で売却している。

(1)S社の純資産

×1年3月31日　資本金：600円　　利益剰余金：100円

支配獲得時の子会社の諸資産に50円の評価益が生じていた。

×2年3月31日　資本金：600円　　利益剰余金：350円

なお、S社は剰余金の配当を行っていない。

(2)のれんは、発生の翌年度より10年間にわたり均等に償却する。

---

①連結上あるべき仕訳

(借) 現金預金	140	(貸)	非支配株主持分当期変動額	100 *1
			資本剰余金当期変動額	40 *2

＊1　(600円+350円+50円) × 10% = 100円
＊2　140円−100円 = 40円

②個別上の仕訳

(借)	現　金　預　金	140	(貸)	S　社　株　式	105 [*1]
				子会社株式売却益	35 [*2]

＊1　840 円 × $\frac{1}{8}$ = 105 円　　＊2　140 円 − 105 円 = 35 円

③連結修正仕訳

(借)	S　社　株　式	105	(貸)	非支配株主持分当期変動額	100
	子会社株式売却益	35		資本剰余金当期変動額	40

➡ トレーニングの 問題9 へ！

 子会社株式の売却で、その他有価証券評価差額金を減らす理由

その他有価証券評価差額金は、その他有価証券の時価の変動によって生じた未実現の損益です。

ここで、P社がS社株式の一部を非支配株主に売却することにより、S社で計上したその他有価証券評価差額金の一部が実現したと考えます。

そのため、本来は、その他有価証券評価差額金から損益（利益剰余金）に振り替えるべきです。しかし、近年、連結財務諸表に関する会計基準が改訂され、親会社（P社）だけでなく非支配株主も企業集団の一部を構成するという考え（経済的単一体説といいます）を取り入れることになりました。

そして、P社が非支配株主にS社株式を売却するのは企業集団内の取引と考え、関連する損益は資本剰余金とするルールに変更されました。

そのため、子会社株式の売却に係る分だけでなく、その他有価証券評価差額金の実現分も資本剰余金とすることになりました。

連結上、あるべき仕訳を2つに分けると次のとおりです。

① S社株式の売却

（借）現　金　預　金	210	（貸）	非支配株主持分当期変動額	190
			資本剰余金当期変動額	20

② その他有価証券評価差額金

（借）その他有価証券評価差額金当期変動額	10	（貸）	資本剰余金当期変動額	10

なお、S社株式の一部売却により、S社で計上したその他有価証券評価差額金の一部が実現したと考えるため、子会社株式の追加取得の場合にはその他有価証券評価差額金の調整は行わないことに注意しましょう。

基本問題

次の資料にもとづき、×２年度末の連結財務諸表上ののれん、資本剰余金、非支配株主持分の金額を求めなさい。

【資料】

⑴×１年度末にＰ社は、Ｓ社の発行済株式のうち80％を820円で取得し、Ｓ社を支配した。×１年度末の土地の時価は440円（簿価400円）である。

×１年度末のＳ社資本

資本金　500円　　利益剰余金　360円

⑵のれんは発生の翌年度から10年間で均等償却する。

⑶×２年度末にＰ社は、Ｓ社の発行済株式のうち20％を220円で売却した。×２年度末のＳ社当期純利益は100円である。

×２年度末のＳ社資本

資本金　500円　　利益剰余金　460円

⑷×２年度末のＰ社の資本剰余金は200円である。

答案用紙

×２年度末の財務諸表の金額	のれん	資本剰余金	非支配株主持分
	円	円	円

解答

×2年度末の財務諸表の金額	のれん	資本剰余金	非支配株主持分
	90円	220円	400円

(1)×1年度末の土地の評価替えの仕訳

(借)	土　　地	40	(貸)	評価差額	40*

　＊　140円－100円＝40円

(2)×1年度末の連結修正仕訳

(借)	資本金	500	(貸)	S社株式	820
	利益剰余金	360		非支配株主持分	180*1
	評価差額	40			
	のれん	100 *2			

　＊1　(500円＋360円＋40円) × 20%＝180円

　＊2　820円－ (500円＋360円＋40円) × 80%＝100円

(3)×2年度の連結修正仕訳

①のれんの償却

(借)	のれん償却額	10	(貸)	のれん	10*

　＊　100円÷10年＝10円

②子会社当期純利益の振替え

(借)	非支配株主に帰属する当期純利益	20	(貸)	非支配株主持分当期変動額	20*

　＊　100円× 20%＝20円

③一部売却

(借)	S社株式	205 *1	(貸)	非支配株主持分当期変動額	200*3
	子会社株式売却益	15 *2		資本剰余金当期変動額	20*4

　＊1　820円× $\frac{20\%}{80\%}$ ＝205円

　＊2　220円－205円＝15円

　＊3　(500円＋460円＋40円) × 20%＝200円

　＊4　貸借差額または　220円(売却価額)－200円(非株増加額)＝20円

のれん：100円－10円＝90円

資本剰余金：200円＋20円＝220円

非支配株主持分：180円＋20円＋200円＝400円

● 2 回以上に分けて株式を取得し支配した場合

段階取得による支配獲得

1 子会社株式を段階的に取得した場合 重要度 ★★

これまでは、「×1年3月31日に子会社の株式60%を取得した」などのように、1回の株式取得で支配を獲得している場合を前提として、投資と資本の相殺消去を見てきました。

ここでは、「×1年3月31日に株式10%を取得し、×2年3月31日に追加で50%（合計60%）を取得した」というように、2回以上の株式取得によって支配を獲得している場合の、連結修正仕訳（投資と資本の相殺消去）について見ていきます。

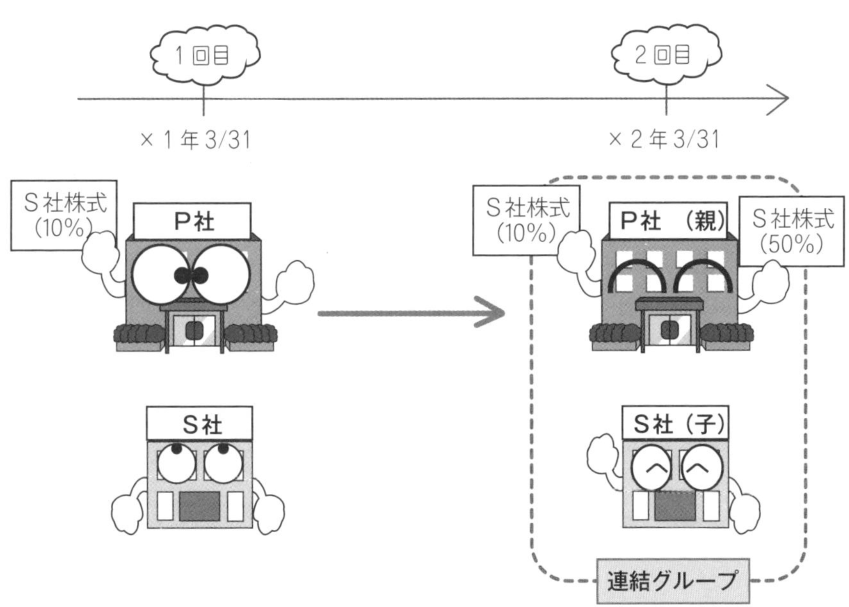

たとえば、×１年３月31日にＳ社株式を10％取得し、×２年３月31日に追加で50％を取得して、支配を獲得した（Ｓ社を子会社とした）としましょう。

このような場合、支配を獲得したとき（×２年３月31日）に一括して60％（10％＋50％）を取得したとして処理します。

ここで60％（10％＋50％）を一括
して取得したとして処理します
1回目
＋10％
2回目
＋50％
×1年3/31
×2年3/31

したがって、支配獲得時（×２年３月31日）に、子会社の資産・負債を時価に評価替えし、連結修正仕訳をします。

なお、支配獲得時（×２年３月31日）に相殺消去する投資（Ｓ社株式）の金額は**支配獲得時（×２年３月31日）の時価**となります。

そこで、個別財務諸表上の子会社株式（Ｓ社株式）の金額が、支配獲得時の時価と異なっている場合には、**子会社株式を時価に評価替え**してから連結修正仕訳（投資と資本の相殺消去）をすることになります。

この場合に生じる評価差額は、**段階取得に係る差益（特別利益）**または**段階取得に係る差損（特別損失）**で処理します。

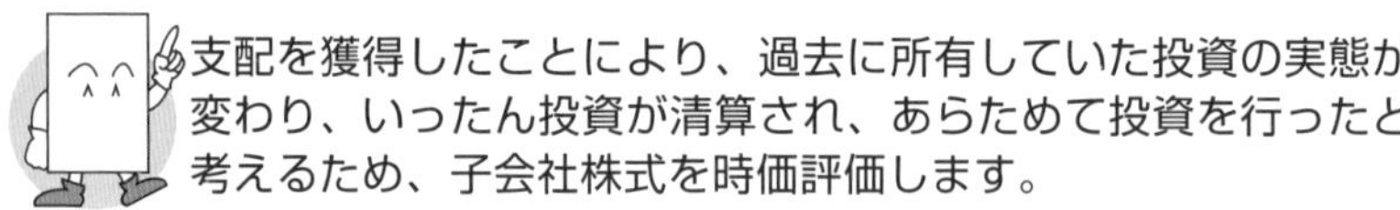
支配を獲得したことにより、過去に所有していた投資の実態が変わり、いったん投資が清算され、あらためて投資を行ったと考えるため、子会社株式を時価評価します。

段階取得による支配獲得の場合

- 子会社の資産・負債は支配獲得時の時価に評価替え
- 資本と相殺する投資（子会社株式）の金額は支配獲得時の時価
- 子会社株式の時価評価によって生じた差額は段階取得に係る差益（特別利益）または段階取得に係る差損（特別損失）で処理

たとえば、S社株式を1回目に@5円で10株（10%）取得し、2回目に@8円で50株（50%）を取得したという場合は次のようになります。

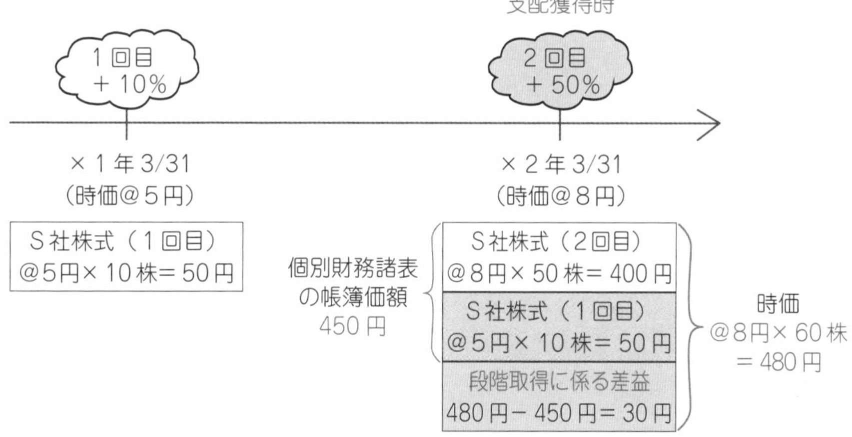

具体例を使って、段階取得の場合の処理を見ておきましょう。

例

●次の資料にもとづき、×2年3月31日の連結修正仕訳を示しなさい。

(1)P社のS社株式の取得状況とS社資本

P社は×2年3月末にS社を支配した。

取得日	取得原価	取得比率	資本金	利益剰余金
×1年3月末	100円	10%	500円	360円
×2年3月末	550円	50%	500円	460円

×2年3月末の土地の時価は440円（簿価400円）である。

(2)×2年3月末のP社が保有するS社株式（60%分）の時価は660円である。

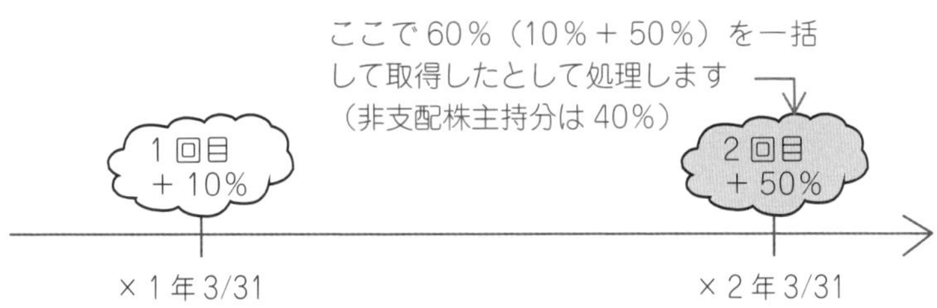

●評価替えの仕訳

（借）諸資産 40　（貸）評価差額 40

440円－400円＝40円

●連結修正仕訳

①子会社株式の時価評価

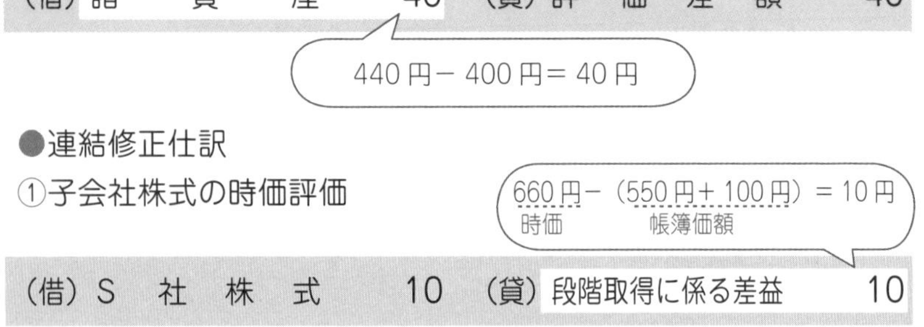

（借）S社株式 10　（貸）段階取得に係る差益 10

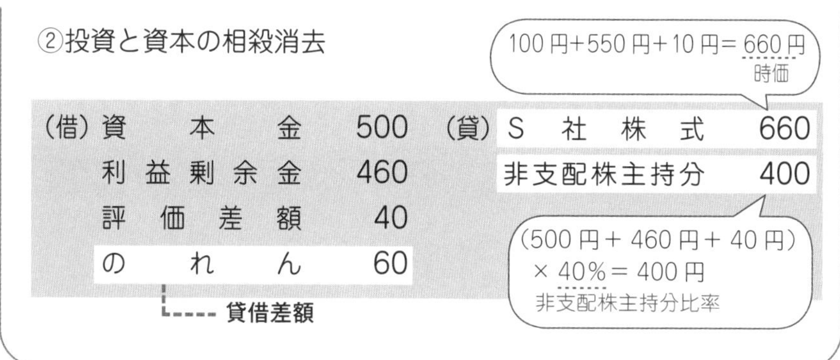

②投資と資本の相殺消去
100円+550円+10円=660円
時価
(借) 資　本　金 500 (貸) S　社　株　式 660
利 益 剰 余 金 460 非支配株主持分 400
評　価　差　額 40
の　れ　ん 60
貸借差額
(500円＋460円＋40円)
×40%＝400円
非支配株主持分比率

なお、段階取得に係る差益（または段階取得に係る差損）は、特別損益の項目ですが、支配獲得時は連結貸借対照表のみを作成するため、**連結貸借対照表の利益剰余金に含めて処理**します。

2 持分法から連結への移行

重要度 ★★

(1)連結への移行の処理

持分法適用会社の株式を追加取得し、その会社の支配を獲得した場合、支配を獲得する前までは持分法を適用し、支配獲得時に段階取得の処理をします。

例えば、P社は×1年3月31日にS社株式の20%を取得し、×2年3月31日にさらに40%を追加取得し、支配を獲得した場合の処理についてみていきます。

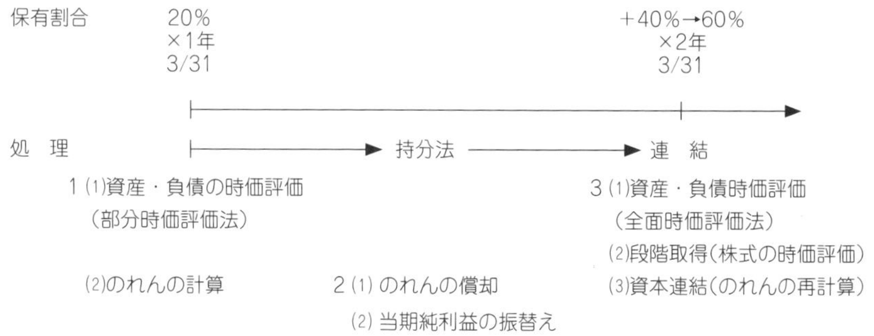

⑵子会社株式の時価評価

子会社株式の支配獲得日の時価と持分法上の簿価との差額を、「段階取得に係る差益（差損）」として処理します。

段階取得に係る差益（差損）＝支配獲得日の時価 － 持分法上の簿価

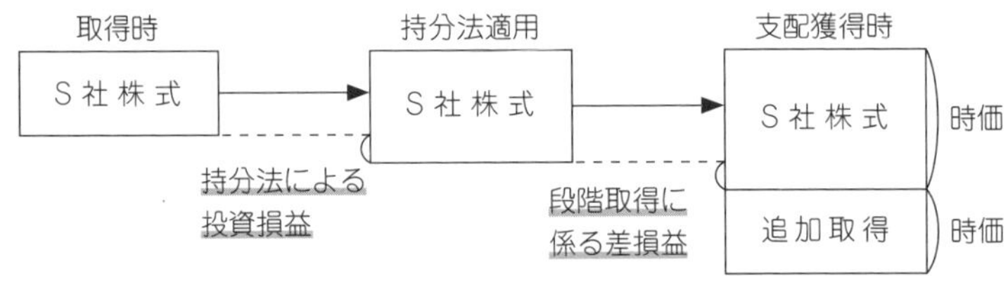

例

●次の資料にもとづき、×２年３月31日の連結修正仕訳を示しなさい。

⑴Ｐ社のＳ社株式の取得状況とＳ社資本

Ｐ社は×２年３月末にＳ社を支配した。

取得日	取得原価	取得比率	資本金	利益剰余金
×１年３月末	205円	20%	500円	260円
×２年３月末	500円	40%	500円	460円

×1年3月末のS社の土地の時価は415円（簿価400円）である。
×2年3月末のS社の土地の時価は440円（簿価400円）である。

⑵のれんは発生の翌年度より10年間で均等償却する。

⑶×１年度のＳ社の当期純利益は200円である。

⑷×２年３月末のＰ社が保有するＳ社株式（60％分）の時価は750円である。

(1)持分法適用の仕訳

①土地の時価評価（イメージ上の仕訳）

(借) 土　　地	3	(貸) 評 価 差 額	3 *

＊（415円－400円）×20％＝3円
のれん：205円－｛（500円＋260円）×20％＋3円｝＝50円

②のれんの償却

(借) 持分法による投資損益	5	(貸) S 社 株 式	5 *

＊50円÷10年＝5円

③関連会社の当期純利益

(借) S 社 株 式	40	(貸) 持分法による投資損益	40 *

＊200円×20％＝40円
持分法上の簿価：205円－5円＋40円＝240円

(2)連結上の仕訳

①土地の時価評価

(借) 土　　地	40	(貸) 評 価 差 額	40 *

＊440円－400円＝40円

②子会社株式の評価替え

(借) S 社 株 式	10	(貸) 段階取得に係る差益	10 *

＊750円－（240円＋500円）＝10円

③資本連結

(借) 資 本 金	500	(貸) S 社 株 式	750 *1
利 益 剰 余 金	460	非支配株主持分	400 *2
評 価 差 額	40		
の れ ん	150 *3		

＊1　時価
＊2　（500円＋460円＋40円）×40％＝400円
＊3　750円－（500円＋460円＋40円）×60％＝150円
　持分法を適用したときののれん45円は、連結上、引き継ぎません。

Ch 6 連結会計3

基本問題

次の資料にもとづき、×２年３月31日の持分法による投資損益、段階取得に係る差益、のれん、非支配株主持分の金額を求めなさい。

⑴Ｐ社のＳ社株式の取得状況とＳ社資本

Ｐ社は×２年３月末にＳ社を支配した。

取得日	取得原価	取得比率	資本金	利益剰余金
×１年３月末	205円	20%	500円	260円
×２年３月末	500円	40%	500円	460円

×１年３月末のＳ社の土地の時価は415円（簿価400円）である。

×２年３月末のＳ社の土地の時価は440円（簿価400円）である。

⑵のれんは発生の翌年度より10年間で均等償却する。

⑶×１年度のＳ社の当期純利益は200円である。

⑷×２年３月末のＰ社が保有するＳ社株式（60%分）の時価は750円である。

答案用紙

持分法による投資損益		円
段階取得に係る差益		円
の　れ　ん		円
非支配株主持分		円

解答

持分法による投資損益	35	円
段階取得に係る差益	10	円
の　れ　ん	150	円
非支配株主持分	400	円

(1)持分法適用の仕訳

①土地の時価評価（イメージ上の仕訳）

(借) 土　　地	3	(貸) 評価差額	3*

＊（415円－400円）×20%＝3円

のれん：205円－｛(500円＋260円）×20%＋3円｝＝50円

②のれんの償却

(借) 持分法による投資損益	5	(貸) S社株式	5*

＊ 50円÷10年＝5円

③関連会社の当期純利益

(借) S社株式	40	(貸) 持分法による投資損益	40*

＊ 200円×20%＝40円

持分法上の簿価：205円－5円＋40円＝240円

(2)連結上の仕訳

①土地の時価評価

(借) 土　　地	40	(貸) 評価差額	40*

＊ 440円－400円＝40円

②子会社株式の評価替え

(借) S社株式	10	(貸) 段階取得に係る差益	10*

＊ 750円－（240円＋500円）＝10円

③資本連結

(借) 資本金	500	(貸) S社株式	750*1
利益剰余金	460	非支配株主持分	400*2
評価差額	40		
のれん	150 *3		

＊1 時価

＊2 （500円＋460円＋40円）×40%＝400円

＊3 750円－（500円＋460円＋40円）×60%＝150円

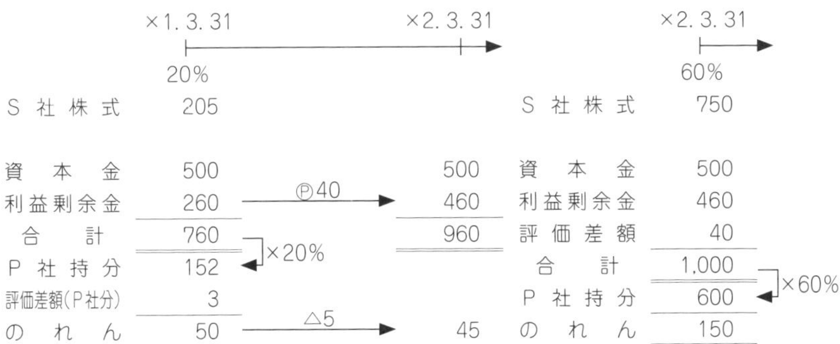

➡ トレーニングの 問題11 ～ 問題12 へ！

評価差額の実現

重要度 ★★

子会社の支配獲得時に、子会社の建物などの償却性資産を時価評価したときは、翌年度から減価償却費を修正します。

具体的には、固定資産の簿価修正額を残存耐用年数で割った額について、減価償却費を修正します。

また、子会社の減価償却費の修正による純資産の変動額を非支配株主持分にも配分します。

【例】P社は前期末にS社の発行済株式（S社株式）の80%を取得し、S社を支配した。

×1年3月期と×2年3月期の連結財務諸表作成にあたり、子会社の資産の時価評価に係る仕訳を行う。

(1)支配獲得時（×1年3月31日）にS社の建物について1,000円の評価益が生じている。

(2)建物の償却方法は、定額法、残存価額：ゼロであり、支配獲得時からの残存耐用年数は10年である。

1 支配獲得時（×1年3月31日）

（借）	建　物	1,000	（貸）	評価差額	1,000

2 翌年度（×2年3月31日）

(1)時価評価

（借）	建　物	1,000	（貸）	評価差額	1,000

(2) 減価償却費の修正

（借）	減価償却費	100 *	（貸）	減価償却累計額	100

＊ 1,000円÷10年＝100円

(3) 非支配株主持分への配分

（借）	非支配株主持分当期変動額	20 *	（貸）	非支配株主に帰属する当期純利益	20

＊ 100円×20%＝20円

なお、税効果会計（税率40%）を適用する場合の仕訳は、次のようになります。

（借）	建　物	1,000	（貸）	繰延税金負債	400
				評価差額	600

（借）	減価償却費	100	（貸）	減価償却累計額	100
（借）	繰延税金負債	40 *1	（貸）	法人税等調整額	40
（借）	非支配株主持分当期変動額	12 *2	（貸）	非支配株主に帰属する当期純利益	12

＊1 100円×40%＝40円　　＊2 （100円－40円）×20%＝12円

➡ トレーニングの 問題13 へ！

Chapter 7

連結会計4

本試験でよく出題されている在外子会社の財務諸表の換算と在外子会社の連結を中心におさえましょう！

●資産と負債はCR、収益と費用はARで換算！

在外子会社の財務諸表項目の換算

1 在外子会社の財務諸表項目の換算 重要度 ★★★

日本の親会社がアメリカに子会社を有している場合、子会社の外貨建てで計上されている財務諸表項目を換算して、連結財務諸表を作成する必要があります。

在外子会社の財務諸表項目は、基本的にすべての**資産・負債は決算時の為替レート（CR）**で換算します。

収益・費用は原則として期中平均レート（AR）で換算しますが、**決算時の為替レート（CR）**で換算することも認められています。

B/S 項目はCR、P/L 項目は原則としてARで換算！

なお、親会社との取引によるものについては、**親会社が換算に用いる為替レート**で換算します。

在外子会社の財務諸表項目の換算

財務諸表項目		適用する為替レート
資産・負債		決算時の為替レート（CR）
株主資本	親会社による株式取得時の項目	株式取得時の為替レート（HR）
	親会社による株式取得後に生じた項目	取引発生時の為替レート（HR）
収益・費用		原則：期中平均レート（AR） 容認：決算時の為替レート（CR）

2　換算のルール　重要度★★★

在外子会社の財務諸表項目を換算するさいには、①**損益計算書項目から換算**します。そして、親会社との取引が原因で生じた換算差額を**為替差損益**で処理します。

在外子会社の換算はP/Lからスタートします。
利益も AR または CR で換算し、
P/Lの貸借差額が為替差損益です。

次に、②**株主資本等変動計算書項目を換算**します。

株主資本等変動計算書項目は、親会社の株式取得時または取引発生時の為替レート（HR）で換算します。なお、当期純利益は損益計算書の金額を記入します。

P/Lから株主資本等変動計算書へ。
フツウの財務諸表作成の流れと同じですね。

そして、③**貸借対照表項目を換算**します。貸借対照表の純資産の項目は株主資本等変動計算書の金額を記入し、貸借対照表の貸借差額は**為替換算調整勘定（純資産）**で処理します。

最後はB/Sです。
為替換算調整勘定という新しい勘定が出てきました。

要点　在外子会社の財務諸表項目の換算のルール

①損益計算書項目の換算 ⇒ 差額は為替差損益で処理

②株主資本等変動計算書項目の換算

③貸借対照表項目の換算 ⇒ 差額は為替換算調整勘定で処理

在外子会社の財務諸表項目の換算の流れは次のとおりです。

CR…決算時レート　HR…取得時または発生時レート
AR…期中平均レート　親…親会社との取引で用いたレート

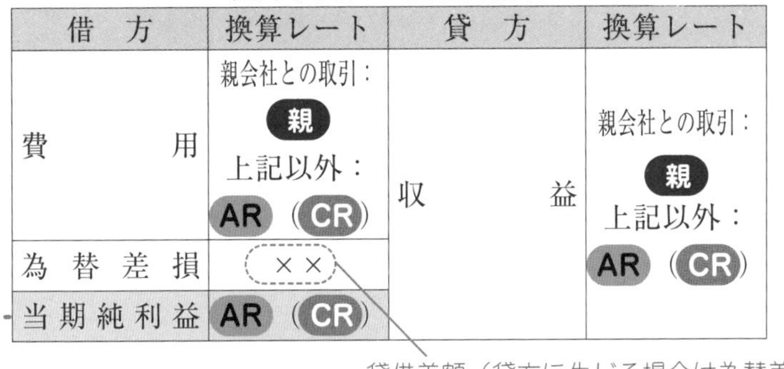

在外子会社の損益計算書

借　方	換算レート	貸　方	換算レート
費　用	親会社との取引：親 上記以外：AR（CR）	収　益	親会社との取引：親 上記以外：AR（CR）
為替差損	××		
当期純利益	AR（CR）		

貸借差額（貸方に生じる場合は為替差益）

在外子会社の株主資本等変動計算書

借　方	換算レート	貸　方	換算レート
資本金当期末残高	HR	資本金当期首残高	HR
剰余金の配当	HR	利益剰余金当期首残高	××
利益剰余金当期末残高	××	当期純利益	××

在外子会社の貸借対照表

借　方	換算レート	貸　方	換算レート
資　産	CR	負　債	CR
		資本金	××
		利益剰余金	××
		為替換算調整勘定	××

貸借差額

例

●次の資料にもとづき、在外子会社（S 社）の円貨額による財務諸表を作成しなさい。

【資料 1】在外子会社（S 社）の外貨建財務諸表

損益計算書

自×1年4月1日 至×2年3月31日（単位:ドル）

借方		貸方	
費用	60	収益	100
当期純利益	40		
	100		100

株主資本等変動計算書

自×1年4月1日 至×2年3月31日（単位:ドル）

借方		貸方	
資本金当期末残高	120	資本金当期首残高	120
剰余金の配当	5	利益剰余金当期首残高	30
利益剰余金当期末残高	65	当期純利益	40

貸借対照表

×2年3月31日　（単位：ドル）

借方		貸方	
資産	220	負債	35
		資本金	120
		利益剰余金	65
	220		220

【資料 2】

①当社は前期末（×1年3月31日）にS社の全株式を取得し、子会社とした。

②収益のうち、20ドルは親会社に対するものであり、親会社ではこの取引を1ドル102円で換算し、記帳している。

③換算に必要な為替レート（1ドルあたり）は次のとおりである。なお、収益、費用項目については期中平均レートを用いる。

親会社が子会社株式を取得したときの為替レート
　　　　　　　　　　　　　　：100円
決算時レート（当期）　　　　：103円
期中平均レート（当期）　　　：104円
配当確定時のレート　　　　　：102円

●在外子会社の円貨額による財務諸表

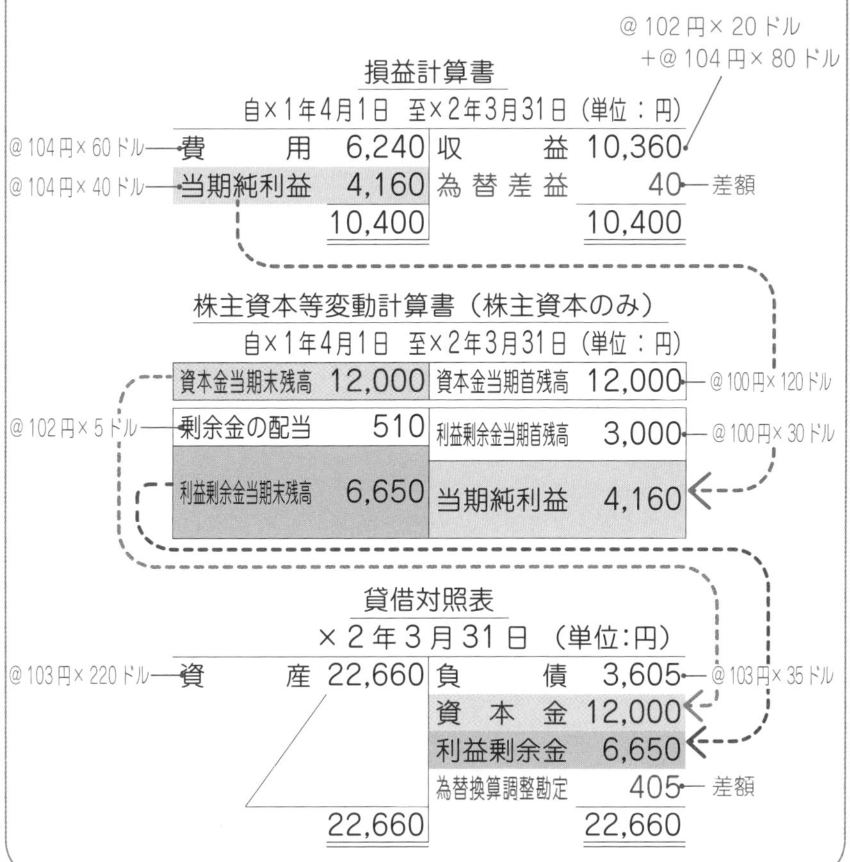

損益計算書
自×1年4月1日　至×2年3月31日（単位：円）
@104円×60ドル
費用 6,240
@104円×40ドル
当期純利益 4,160
10,400
収益 10,360
@102円×20ドル
+@104円×80ドル
為替差益 40
差額
10,400
株主資本等変動計算書（株主資本のみ）
自×1年4月1日　至×2年3月31日（単位：円）
資本金当期末残高 12,000
@102円×5ドル
剰余金の配当 510
利益剰余金当期末残高 6,650
資本金当期首残高 12,000
@100円×120ドル
利益剰余金当期首残高 3,000
@100円×30ドル
当期純利益 4,160
貸借対照表
×2年3月31日（単位:円）
@103円×220ドル
資産 22,660
22,660
負債 3,605
@103円×35ドル
資本金 12,000
利益剰余金 6,650
為替換算調整勘定 405
差額
22,660

基本問題

次の資料にもとづき、在外子会社（S社）の円貨額による損益計算書と貸借対照表を作成しなさい。

【資料】

1. 在外子会社（S社）の外貨建財務諸表

損益計算書

自×1年4月1日　至×2年3月31日　（単位：ドル）

費用	80	収益	100
当期純利益	20		
	100		100

貸借対照表

×2年3月31日　（単位：ドル）

資産	200	負債	40
		資本金	100
		利益剰余金	60
	200		200

2. その他の資料

⑴P社は×1年3月31日にS社の発行済株式の全てを取得した。
取得時のS社の資本は資本金100ドル、利益剰余金50ドルである。
取得時のレートは1ドル100円である。

⑵S社は当期において剰余金の配当10ドルを行った。
配当時のレートは1ドル102円である。

⑶S社の収益のうち30ドルはP社に対するものであり、P社では101円で換算し記帳している。

⑷換算に必要なレートは次のとおりである。収益・費用の換算は期中平均レートを用いる。
期中平均レート：@103円　　決算時レート：@105円

答案用紙

損益計算書

自×1年4月1日　至×2年3月31日　(単位：円)

費　　用	(　　)	収　　益	(　　)
当期純利益	(　　)	為替差益	(　　)
	(　　)		(　　)

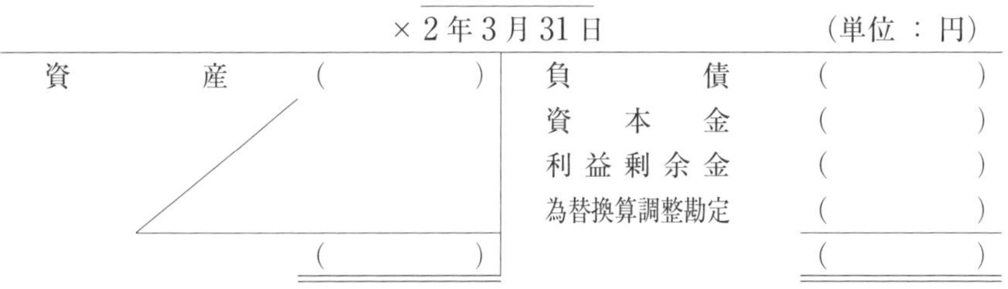

貸借対照表

×2年3月31日　(単位：円)

資　　産	(　　)	負　　債	(　　)
		資本金	(　　)
		利益剰余金	(　　)
		為替換算調整勘定	(　　)
	(　　)		(　　)

解答

損益計算書

自×1年4月1日　至×2年3月31日　(単位：円)

費　　用	(8,240 *2)	収　　益	(10,240 *1)
当期純利益	(2,060 *3)	為替差益	(60 *4)
	(10,300)		(10,300)

＊1　@101円×30ドル＋@103円×70ドル＝10,240円

＊2　@103円×80ドル＝8,240円

＊3　@103円×20ドル＝2,060円

＊4　貸借差額

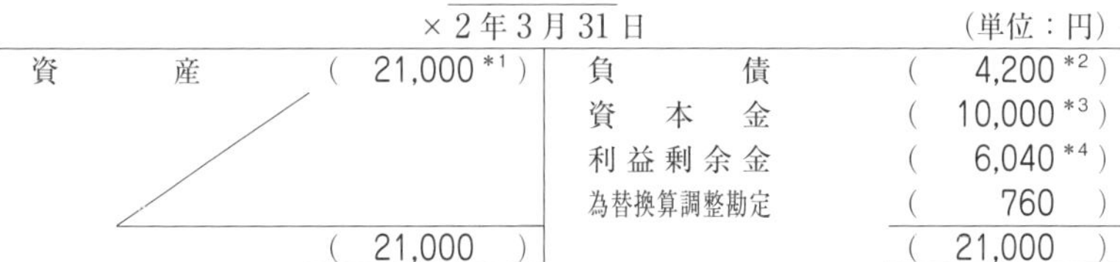

貸借対照表

×2年3月31日　(単位：円)

資　　産	(21,000 *1)	負　　債	(4,200 *2)
		資本金	(10,000 *3)
		利益剰余金	(6,040 *4)
		為替換算調整勘定	(760)
	(21,000)		(21,000)

＊1　@105円×200ドル＝21,000円

＊2　@105円×40ドル＝4,200円

＊3　@100円×100ドル＝10,000円

＊4　@100円×50ドル（利益剰余金当期首残高）－@102円×10ドル（剰余金の配当）＋2,060円（当期純利益）＝6,040円

➡ トレーニングの 問題1 へ！

●在外子会社がある場合の連結財務諸表の作成です。

在外子会社の連結

1 支配獲得日の処理

重要度 ★

連結貸借対照表を作成するうえで、親会社の投資と円換算後の子会社の資本の相殺消去を行います。

在外子会社の連結の考え方は、国内における子会社の連結と基本的には同じです。

例

●次の資料にもとづき、支配獲得日の連結修正仕訳を示しなさい。

(1) P社は、当期末（×1年3月31日）にS社の発行済株式の80%を80ドルで取得し、S社を子会社とした。同日のレートは1ドル100円である。

(2)同日の子会社資本　資本金：70ドル　利益剰余金：30ドル

(3)子会社の資産・負債の時価は簿価と一致している。

●連結修正仕訳

80ドル×@100円

(借)			(貸)		
(借)	資本金	7,000	(貸)	S社株式	8,000
	利益剰余金	3,000		非支配株主持分	2,000

（7,000円＋3,000円）×20%

2 支配獲得後の処理 重要度 ★★★

支配獲得後は国内における子会社の連結と同様に、まず支配獲得日の連結開始仕訳を行った上で、当期の連結修正仕訳を行います。

●支配獲得後の処理（資本連結）●

在外子会社の財務諸表の換算

連結開始仕訳

当期の連結修正仕訳
- **のれんの償却**
- **子会社の当期純利益の振替え**
- **為替換算調整勘定の振替え**
- **剰余金の配当の修正**

Ch 7 連結会計4

⑴ 為替換算調整勘定の振替え

在外子会社の財務諸表項目のうち、**資産・負債は決算時の為替レート**（CR）で換算されるのに対して、**株主資本は株式取得時**または**取引発生時の為替レート**（HR）で換算されます。そのため、円換算後の貸借対照表では、**資産から負債を差し引いた金額**と**株主資本**との間で差額（**為替換算調整勘定**）が発生します。

為替換算調整勘定は、**子会社の資本**であるため、為替換算調整勘定の増加額（または減少額）のうち非支配株主に帰属する部分を非支配株主持分に振り替えます。

⑵ 剰余金の配当の修正

在外子会社が行った剰余金の配当は取引発生時の為替レート（HR）で換算するとともに、親会社の受取配当金を相殺消去し、非支配株主持分を減らします。

例

●次の資料にもとづき、当期（×１年４月〜×２年３月）の連結修正仕訳を示すとともに、連結貸借対照表における為替換算調整勘定と非支配株主持分を求めなさい。

⑴ P社は、前期末（×１年３月31日）にS社の発行済株式の80%を80ドルで取得し、S社を子会社とした。同日のレートは@100円である。
×１年３月末　資本金：70ドル　　利益剰余金：30ドル
子会社の資産・負債の時価は簿価と一致している。

⑵ S社の当期純利益は10ドルである。期中平均レートは@101円である。

⑶当期末（×２年３月31日）のS社の貸借対照表

S社　貸借対照表　（単位：ドル）

借方	金額	貸方	金額
諸資産	200	諸負債	90
		資本金	70
		利益剰余金	40
	200		200

当期末のレートは@102円である。

●在外子会社の換算

S社　貸借対照表　（単位：円）

借方	金額	貸方	金額
諸資産	20,400	諸負債	9,180
		資本金	7,000
		利益剰余金	4,010
		為替換算調整勘定	210
	20,400		20,400

利益剰余金：3,000円＋10ドル×@101円＝4,010円
為替換算調整勘定：貸借差額

●連結修正仕訳

(1)連結開始仕訳

（借）	資本金当期首残高	7,000	（貸）	S　社　株　式	8,000
	利益剰余金当期首残高	3,000		非支配株主持分当期首残高	2,000

(2)子会社の当期純利益の振替え

（借）	非支配株主に帰属する当期純利益	202＊	（貸）	非支配株主持分当期変動額	202

＊ 1,010円× 20%＝ 202円

(3)為替換算調整勘定の振替え

（借）	為替換算調整勘定当期変動額	42＊	（貸）	非支配株主持分当期変動額	42

＊ 210円× 20%＝ 42円

連結Ｂ／Ｓ　為替換算調整勘定：210円－ 42円＝ 168円

連結Ｂ／Ｓ　非支配株主持分：2,000円＋ 202円＋ 42円
＝ 2,244円
または（70ドル＋ 40ドル）×＠ 102円× 20%
＝ 2,244円

為替換算調整勘定は子会社の貸借対照表を換算したことによるいまだ実現していない為替差損益であり、その他の包括利益として連結包括利益計算書に表示するとともに、連結貸借対照表の「その他の包括利益累計額」の区分に表示します。

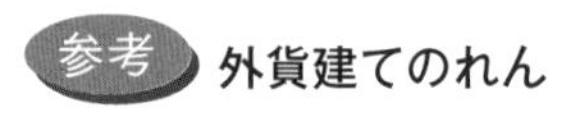

外貨建てのれん

重要度 ★

⑴換算レート

在外子会社の資本連結時に生じた**のれん**は、子会社の資産・負債と同様に**決算時のレートで換算**します。そして、**のれん償却額**も子会社の費用・収益と同様に原則として**期中平均レートで換算**します。

企業の超過収益力であるのれんを子会社の資産と考え、他の資産と同じレートで換算し、費用化額も他の費用と同じレートで換算します。

⑵のれんに係る為替換算調整勘定

のれんは決算日ごとに換算替えを行うため、のれんからも為替換算調整勘定が発生します。ただし、のれんは親会社の持分から生じたものであるため、のれんに係る為替換算調整勘定は非支配株主には配分しません。

【例】

⑴P社は、前期末（×1年3月31日）にS社の発行済株式のすべてを110ドルで取得し、S社を子会社とした。同日のレートは@100円である。
×1年3月末　資本金：70ドル　　利益剰余金：30ドル
子会社の資産・負債の時価は簿価と一致している。

⑵のれんは発生の翌年度より10年間で均等償却する。

⑶当期の期中平均レートは@101円、当期末のレートは@102円である。

(1)資本連結

外貨建てのれん：110ドル－（70ドル＋30ドル）×100％＝10ドル

のれん：10ドル×@100円＝1,000円

(借)	資本金	7,000	(貸)	S社株式	11,000
	利益剰余金	3,000			
	のれん	1,000			

(2)のれんの償却

外貨建てのれんの償却額（1ドル）を**期中平均レートで換算**します。

(借)	のれん償却額	101*	(貸)	のれん	101

＊1ドル×@101円＝101円

(3)のれんに係る為替換算調整勘定

外貨建てのれんの期末残高（9ドル）を決算時レートで換算します。そのため、のれんからも為替換算調整勘定を認識します。

(借)	のれん	19*	(貸)	為替換算調整勘定(当期変動額)	19

＊1,000円－101円＝899円（換算前期末残高）
9ドル×102円（CR）＝918円（換算後期末残高）
為替換算調整勘定：918円－899円＝19円

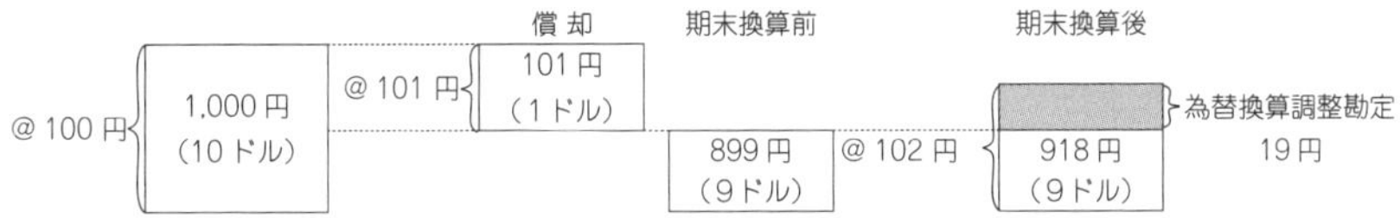

基本問題

次の資料にもとづき、当期末（×１年４月～×２年３月）の連結貸借対照表を作成しなさい。

⑴Ｐ社は、前期末（×１年３月31日）にＳ社の発行済株式の80％を80ドルで取得し、Ｓ社を子会社とした。同日のレートは@100円である。

×１年３月末　資本金：70ドル　　利益剰余金：30ドル

子会社の資産・負債の時価は簿価と一致している。

⑵Ｓ社の当期純利益は10ドルである。期中平均レートは@101円である。

⑶当期末（×２年３月31日）の貸借対照表　（単位　Ｐ社：円　Ｓ社：ドル）

貸借対照表

科目	Ｐ社	Ｓ社	科目	Ｐ社	Ｓ社
諸資産	30,000	200	諸負債	18,000	90
Ｓ社株式	8,000		資本金	10,000	70
			利益剰余金	10,000	40
	38,000	200		38,000	200

当期末のレートは@102円である。

Ｐ社の利益剰余金当期首残高は8,000円、当期純利益は2,000円である。

答案用紙

連結貸借対照表

×２年３月31日　　（単位：円）

諸資産	（　　）	諸負債	（　　）
		資本金	（　　）
		利益剰余金	（　　）
		為替換算調整勘定	（　　）
		非支配株主持分	（　　）
	（　　）		（　　）

解答

連結貸借対照表
×2年3月31日 (単位：円)

諸資産	(50,400 *1)	諸負債	(27,180 *2)
		資本金	(10,000 *3)
		利益剰余金	(10,808 *4)
		為替換算調整勘定	(168 *5)
		非支配株主持分	(2,244 *6)
	(50,400)		(50,400)

＊1　30,000円＋200ドル×@102円＝50,400円
＊2　18,000円＋90ドル×@102円＝27,180円
＊3　(10,000円＋7,000円)－7,000円＝10,000円
＊4　貸借差額または利益剰余金当期首残高：8,000円＋4,000円－4,000円＝8,000円
　　親会社株主に帰属する当期純利益：2,000円＋1,010円－202円＝2,808円
　　利益剰余金当期末残高：8,000円＋2,808円＝10,808円
＊5　210円－42円＝168円
＊6　2,000円＋202円＋42円＝2,244円

Ch 7 連結会計4

解説

S社　貸借対照表　(単位：円)

諸資産	20,400	諸負債	9,180
		資本金	7,000
		利益剰余金	4,010
		為替換算調整勘定	210
	20,400		20,400

利益剰余金：3,000円＋10ドル×@101円＝4,010円
為替換算調整勘定：貸借差額

(1)連結開始仕訳

(借)	資本金当期首残高	7,000	(貸)	S社株式	8,000
	利益剰余金当期首残高	3,000		非支配株主持分当期首残高	2,000

(2)子会社の当期純利益の振替え

(借)	非支配株主に帰属する当期純利益	202 *	(貸)	非支配株主持分当期変動額	202

＊1,010円×20%＝202円

(3)為替換算調整勘定の振替え

(借)	為替換算調整勘定当期変動額	42 *	(貸)	非支配株主持分当期変動額	42

＊210円×20%＝42円

➡ トレーニングの 問題2 問題3 へ！

理論問題

次の文章のうち、正しいものには○を、誤っているものには×を正誤欄に記入し、×を記入した場合にはその理由を簡潔に述べなさい。

1. 連結財務諸表の作成において、在外子会社の貸借対照表項目の換算によって生じた差額は為替換算調整勘定として、株主資本の区分に表示する。

2. 連結財務諸表の作成において、在外子会社の損益計算書項目の換算によって生じた差額は為替差損益とする。

3. 為替換算調整勘定は、連結包括利益計算書上、退職給付に係る調整額やその他有価証券評価差額金と同様に、その他の包括利益の区分に表示する。

解答

1	×	為替換算調整勘定は、その他の包括利益累計額の区分に表示する。
2	○	
3	○	

●株式交換を行い、完全子会社となった会社を連結します。

株式交換の連結上の処理

1　株式交換の連結上の処理　重要度 ★★

基礎編2では株式交換を行った場合の個別財務諸表上の処理を学習しました。株式交換を行うことによって、一方が他方のすべての株式を保有することになり、**完全親子会社関係**が生じます。そこで、連結財務諸表を作成します。

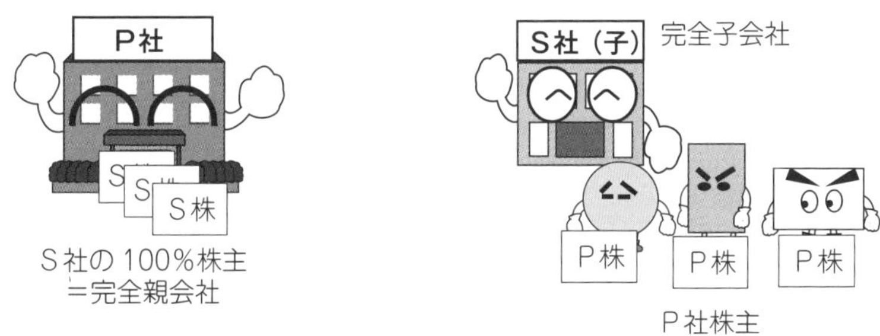

連結貸借対照表の作成手順は、次のようになります。

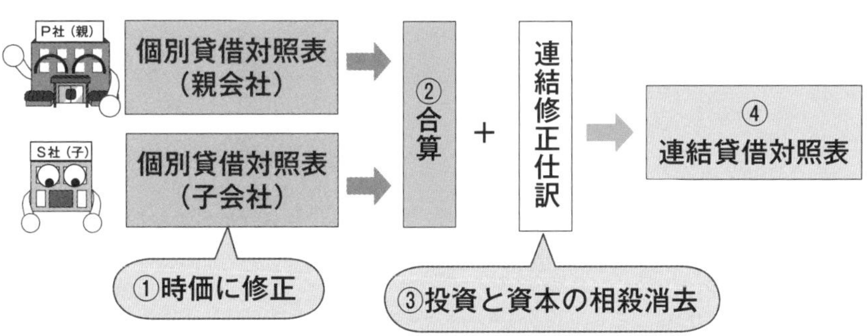

つまり、通常の子会社の連結と処理の仕方は同じです。

例

● P社は×1年3月31日にS社と株式交換を行い、S社を完全子会社とした。この株式交換はP社を取得企業とする「取得」とされる。次の資料にもとづき、必要な仕訳を示し、連結貸借対照表を作成しなさい。

(1)P社はS社の株主に対し、P社株式100株（株式交換時の時価は@10円）を交付している。

(2)P社・S社ともに決算日は3月31日である。

(3)P社は増加資本のすべてを資本金として処理する。

(4)×1年3月31日のP社とS社の株式交換直前の貸借対照表は次のとおりである。なお、S社の諸資産の時価は1,240円であった。

P社貸借対照表
×1年3月31日（単位：円）

諸資産	3,400	諸負債	600
		資本金	2,000
		利益剰余金	800
	3,400		3,400

S社貸借対照表
×1年3月31日（単位：円）

諸資産	1,200	諸負債	300
		資本金	700
		利益剰余金	200
	1,200		1,200

●株式交換時の仕訳（P社の仕訳）

（借）	S社株式	1,000	（貸）資本金	1,000

@10円×100株＝1,000円

●株式交換後の個別貸借対照表

P社貸借対照表
×1年3月31日（単位：円）

諸資産	3,400	諸負債	600
S社株式	1,000	資本金	3,000
		利益剰余金	800
	4,400		4,400

S社貸借対照表
×1年3月31日（単位：円）

諸資産	1,200	諸負債	300
		資本金	700
		利益剰余金	200
	1,200		1,200

●評価替えの仕訳

1,240円－1,200円＝40円

(借) 諸資産	40	(貸) 評価差額	40

●連結修正仕訳

(借) 資本金	700	(貸) S社株式	1,000
利益剰余金	200		
評価差額	40		
のれん	60		

貸借差額はのれんで処理

●連結貸借対照表

連結貸借対照表
×1年3月31日（単位：円）

諸資産	4,640	諸負債	900
のれん	60	資本金	3,000
		利益剰余金	800
	4,700		4,700

諸資産：3,400円＋1,240円
諸負債：600円＋300円
資本金：3,000円＋700円－700円
利益剰余金：800円＋200円－200円

要点　株式交換の連結上の処理

(1)子会社の資産・負債の時価評価

(借) 諸資産	××	(貸) 評価差額	××

(2)投資と資本の相殺消去

(借) 資本金	××	(貸) S社株式	××
利益剰余金	××		
評価差額	××		
のれん	××		

基本問題

P社は×1年3月31日にS社と株式交換を行い、S社を完全子会社とした。P社・S社ともに決算日は3月31日であり、この株式交換はP社を取得企業とする「取得」とされる。

次の資料にもとづき、連結貸借対照表の諸資産、資本金、のれんの金額を答えなさい。

【資料】

1. ×1年3月31日のP社とS社の株式交換直前の貸借対照表は次のとおりである。なお、S社の諸資産の時価は4,250円であった。

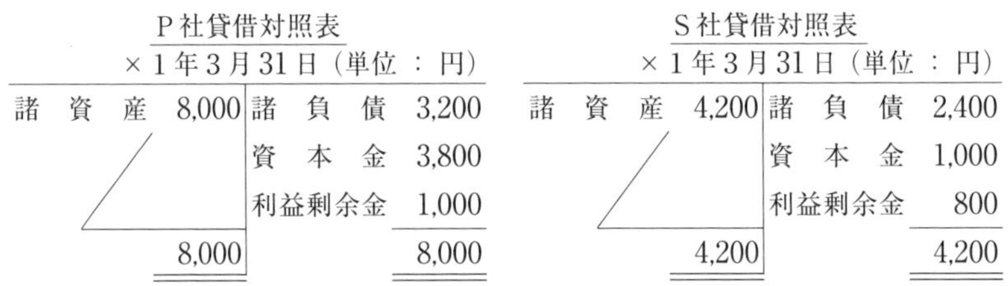

P社貸借対照表

×1年3月31日（単位：円）

諸資産	8,000	諸負債	3,200
		資本金	3,800
		利益剰余金	1,000
	8,000		8,000

S社貸借対照表

×1年3月31日（単位：円）

諸資産	4,200	諸負債	2,400
		資本金	1,000
		利益剰余金	800
	4,200		4,200

2. P社はS社の株主に対し、P社株式100株（株式交換時の時価は@20円）を交付し、増加資本のすべてを資本金として処理する。

答案用紙

諸資産		円
資本金		円
のれん		円

解答

諸資産	12,250	円
資本金	5,800	円
のれん	150	円

解説

①株式交換時の仕訳

（借）	S社株式	2,000 *	（貸）資本金	2,000

＊　@20円×100株＝2,000円

②評価替えの仕訳

（借）	諸資産	50 *	（貸）評価差額	50

＊　4,250円－4,200円＝50円

③連結修正仕訳

（借）	資本金	1,000	（貸）S社株式	2,000
	利益剰余金	800		
	評価差額	50		
	のれん	150 *		

＊　貸借差額

④連結貸借対照表の金額

諸資産：8,000円＋4,250円＝12,250円
諸負債：3,200円＋2,400円＝5,600円
資本金：5,800円＋1,000円－1,000円＝5,800円
利益剰余金：1,000円＋800円－800円＝1,000円

➡ トレーニングの 問題4 へ！

●取得企業は簿価で連結、被取得企業は時価で連結

株式移転の連結上の処理

1 株式移転の連結上の処理

重要度 ★★

株式移転により既存の会社が完全子会社となり、新たに設立した会社が完全親会社になります。そのため、連結財務諸表を作成します。

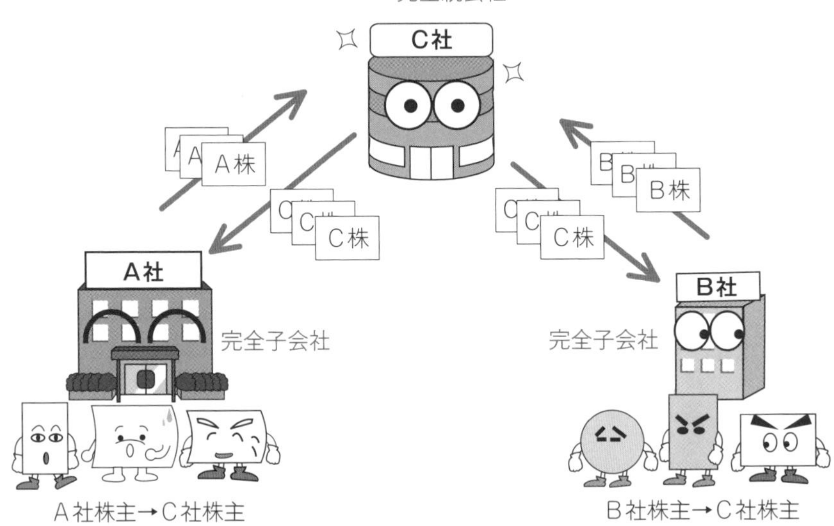

株式移転では、新たに設立される親会社には株価が無いため、既存の会社のうち株式保有数の多い取得企業が、もうひとつの既存の会社（被取得企業）を取得したとみなして処理していましたね。

⑴取得企業の連結（A社）

①資本連結

個別上、取得企業の株式の取得原価は、取得企業の適正な帳簿価額による純資産額により計算していました。そのため、**資本連結によるのれんは発生しません。**

また、取得企業の資産・負債については時価評価をしません。

②取得企業の利益剰余金の引継ぎ

取得企業が被取得企業を取得したとみなして処理するため、連結上、取得企業の利益剰余金を引き継ぎます。

ここで、資本連結で取得企業の利益剰余金を減らしているため、貸方を利益剰余金とし、資本剰余金から振り替えます。

(借) 資本剰余金	××	(貸) 利益剰余金	××

⑵被取得企業の連結（B社）

被取得企業の資産・負債を時価評価するとともに、親会社の投資と子会社の資本を相殺し、**差額をのれんまたは負ののれん発生益**とします。

Ch 7 連結会計4

例

● A社とB社はC社を設立し、C社を完全親会社とする株式移転を行った。この株式移転はA社を取得企業とする「取得」と判定された。

次の資料にもとづき、株式移転による連結修正仕訳を示しなさい。

株式移転直前の貸借対照表

貸借対照表　（単位：円）

科目	A社	B社	科目	A社	B社
諸資産	400	200	諸負債	100	50
			資本金	200	100
			資本剰余金	20	10
			利益剰余金	80	40
	400	200		400	200

(1)株式移転によりC社はA社の株主に対して30株、B社の株主に対して20株を交付した。株式移転時におけるA社株式の時価は@11円である。

(2)C社は増加資本のうち半額を資本金、残額を資本剰余金とする。

(3)株式移転日のB社の諸資産の時価は250円である。

1 個別上の処理（C社）

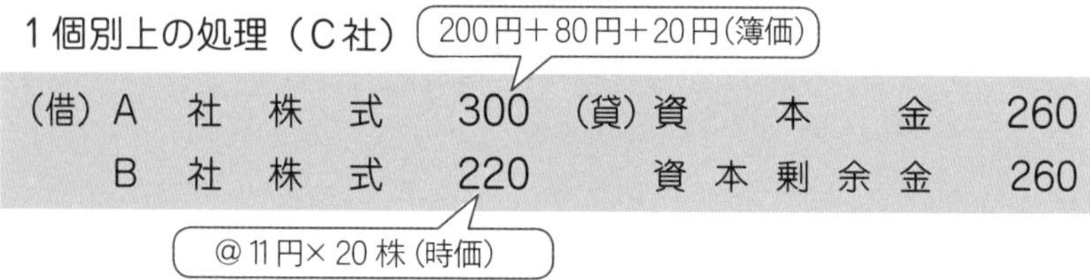

200円＋80円＋20円(簿価)

(借) A社株式	300	(貸) 資本金	260
B社株式	220	資本剰余金	260

@11円×20株(時価)

2 連結上の処理

⑴取得企業の処理（A社）

①資本連結

（借）	資本金	200	（貸）	A社株式	300
	資本剰余金	20			
	利益剰余金	80			

②取得企業の利益剰余金の引継ぎ

（借）	資本剰余金	80	（貸）	利益剰余金	80

⑵被取得企業の処理（B社）

①資産・負債の時価評価

250円－200円

（借）	諸資産	50	（貸）	評価差額	50

②資本連結

（借）	資本金	100	（貸）	B社株式	220
	資本剰余金	10			
	利益剰余金	40			
	評価差額	50			
	のれん	20			

C社　連結貸借対照表　（単位：円）

諸資産	650	諸負債	150
のれん	20	資本金	260
		資本剰余金	180
		利益剰余金	80
	670		670

交付株式数の決定

合併や株式交換・株式移転における交付株式数の計算方法について、合併を例に見ていきます。

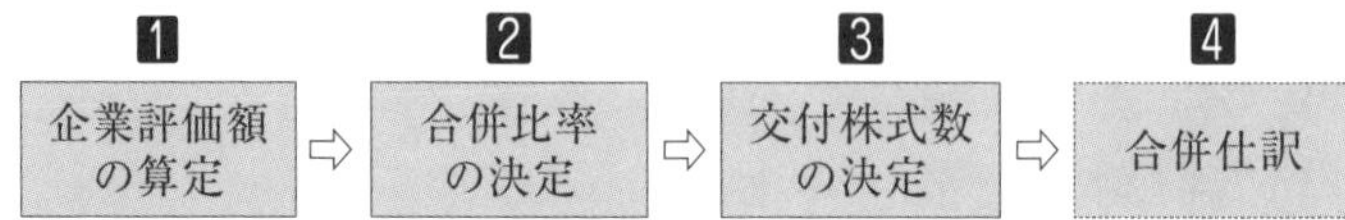

1 企業評価額の算定

企業評価額とは、企業の経済価値のことをいいます。「純資産が多い企業の方が価値が高い」とか、「収益力が高い企業の方が価値が高い」というように、何をもとに決定するかによって企業評価額は異なります。

企業評価額の算定方法には、**純資産額法**、**収益還元価値法**、**折衷法**（せっちゅうほう）などがあります。

(1)純資産額法

帳簿価額をもとに計算する簿価純資産額法と、時価をもとに計算する時価純資産額法があります。

簿価純資産額法

企業評価額＝資産（簿価）－負債（簿価）

時価純資産額法

企業評価額＝ 資産（時価）－負債（時価）

⑵収益還元価値法

収益還元価値法とは、過去数年間の**平均利益を資本還元率で割った金額**（収益還元価値）を企業評価額とする方法です。

資本還元率は問題文に与えられますが、あえて示すと次のとおりです。

資本還元率：$\dfrac{\text{同種企業の平均利益}}{\text{同種企業の平均自己資本}}$（業界の自己資本利益率）

収益還元価値法

$$\text{企業評価額}=\frac{\text{自己資本}\times\text{自己資本利益率}}{\text{資本還元率}}$$

（自己資本×自己資本利益率：平均利益）

【例】A社（合併会社）とB社（被合併会社）の企業評価額を収益還元価値法（自己資本利益率法）により計算しなさい。

	A社	B社
自己資本	2,000円	1,000円
自己資本利益率	25%	22%
資本還元率	20%	20%

A社評価額：$\dfrac{2{,}000\text{円}\times 25\%}{20\%}=2{,}500\text{円}$

B社評価額：$\dfrac{1{,}000\text{円}\times 22\%}{20\%}=1{,}100\text{円}$

⑶折衷法

折衷法とは、２つの方法によって算定した企業評価額の平均で企業価値を評価する方法をいいます。たとえば、簿価純資産額法と収益還元価値法を用いた折衷法による場合の計算方法は、次のとおりとなります。

折衷法

$$\text{企業評価額}=\frac{\text{簿価純資産額法の評価額}+\text{収益還元価値法の評価額}}{2}$$

❷合併比率の算定

合併比率とは、**消滅会社の株式１株が存続会社の株式の何株分に相当するか**という割合をいいます。

まず、企業評価額を発行済株式総数で割って、１株当たりの評価額を計算します。

次に、**消滅会社の１株当たりの評価額を存続会社の１株当たりの評価額で割って**求めます。

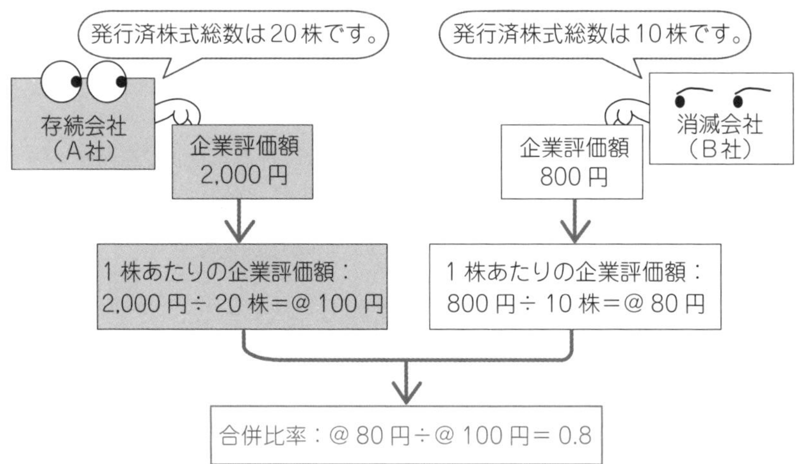

合併比率の求め方

①各社の１株あたりの企業評価額を計算

$$1\text{株あたりの企業評価額}=\frac{\text{企業評価額}}{\text{発行済株式総数}}$$

②合併比率を計算

$$\text{合併比率}=\frac{1\text{株あたり企業評価額（消滅会社）}}{1\text{株あたり企業評価額（存続会社）}}$$

3 交付株式数の決定

合併比率に消滅会社の発行済株式総数を掛けて、消滅会社の株主に交付する株式を決定します。

交付株式数 ＝ 合併比率 ×消滅会社の発行済株式総数

【例】A社（合併会社）とB社（被合併会社）を吸収合併することにした。次の資料にもとづき、⑴合併比率と⑵交付株式数を求めなさい。

	A社	B社
企業評価額	2,000円	800円
発行済株式総数	20株	10株

1株当たり企業評価額　A社：$\frac{2{,}000\text{円}}{20\text{株}}$＝@100円　　B社：$\frac{800\text{円}}{10\text{株}}$＝@80円

合併比率：$\frac{@80\text{円}}{@100\text{円}}$＝0.8　　交付株式数：10株×0.8＝8株

基本問題

A社とB社はC社を設立し、C社を完全親会社とする株式移転を行った。この株式移転はA社を取得企業とする「取得」と判定された。

次の資料にもとづき、以下の答案用紙の金額を示しなさい。

貸借対照表　　　　　　　　　　（単位：円）

科目	A社	B社	科目	A社	B社
諸資産	400	200	諸負債	100	50
			資本金	200	100
			資本剰余金	20	10
			利益剰余金	80	40
	400	200		400	200

⑴株式移転によりC社はA社の株主に対して30株、B社の株主に対して20株を交付した。株式移転時におけるA社株式の時価は@11円である。

⑵C社は増加資本のうち半額を資本金、残額を資本剰余金とする。

⑶株式移転日のB社の諸資産の時価は250円である。

答案用紙

⑴個別上

A社株式		円	B社株式		円

⑵連結上

諸資産		円	資本金		円
のれん		円	利益剰余金		円

解答

(1)個別上

A社株式 300 円　　B社株式 220 円

(2)連結上

諸資産 650 円　　資本金 260 円

のれん 20 円　　利益剰余金 80 円

1個別上の処理

(借)	A 社 株 式	300	(貸)	資　本　金	260*
	B 社 株 式	220		資本剰余金	260

* (300円＋220円) ÷2＝260円

2連結上の処理

(1)取得企業の処理

①資本連結

(借)	資　本　金	200	(貸)	A 社 株 式	300
	資本剰余金	20			
	利益剰余金	80			

②取得企業の利益剰余金の引継ぎ

(借)	資本剰余金	80	(貸)	利益剰余金	80

(2)被取得企業の処理

①資産・負債の時価評価

(借)	諸　資　産	50	(貸)	評 価 差 額	50

②資本連結

(借)	資　本　金	100	(貸)	B 社 株 式	220
	資本剰余金	10			
	利益剰余金	40			
	評 価 差 額	50			
	の　れ　ん	20			

C社　　連結貸借対照表　　(単位：円)

諸　資　産	650	諸　負　債	150
の　れ　ん	20	資　本　金	260
		資本剰余金	180
		利益剰余金	80
	670		670

➡ トレーニングの 問題5 へ！

●グループ会社のサイフは家族のサイフと同じ

連結キャッシュ・フロー計算書

1　連結キャッシュ・フロー計算書　重要度 ★

企業グループ全体のキャッシュ・フローの状況を明らかにするために**連結キャッシュ・フロー計算書**が作成されます。

連結キャッシュ・フロー計算書の作成方法には、**個別キャッシュ・フロー計算書を基準に作成する方法（原則法）**と、**連結損益計算書、連結貸借対照表および連結株主資本等変動計算書を基準に作成する方法（簡便法）**があります。

●個別キャッシュ・フロー計算書を基準に作成する方法（原則法）

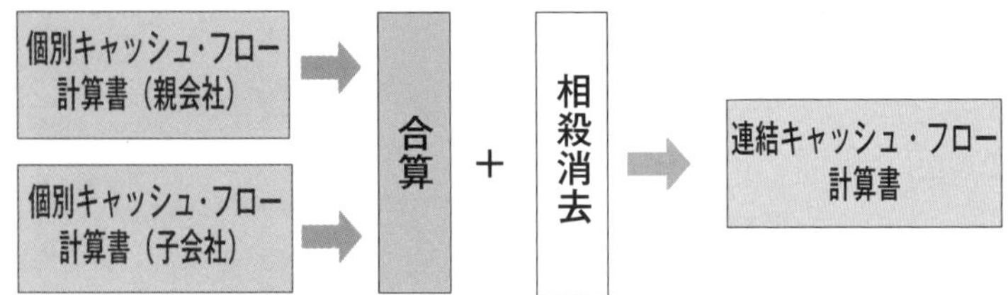

●連結損益計算書や連結貸借対照表を基準に作成する方法（簡便法）

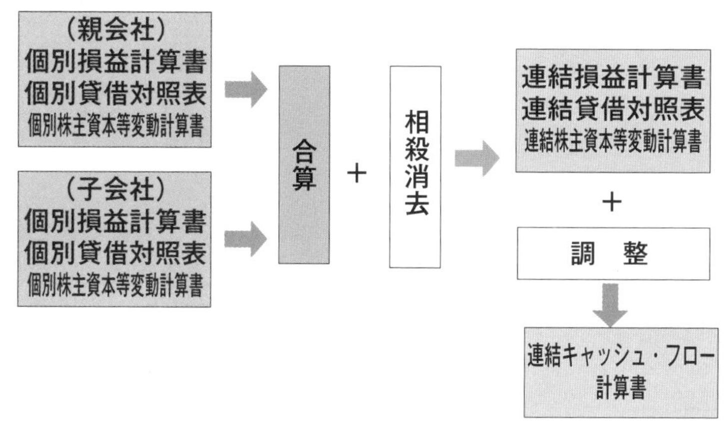

原則法でキャッシュ・フロー計算書を作成する場合には、個別キャッシュ・フロー計算書が間接法で作成されているなら間接法、直接法で作成されているなら直接法で作成します。

また、簡便法でキャッシュ・フロー計算書を作成する場合にも、間接法か直接法で表示しますが、一般的には間接法で表示します。

このテキストでは、原則法は直接法、簡便法は間接法を前提に説明していきます。

2　原則法

重要度 ★★

原則法による連結キャッシュ・フロー計算書（直接法）は、親会社と子会社の個別キャッシュ・フロー計算書を合算し、親子会社間のキャッシュ・フロー（資金の動き）を相殺消去して作成します。

なお、相殺消去すべきキャッシュ・フローには、⑴**営業収入と仕入支出**、⑵**有形固定資産の売却による収入と、取得による支出**、⑶**貸付けによる支出と、借入れによる収入**、⑷**配当金の支払額と配当金の受取額**などがあります。

連結修正仕訳と同じ考え方ですね。

⑴営業収入と仕入支出の相殺消去

たとえば、親会社が子会社に商品300円を掛けで売り上げ、掛代金のうち200円を現金で回収したという場合、親会社の個別キャッシュ・フロー計算書に計上されている**営業収入200円**と、子会社の個別キャッシュ・フロー計算書に計上されている**仕入支出200円**を相殺消去します。

例

●P社はS社の発行済株式（S社株式）の60％を取得し、実質的に支配している。次の資料にもとづき、連結キャッシュ・フロー計算書の営業活動によるキャッシュ・フローを完成させなさい。

キャッシュ・フロー計算書（P社）	
Ⅰ．営業活動によるキャッシュ・フロー	
営業収入	4,000
商品の仕入支出	△2,300

キャッシュ・フロー計算書（S社）	
Ⅰ．営業活動によるキャッシュ・フロー	
営業収入	1,000
商品の仕入支出	△400

●当期にP社は、S社に商品300円を掛けで売り上げ、そのうち200円を現金で回収している。

●連結キャッシュ・フロー計算書（一部）

連結キャッシュ・フロー計算書		
Ⅰ．営業活動によるキャッシュ・フロー		
営業収入	4,800	4,000円＋1,000円－200円
商品の仕入支出	△2,500	2,300円＋400円－200円

Ch 7 連結会計4

(2) 有形固定資産の売却による収入と取得による支出の相殺消去

たとえば、親会社が子会社に建物（帳簿価額500円）を600円で売却し、子会社は代金（600円）を現金で支払ったという場合、親会社の個別キャッシュ・フロー計算書に計上されている**有形固定資産の売却による収入600円**と、子会社の個別キャッシュ・フロー計算書に計上されている**有形固定資産の取得による支出600円**を相殺消去します。

例

●P社はS社の発行済株式（S社株式）の60%を取得し、実質的に支配している。次の資料にもとづき、連結キャッシュ・フロー計算書の投資活動によるキャッシュ・フローを完成させなさい。

キャッシュ・フロー計算書（P社）

Ⅱ．投資活動によるキャッシュ・フロー	
有形固定資産の取得による支出	△1,400
有形固定資産の売却による収入	800

キャッシュ・フロー計算書（S社）

Ⅱ．投資活動によるキャッシュ・フロー	
有形固定資産の取得による支出	△800
有形固定資産の売却による収入	300

●当期にP社はS社に建物（帳簿価額500円）を600円で売却し、代金は現金で回収している。

●連結キャッシュ・フロー計算書（一部）

連結キャッシュ・フロー計算書

Ⅱ．投資活動によるキャッシュ・フロー		
有形固定資産の取得による支出	△1,600	1,400円＋800円－600円
有形固定資産の売却による収入	500	800円＋300円－600円

⑶ 貸付けによる支出と借入れによる収入の相殺消去

たとえば、親会社が子会社に現金100円を貸し付けたという場合、親会社の個別キャッシュ・フロー計算書に計上されている**貸付けによる支出100円**と、子会社の個別キャッシュ・フロー計算書に計上されている**借入れによる収入100円**を相殺消去します。

なお、親会社の個別キャッシュ・フロー計算書に計上されている**利息の受取額**と、子会社の個別キャッシュ・フロー計算書に計上されている**利息の支払額**も相殺消去します。

例

●P社はS社の発行済株式（S社株式）の60％を取得し、実質的に支配している。次の資料にもとづき、連結キャッシュ・フロー計算書を完成させなさい。

キャッシュ・フロー計算書（P社）	
Ⅰ．営業活動によるキャッシュ・フロー	
⋮	
小　　計	
利息及び配当金の受取額	240
利息の支払額	△170
Ⅱ．投資活動によるキャッシュ・フロー	
貸付けによる支出	△800
Ⅲ．財務活動によるキャッシュ・フロー	
短期借入れによる収入	900

キャッシュ・フロー計算書（S社）	
Ⅰ．営業活動によるキャッシュ・フロー	
⋮	
小　　計	
利息及び配当金の受取額	80
利息の支払額	△ 60
Ⅱ．投資活動によるキャッシュ・フロー	
貸付けによる支出	△150
Ⅲ．財務活動によるキャッシュ・フロー	
短期借入れによる収入	250

●P社の貸付けによる支出のうち、100円はS社に対するものである。なお、P社はS社より受取利息10円を現金で受け取っている。

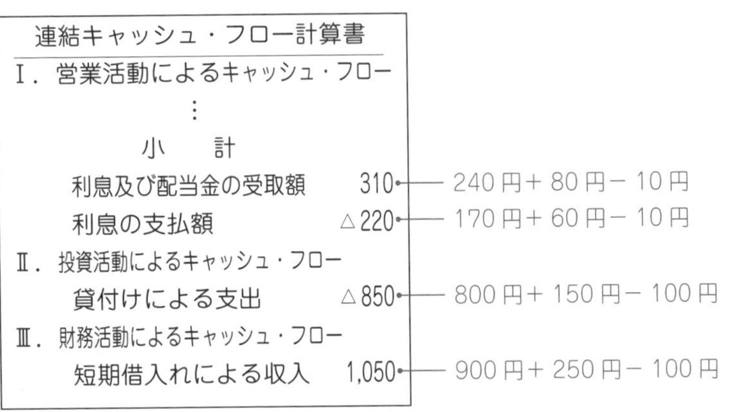

●連結キャッシュ・フロー計算書（一部）

連結キャッシュ・フロー計算書		
Ⅰ．営業活動によるキャッシュ・フロー		
⋮		
小　　計		
利息及び配当金の受取額	310	240円＋80円－10円
利息の支払額	△220	170円＋60円－10円
Ⅱ．投資活動によるキャッシュ・フロー		
貸付けによる支出	△850	800円＋150円－100円
Ⅲ．財務活動によるキャッシュ・フロー		
短期借入れによる収入	1,050	900円＋250円－100円

⑷配当金の支払額と配当金の受取額の相殺消去

子会社の個別キャッシュ・フロー計算書に計上されている配当金のうち、**親会社に対する支払額**は、親会社の個別キャッシュ・フロー計算書に計上されている**配当金の受取額**と相殺消去して、連結キャッシュ・フロー計算書を作成します。

また、子会社の配当金の支払額のうち、**非支配株主に対する支払額**については、**非支配株主への配当金の支払額**として連結キャッシュ・フロー計算書に独立して記載します。

「非支配株主への配当金の支払額」は
個別キャッシュ・フロー計算書にはない科目ですね。

連結キャッシュ・フロー計算書	
⋮	
Ⅲ．財務活動によるキャッシュ・フロー	
配当金の支払額	△××
非支配株主への配当金の支払額	△××

例

●P社はS社の発行済株式（S社株式）の60％を取得し、実質的に支配している。次の資料にもとづき、連結キャッシュ・フロー計算書を完成させなさい。

キャッシュ・フロー計算書（P社）	
Ⅰ．営業活動によるキャッシュ・フロー	
⋮	
小　計	
利息及び配当金の受取額	240
Ⅱ．投資活動によるキャッシュ・フロー	
⋮	
Ⅲ．財務活動によるキャッシュ・フロー	
配当金の支払額	△230

キャッシュ・フロー計算書（S社）	
Ⅰ．営業活動によるキャッシュ・フロー	
⋮	
小　計	
利息及び配当金の受取額	80
Ⅱ．投資活動によるキャッシュ・フロー	
⋮	
Ⅲ．財務活動によるキャッシュ・フロー	
配当金の支払額	△100

このうち60％は親会社、40％は非支配株主へ

●連結キャッシュ・フロー計算書（一部）

連結キャッシュ・フロー計算書		
Ⅰ．営業活動によるキャッシュ・フロー		
⋮		
小　計		
利息及び配当金の受取額	260	240円＋80円－100円×60％
Ⅱ．投資活動によるキャッシュ・フロー		
⋮		
Ⅲ．財務活動によるキャッシュ・フロー		
配当金の支払額	△230	230円＋100円－100円
非支配株主への配当金の支払額	△40	100円×40％

Ch 7 連結会計4

3 簡便法

重要度 ★★

簡便法（間接法）による連結キャッシュ・フロー計算書は、連結損益計算書の**税金等調整前当期純利益**をベースに、**非資金損益項目**（減価償却費、貸倒引当金の増減額）、**連結損益計算書の営業外損益および特別損益の項目、売上債権・棚卸資産・仕入債務などの増減項目**を調整していきます。

個別キャッシュ・フロー計算書（間接法）のつくり方と同じですね。
ですから、詳しいつくり方の説明は省略します。

なお、連結損益計算書や連結貸借対照表を作成するさいに、すでに連結修正仕訳をして親子会社間の取引を相殺消去しているため、簡便法（間接法）による連結キャッシュ・フロー計算書を作成するさいには、改めて親子会社間のキャッシュ・フローの相殺消去を行う必要はありません。

連結キャッシュ・フロー計算書を示すと次のとおりです。
太字は連結損益計算書特有の勘定科目です。

間接法

Ⅰ．営業活動によるキャッシュ・フロー	
税金等調整前当期純利益	××
減価償却費	××
のれん償却額	××
貸倒引当金の増加額	××
受取利息及び受取配当金	△××
支払利息	××
持分法による投資損益	××
有形固定資産売却益	△××
売上債権の増加額	△××
棚卸資産の減少額	××
仕入債務の減少額	△××
小　計	××

のれん償却額は非資金損益項目です

持分法による投資損失（営業外費用）なら加算、持分法による投資利益（営業外収益）なら減算

直接法

Ⅰ．営業活動によるキャッシュ・フロー	
営業収入	××
原材料又は商品の仕入支出	△××
人件費支出	△××
その他の営業支出	△××
小　計	××

連結キャッシュ・フロー計算書	間接法 直接法
Ⅰ．営業活動によるキャッシュ・フロー	
⋮	
小　計	××
利息及び配当金の受取額	××
利息の支払額	△××
損害賠償金の支払額	△××
法人税等の支払額	△××
営業活動によるキャッシュ・フロー	××
Ⅱ．投資活動によるキャッシュ・フロー	
有価証券の取得による支出	△××
有価証券の売却による収入	××
有形固定資産の取得による支出	△××
有形固定資産の売却による収入	××
投資有価証券の取得による支出	△××
投資有価証券の売却による収入	××
貸付けによる支出	△××
貸付金の回収による収入	××
⋮	
投資活動によるキャッシュ・フロー	××
Ⅲ．財務活動によるキャッシュ・フロー	
短期借入れによる収入	××
短期借入金の返済による支出	△××
長期借入れによる収入	××
長期借入金の返済による支出	△××
社債の発行による収入	××
社債の償還による支出	△××
株式の発行による収入	××
自己株式の取得による支出	△××
配当金の支払額	△××
非支配株主への配当金の支払額	△××
⋮	
財務活動によるキャッシュ・フロー	××
Ⅳ．現金及び現金同等物に係る換算差額	××
Ⅴ．現金及び現金同等物の増加額	××
Ⅵ．現金及び現金同等物の期首残高	××
Ⅶ．現金及び現金同等物の期末残高	××

前ページ参照

基本問題

P社はS社の発行済株式（S社株式）の70%を取得し、実質的に支配している。次の資料にもとづき、連結キャッシュ・フロー計算書（原則法）を完成させなさい。なお、営業活動によるキャッシュ・フローは直接法によって表示している。

【資料】

個別キャッシュ・フロー計算書　　　（単位：円）

	P社	S社	合計
Ⅰ．営業活動によるキャッシュ・フロー			
営業収入	4,000	1,000	5,000
商品の仕入支出	△2,200	△ 400	△2,600
人件費支出	△ 800	△ 200	△1,000
その他の営業支出	△ 100	△ 50	△ 150
小計	900	350	1,250
利息及び配当金の受取額	80	20	100
利息の支払額	△ 90	△ 30	△ 120
法人税等の支払額	△ 210	△ 120	△ 330
営業活動によるキャッシュ・フロー	680	220	900
Ⅱ．投資活動によるキャッシュ・フロー			
有形固定資産の取得による支出	△ 810	△ 240	△1,050
有形固定資産の売却による収入	720	230	950
貸付けによる支出	△ 250	△ 100	△ 350
貸付金の回収による収入	240	80	320
投資活動によるキャッシュ・フロー	△ 100	△ 30	△ 130
Ⅲ．財務活動によるキャッシュ・フロー			
長期借入れによる収入	200	100	300
長期借入金の返済による支出	△ 185	△ 85	△ 270
配当金の支払額	△ 110	△ 60	△ 170
財務活動によるキャッシュ・フロー	△ 95	△ 45	△ 140
Ⅳ．現金及び現金同等物の増加額	485	145	630
Ⅴ．現金及び現金同等物の期首残高	290	105	395
Ⅵ．現金及び現金同等物の期末残高	775	250	1,025

1. P社の営業収入のうち400円はS社に対するものである。
2. P社はS社に建物（帳簿価額100円）を110円で売却し、代金は現金で受け取り、ただちに当座預金に預け入れた。
3. P社はS社に、返済期間3年の条件で現金80円を貸し付けた。これにともない、当期分の利息2円を受け取っている。
4. S社は配当金60円を現金で支払っている。

答案用紙

連結キャッシュ・フロー計算書　（単位：円）

Ⅰ．営業活動によるキャッシュ・フロー	
営業収入	（　　）
商品の仕入支出	（　　）
人件費支出	（　　）
その他の営業支出	（　　）
小計	（　　）
利息及び配当金の受取額	（　　）
利息の支払額	（　　）
法人税等の支払額	（　　）
営業活動によるキャッシュ・フロー	（　　）
Ⅱ．投資活動によるキャッシュ・フロー	
有形固定資産の取得による支出	（　　）
有形固定資産の売却による収入	（　　）
貸付けによる支出	（　　）
貸付金の回収による収入	（　　）
投資活動によるキャッシュ・フロー	（　　）
Ⅲ．財務活動によるキャッシュ・フロー	
長期借入れによる収入	（　　）
長期借入金の返済による支出	（　　）
配当金の支払額	（　　）
（　　）	（　　）
財務活動によるキャッシュ・フロー	（　　）
Ⅳ．現金及び現金同等物の増加額	（　　）
Ⅴ．現金及び現金同等物の期首残高	（　　）
Ⅵ．現金及び現金同等物の期末残高	（　　）

解答

連結キャッシュ・フロー計算書	(単位：円)	
Ⅰ．営業活動によるキャッシュ・フロー		
営業収入	(4,600)	5,000円－400円
商品の仕入支出	(△2,200)	2,600円－400円
人件費支出	(△1,000)	
その他の営業支出	(△ 150)	
小計	(1,250)	
利息及び配当金の受取額	(56)	100円－(2円＋60円×70%)
利息の支払額	(△ 118)	120円－2円
法人税等の支払額	(△ 330)	
営業活動によるキャッシュ・フロー	(858)	
Ⅱ．投資活動によるキャッシュ・フロー		
有形固定資産の取得による支出	(△ 940)	1,050円－110円
有形固定資産の売却による収入	(840)	950円－110円
貸付けによる支出	(△ 270)	350円－80円
貸付金の回収による収入	(320)	
投資活動によるキャッシュ・フロー	(△ 50)	
Ⅲ．財務活動によるキャッシュ・フロー		
長期借入れによる収入	(220)	300円－80円
長期借入金の返済による支出	(△ 270)	
配当金の支払額	(△ 110)	170円－60円
(**非支配株主への配当金の支払額**)	(△ 18)	60円×30%
財務活動によるキャッシュ・フロー	(△ 178)	
Ⅳ．現金及び現金同等物の増加額	(630)	
Ⅴ．現金及び現金同等物の期首残高	(395)	
Ⅵ．現金及び現金同等物の期末残高	(1,025)	

➡ **トレーニングの 問題6 問題7 へ！**

Chapter 8

本支店会計

これまで難解な連結会計をみてきましたが、
難易度はガクッと下がります。
気分を入れ替えていきましょう！

●２級の内容がベース！

本支店会計　復習のポイント

1　本支店会計とは　重要度 ★

会社の規模が大きくなったさいに、支店を設けて、そこでも営業活動を行うことがあります。このような、本店と支店がある活動形態に適用する会計制度を**本支店会計**といいます。

2　本店集中会計制度と支店独立会計制度　重要度 ★

本支店会計の会計制度には、本店だけに帳簿を置いて、支店の取引を本店が一括して処理・記録する**本店集中会計制度**と、支店に支店独自の帳簿を置いて、支店の取引は支店が独自に処理・記録する**支店独立会計制度**の２つの方法があります。

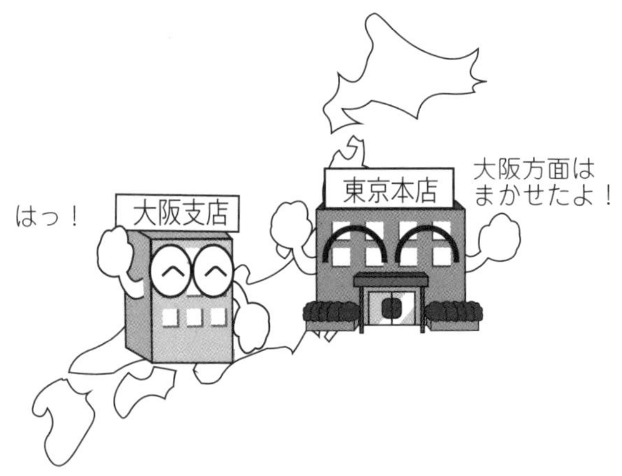

試験では、支店独立会計制度の方が出題されますので、このテキストでは、支店独立会計制度を前提に話を進めていきます。

3 本店勘定と支店勘定

重要度 ★

本店・支店間の取引（内部取引ということもあります）は外部との取引ではないので、本店・支店間の取引ということがわかるように処理する必要があります。そのため、本店の帳簿には**支店勘定**、支店の帳簿には**本店勘定**を設定します。

本店における支店勘定、支店における本店勘定には、同じ金額が貸借逆に記入されます。

したがって、本店における支店勘定の残高と支店における本店勘定の残高は、つねに貸借逆で一致します。

重要

支店勘定と本店勘定

支店勘定…本店の帳簿に設定
支店に対する貸借関係を表す

本店勘定…支店の帳簿に設定
本店に対する貸借関係を表す

※支店勘定の残高と本店勘定の残高は貸借逆で一致

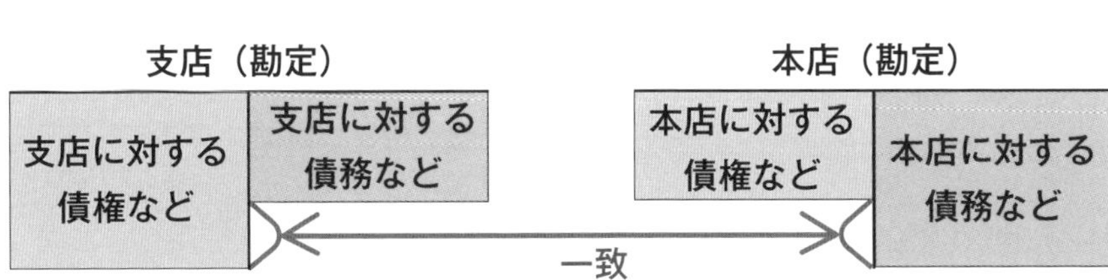

4 支店の開設

重要度 ★

支店を開設するときは本店の資産や負債が支店に移動します。この資産や負債の移動は、本店にとっては投資、支店にとっては資産や負債の増加を意味します。

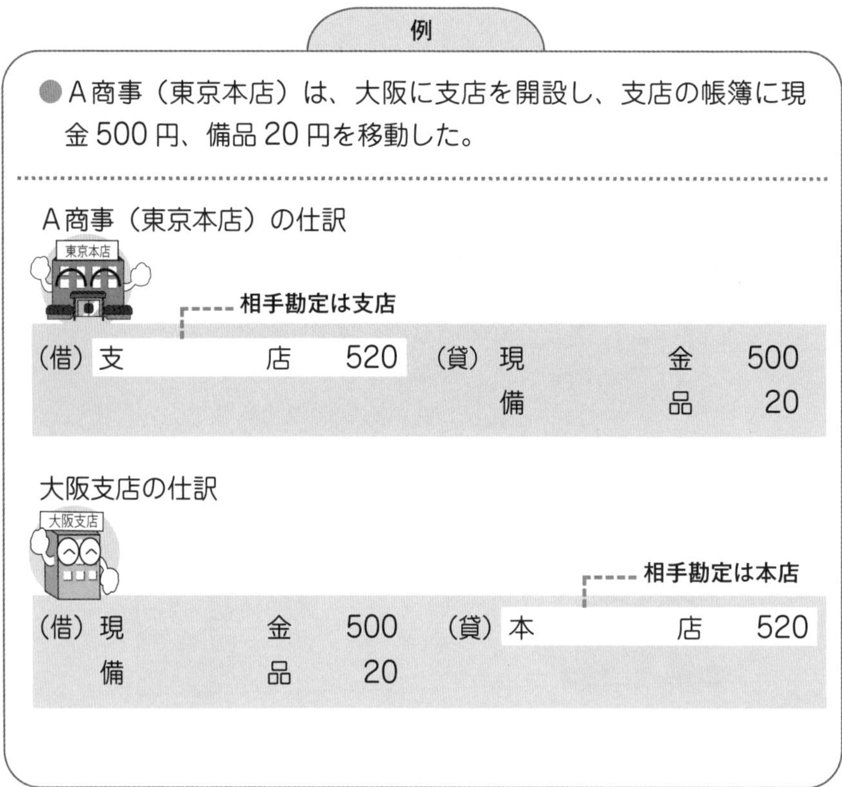

例
●A商事（東京本店）は、大阪に支店を開設し、支店の帳簿に現金500円、備品20円を移動した。
A商事（東京本店）の仕訳
東京本店
相手勘定は支店
（借）支　　店　520　（貸）現　　金　500
備　　品　20
大阪支店の仕訳
大阪支店
相手勘定は本店
（借）現　　金　500　（貸）本　　店　520
備　　品　20

●ほとんど2級の知識で対応できます

期中取引

1　本支店間の取引

重要度 ★

本支店間の取引には、⑴**費用や掛代金の立替え**や⑵**商品の送付**などがありますが、1級では本店や支店を介さずに⑶**直接、商品を仕入れた**り、⑷**直接、商品を売り上げたとき**の処理が問題になります。

2級の復習も含めて、順番に見ていきましょう。

⑴費用や掛代金の立替時の処理

本支店間で、費用や買掛金などを立て替えた場合の処理は次のようになります。

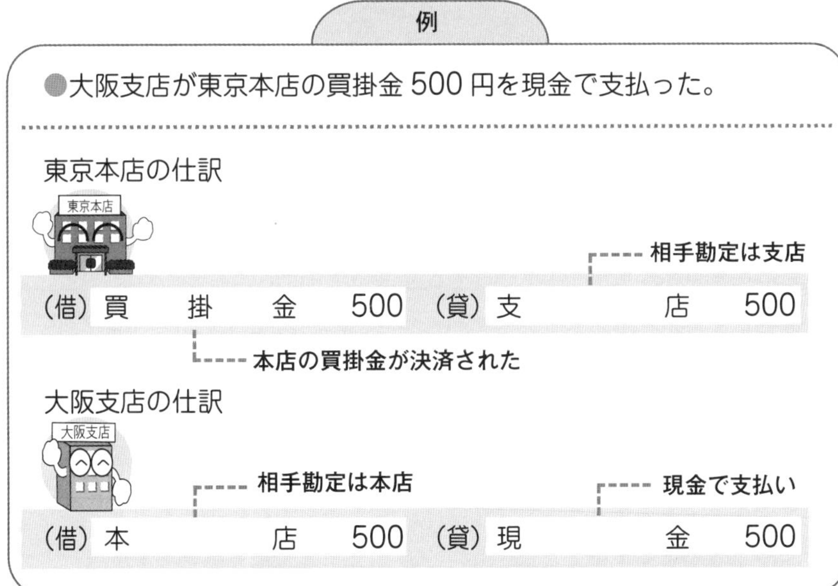

例
●大阪支店が東京本店の買掛金500円を現金で支払った。
東京本店の仕訳
東京本店
相手勘定は支店
(借) 買　掛　金　500　(貸) 支　　店　500
本店の買掛金が決済された
大阪支店の仕訳
大阪支店
相手勘定は本店
現金で支払い
(借) 本　　店　500　(貸) 現　　金　500

⑵商品の送付時の処理

商品を仕入れるとき、本店と支店で別々に仕入れるのではなく、本店（または支店）で一括して大量に仕入れ、原価に一定の利益（**内部利益**といいます）を加算した振替価格で支店（または本店）に送ることがあります。

この場合、商品を送付した側は**支店へ売上**（または**本店へ売上**）で処理し、商品を受け取った側は**本店より仕入**（または**支店より仕入**）で処理します。

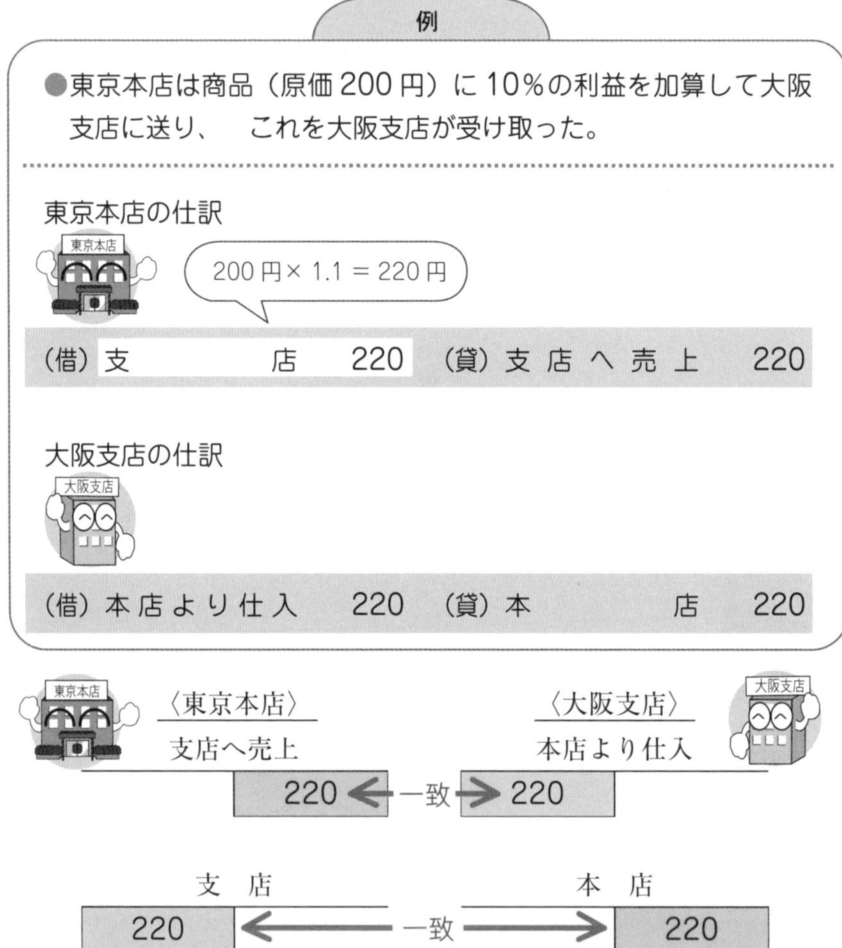

例
●東京本店は商品（原価200円）に10％の利益を加算して大阪支店に送り、　これを大阪支店が受け取った。
東京本店の仕訳
東京本店
200円×1.1＝220円
（借）支　　　店　220　（貸）支店へ売上　220
大阪支店の仕訳
大阪支店
（借）本店より仕入　220　（貸）本　　　店　220
東京本店
〈東京本店〉
支店へ売上
220
一致
〈大阪支店〉
本店より仕入
220
大阪支店
支　店
220
一致
本　店
220

「支店へ売上」と「本店より仕入」、「支店」と「本店」の残高は貸借逆で必ず一致します。

(3) 支店が直接、本店の仕入先から商品を仕入れた場合の処理

通常、本店が仕入先から商品を仕入れてから支店に商品を送るのですが、支店が本店を介さずに直接、本店の仕入先から商品を仕入れることがあります。この場合は、①**いったん本店が原価で仕入れてから、**②**振替価格で支店に送った**と仮定して処理します。

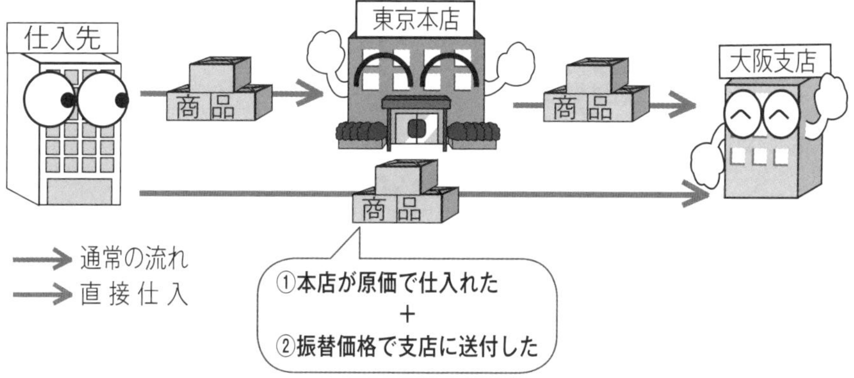

要点 支店が直接、本店の仕入先から商品を仕入れた場合

いったん本店が原価で仕入れてから、振替価格で支店に送ったと仮定して処理

例

●大阪支店は、東京本店を介して仕入れている商品1,000円（本店の仕入価格）を、直接、東京本店の仕入先から掛けで仕入れ、東京本店に報告した。なお、東京本店は大阪支店に商品を送付するさい、原価に20％の利益を加算している。

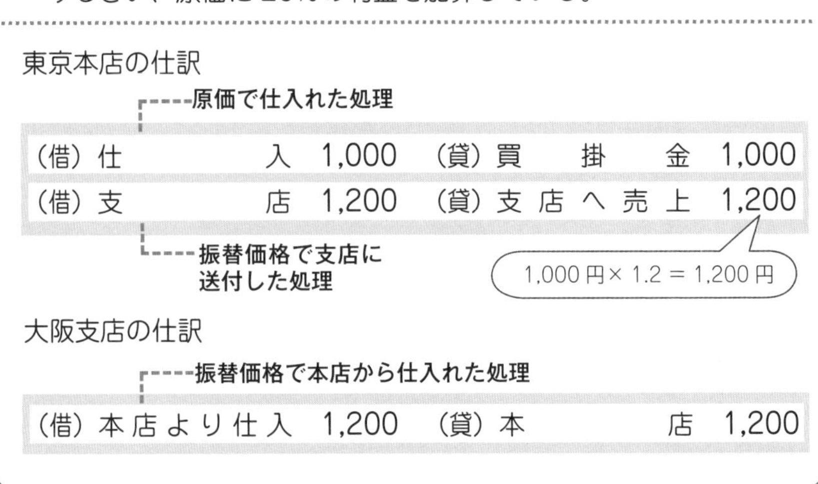

東京本店の仕訳

原価で仕入れた処理

借方	金額	貸方	金額
（借）仕　入	1,000	（貸）買　掛　金	1,000
（借）支　店	1,200	（貸）支店へ売上	1,200

振替価格で支店に送付した処理

1,000円×1.2＝1,200円

大阪支店の仕訳

振替価格で本店から仕入れた処理

借方	金額	貸方	金額
（借）本店より仕入	1,200	（貸）本　店	1,200

⑷ 本店が直接、支店の得意先に商品を売り上げた場合の処理

本店が直接、支店の得意先に商品を売り上げた場合は、①**いったん本店が支店に商品を送付してから、②支店が得意先に売り上げた**と仮定して処理します。

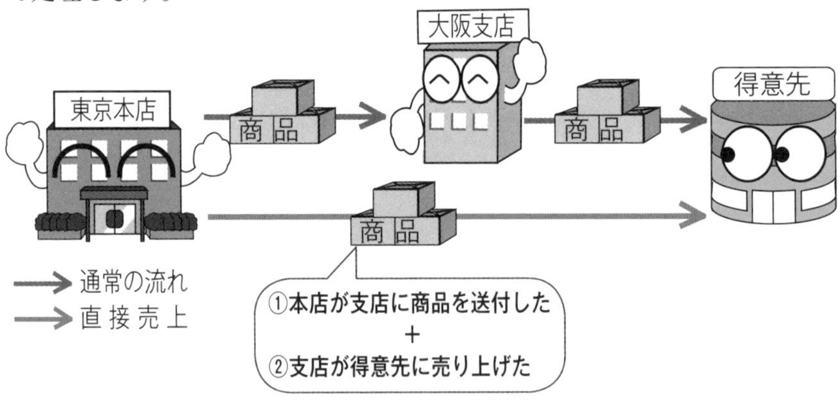

本店が直接、支店の得意先に商品を売り上げた場合
いったん本店が支店に商品を送付してから、支店が得意先に売り上げたと仮定して処理

例

●東京本店は大阪支店の得意先に直接、商品1,500円を掛けで売り上げ、大阪支店に報告した。この商品の原価は1,000円であり、東京本店は大阪支店に商品を送付するさい、原価に20%の利益を加算している。

東京本店の仕訳

振替価格で支店に送付した処理

(借)	支店	1,200	(貸)	支店へ売上	1,200

1,000円×1.2＝1,200円

大阪支店の仕訳

振替価格で本店から仕入れた処理

(借)	本店より仕入	1,200	(貸)	本店	1,200
(借)	売掛金	1,500	(貸)	売上	1,500

支店が得意先に売り上げた処理

参考 支店相互間の取引

重要度★

今までは支店が１つのときの取引について見てきましたが、支店が２つ以上ある場合もあります。支店が複数あるときの支店同士の取引については、⑴**それぞれの支店勘定を設けて処理する方法**と⑵**相手の支店を本店とみなして処理する方法**があります。

⑴それぞれの支店勘定を設けて処理する方法

各支店において取引相手の支店勘定を用いて処理します。この方法を**支店分散計算制度**といい、支店の帳簿には本店勘定と取引相手の支店勘定を設けて、本店の帳簿には各支店勘定を設けます。

❶本支店会計 復習のポイントで出てきた支店独立会計制度と混同しないように気をつけてくださいね。

【例】大阪支店は九州支店に対して、原価1,000円の商品に20%の利益を加算して送付した。このときの本店（東京本店）、大阪支店、九州支店の仕訳を支店分散計算制度により示しなさい。

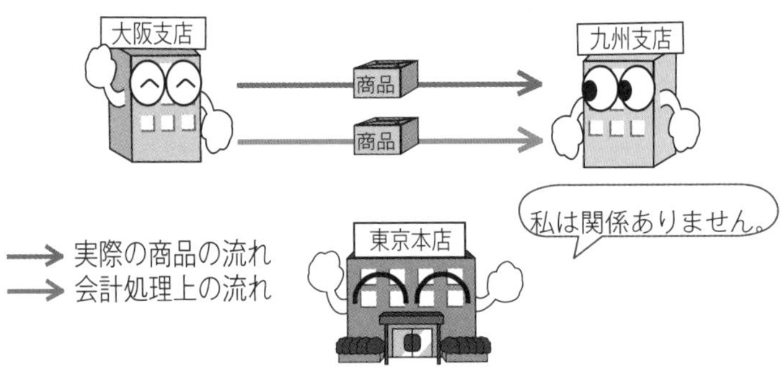

東京本店の仕訳

仕訳なし

大阪支店の仕訳

九州支店に売り上げた処理

(借) 九　州　支　店	1,200	(貸) 九州支店へ売上	1,200

1,000 円× 1.2 ＝ 1,200 円

九州支店の仕訳

大阪支店から仕入れた処理

(借) 大阪支店より仕入	1,200	(貸) 大　阪　支　店	1,200

⑵相手の支店を本店とみなして処理する方法

本来の取引は支店同士の取引ですが、会計処理上、本店との取引とみなして処理します。この方法を**本店集中計算制度**といい、支店の帳簿には本店勘定のみを設けて、本店の帳簿には各支店勘定を設けます。

この本店集中計算制度も、本店集中会計制度とは違います。注意してくださいね。

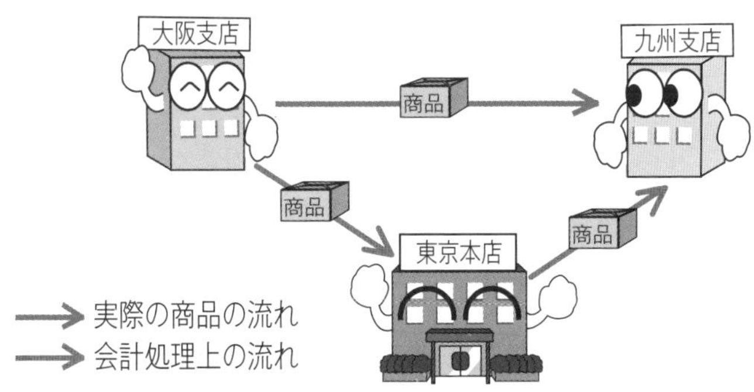

Ch 8 本支店会計

【例】大阪支店は九州支店に対して、原価1,000円の商品に20%の利益を加算して送付した。このときの本店（東京本店）、大阪支店、九州支店の仕訳を本店集中計算制度により示しなさい。

東京本店の仕訳

本店集中計算制度の場合の東京本店の仕訳は、大阪支店から仕入れて、九州支店に売り上げた処理をしたあと、**大阪支店より仕入勘定**と**九州支店へ売上勘定**を相殺します。

（借）九　州　支　店	1,200	（貸）大　阪　支　店	1,200

大阪支店の仕訳

東京本店に売り上げた処理

（借）本　　　　店	1,200	（貸）本 店 へ 売 上	1,200

九州支店の仕訳

東京本店から仕入れた処理

（借）本店より仕入	1,200	（貸）本　　　　店	1,200

●本支店間の取引は相殺して！

本支店合併財務諸表の作成

1 本支店合併財務諸表のつくり方

重要度 ★★

本支店合併財務諸表とは、本店と支店をあわせた会社全体の財務諸表をいいます。

本支店合併財務諸表は次の流れで作成します。

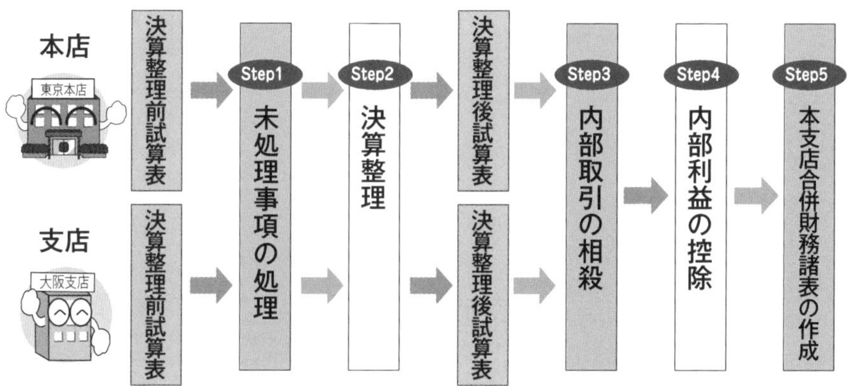

Ch 8 本支店会計

Step1 未処理事項の処理

本店勘定と**支店勘定**、**本店より仕入勘定**と**支店へ売上勘定**は貸借逆で必ず一致します。

未処理の取引がある場合は、**処理していない側が適正な処理を行います。**

例

●決算において、支店勘定と本店勘定の残高はそれぞれ 3,000 円（借方残高）と 2,300 円（貸方残高）であったため、原因を調査したところ、次の未処理事項が判明した。

●大阪支店が東京本店に現金 700 円を送金したが、東京本店で未処理であった。

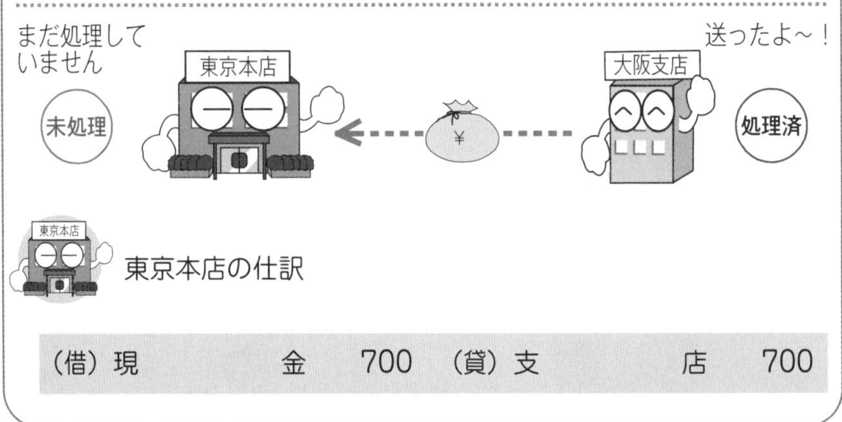
まだ処理していません
未処理
東京本店
送ったよ～！
大阪支店
処理済

東京本店の仕訳

(借) 現　金	700	(貸) 支　店	700

Step2 決算整理

本店、支店において、売上原価の算定や減価償却の計算、貸倒引当金の設定などの決算整理を行います。この処理は通常の決算整理と同じです。

Step3 内部取引の相殺

本店と支店の内部取引を処理するために一時的に設けた勘定（**支店勘定**と**本店勘定**、**支店へ売上勘定**と**本店より仕入勘定**）を、相殺消去します。

例

●東京本店と大阪支店の決算整理後残高試算表の、各勘定残高は次のとおりである。内部取引を相殺する仕訳を示しなさい。

〈東京本店〉

支店へ売上	
	試算表 300

〈大阪支店〉

本店より仕入	
試算表 300	

支　店	
試算表2,300	

本　店	
	試算表2,300

支店勘定と本店勘定の相殺

（借）本　　　店　2,300　（貸）支　　　店　2,300

（借）支店へ売上　300　（貸）本店より仕入　300

支店へ売上勘定と本店より仕入勘定の相殺

相殺後の各勘定は次のとおりです。

〈東京本店〉

支店へ売上	
300	試算表 300

差額 0

〈大阪支店〉

本店より仕入	
試算表 300	300

差額 0

支　店	
試算表2,300	2,300

差額 0

本　店	
2,300	試算表2,300

差額 0

Step4 内部利益の控除

本支店間における商品送付のさいに内部利益を加算している場合は、期首商品棚卸高と期末商品棚卸高に含まれる内部利益を控除します。

控除する内部利益の金額は、以下の式で計算します。

重要

内部利益の控除

$$\text{控除する内部利益} = \text{本支店間で仕入れた商品棚卸高} \times \frac{\text{内部利益率}}{1 + \text{内部利益率}}$$

例

- 東京本店は大阪支店に商品を送付するさい、原価に10％の利益を加算している。支店の期首商品は450円（うち本店からの仕入分330円）、期末商品は500円（うち本店からの仕入分220円）である。
- 期首商品および期末商品に含まれる内部利益を計算しなさい。

- 期首商品に含まれる内部利益

$$330\text{円} \times \frac{0.1}{1 + 0.1} = 30\text{円}$$

- 期末商品に含まれる内部利益

$$220\text{円} \times \frac{0.1}{1 + 0.1} = 20\text{円}$$

したがって、本支店合併貸借対照表上の商品の金額（支店分）は、480円（500円－20円）となります。

棚卸減耗損と商品評価損の計算

重要度 ★★

期末商品棚卸高に内部利益が含まれている場合の棚卸減耗損と商品評価損は、内部利益を控除したあとの原価にもとづいて計算します。

【例】次の資料にもとづき、本支店合併損益計算書上の①期末商品棚卸高、②棚卸減耗損、③商品評価損、および本支店合併貸借対照表上の④商品の金額を計算しなさい。

【資料】

(1)支店の期末商品棚卸高のうち、外部から仕入れた分は次のとおりである。

帳簿数量　20個　実地数量　17個

原　価　@12円　正味売却価額　@10円

(2)支店の期末商品棚卸高のうち、本店から仕入れた分は次のとおりである。

帳簿数量　10個　実地数量　8個

原　価　@10円（本店の仕入価格）　正味売却価額　@9円

(3)本店は支店に商品を送付するさい、原価に10%の利益を加算している。

ボックス図を示すと次のとおりです。

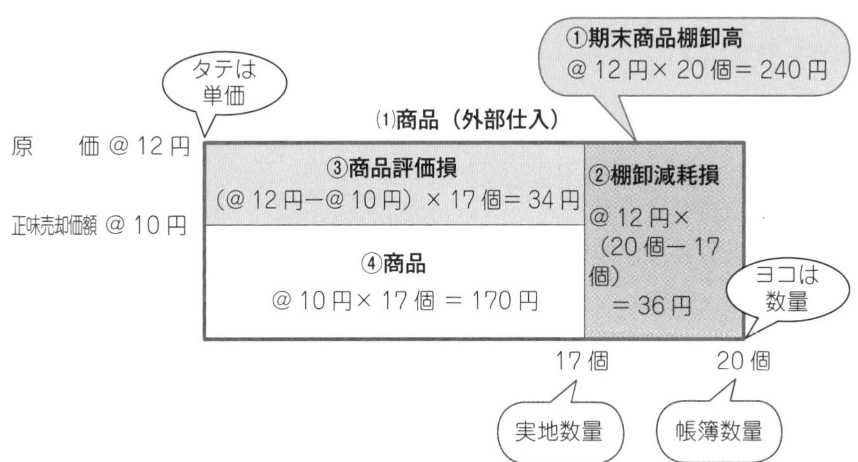

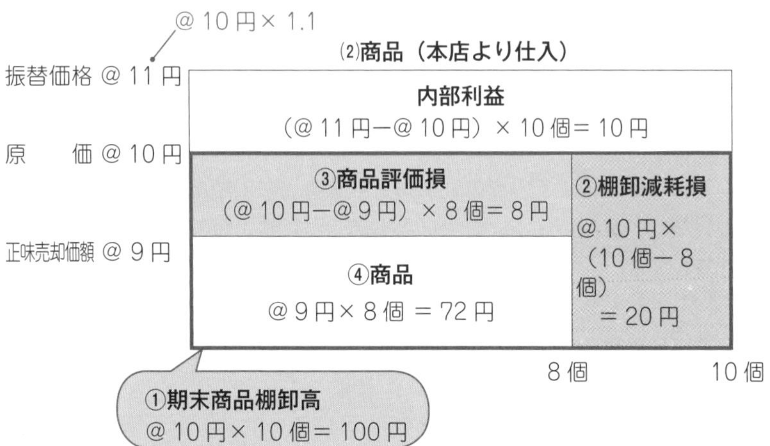

したがって、解答の金額は次のとおりです。

① 期末商品棚卸高	**340**円	240円＋100円
② 棚卸減耗損	**56**円	36円＋20円
③ 商品評価損	**42**円	34円＋8円
④ B/S上の商品	**242**円	170円＋72円

Step5 本支店合併財務諸表の作成

本店と支店の決算整理前残高試算表に Step1 ～ Step4 で整理した内容を集計して、本支店合併財務諸表を作成します。

➡ トレーニングの 問題1 問題2 へ！

●最後は本店の勘定に集結！

帳簿の締切り

1 帳簿の締切り

重要度 ★★

3級や2級で学習したように、決算において、次期にそなえるために各勘定や帳簿を締め切ります。

費用や収益の勘定を損益勘定に振り替えたり、当期純利益を繰越利益剰余金勘定に振り替えたあと、各勘定を締め切りましたよね。

ここでは、本支店会計における帳簿の締切方法について見ていきましょう。

本支店会計における帳簿の締切りは、次の手順で行います。

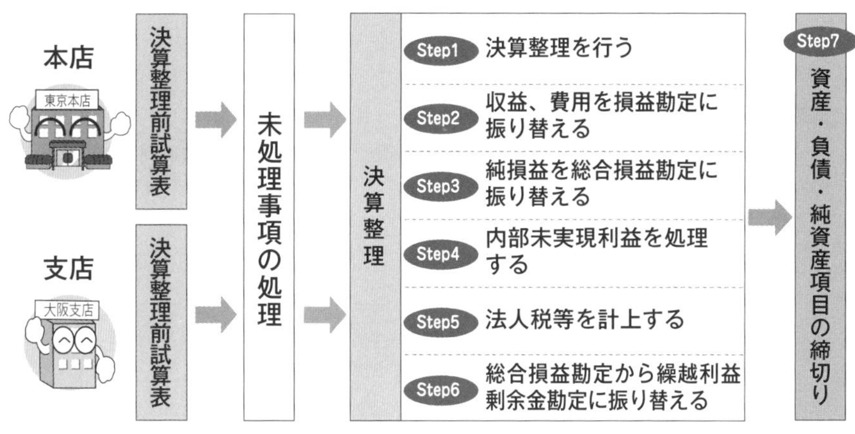

2 決算整理＆損益勘定への振替え Step1&2 重要度 ★★

本店、支店において未処理事項の処理をしたあと決算整理を行います。

貸倒引当金を設定したり、減価償却費を計上したり…
普通の決算整理です。これはすでに学習済みですね。

そして、本支店ごとに収益と費用の各勘定の残高を損益勘定に振り替えます。ここで、本店と支店に損益勘定が設けられるため、このテキストでは便宜上、本店の損益勘定を**本店損益勘定**、支店の損益勘定を**支店損益勘定**として処理することとします。

例

●決算整理後の本店および支店における収益と費用の勘定残高は次のとおりである。本店・支店で必要な仕訳を示しなさい。

〈本店〉

諸収益	
	700

諸費用	
300	

〈支店〉

諸収益	
	160

諸費用	
60	

本店の収益・費用の振替え

(借)	諸収益	700	(貸)	本店損益	700
(借)	本店損益	300	(貸)	諸費用	300

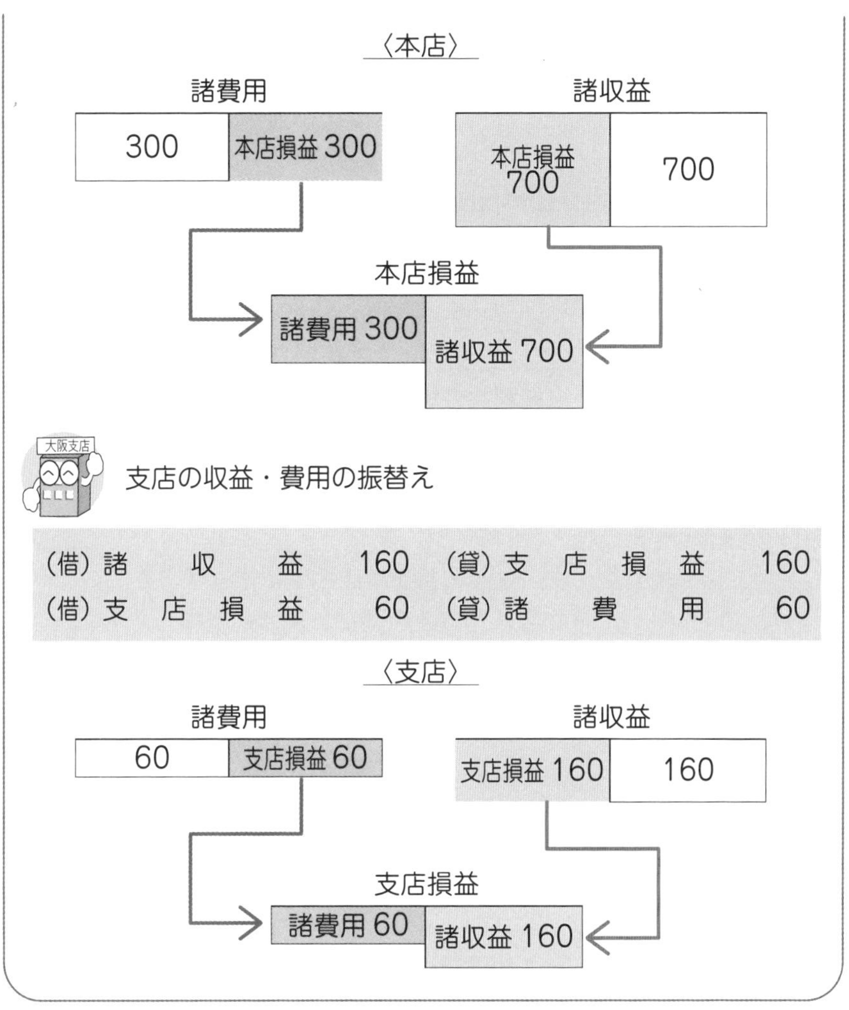

3 総合損益勘定への振替え Step3

重要度 ★★

本店の純損益は本店損益勘定で、支店の純損益は支店損益勘定で把握されますが、会社外部へ公表するためには、会社全体の純損益を把握する必要があります。そこで、本店に**総合損益勘定**を設けて会社全体の純損益を把握します。

ここで、**本店の純損益は本店損益勘定から総合損益勘定へは直接振り替える**ことができますが、支店の純損益を直接、総合損益勘定に振り替えることはできません。これは、本店と支店が別々の帳簿を用いているためです。

そこで、**支店の帳簿では純損益を本店勘定に振り替え**、本店の帳簿ではこれに対応して**支店の純損益を支店勘定に記入する**とともに、**総合損益勘定へ振り替えます。**

要点 純損益の振替え（純利益の場合）

本店の純利益…直接、総合損益勘定に振り替える

本　店	（借）本店損益	××	（貸）総合損益	××

支店の純利益…支店は純利益を本店勘定に振り替える
本店は支店の純利益を支店勘定に記入し、
総合損益勘定に振り替える

支　店	（借）支店損益	××	（貸）本　　店	××
本　店	（借）支　　店	××	（貸）総合損益	××

例

●次の資料にもとづき、純損益の振替えを行いなさい。

〈本店〉

本店損益

諸費用 300	諸収益 700
400	

〈支店〉

支店損益

諸費用 60	諸収益 160
100	

●本店の純損益の振替え

本店の仕訳

総合損益勘定に振り替える

(借)	本店損益	400	(貸)	総合損益	400

●支店の純損益の振替え

支店の仕訳

本店勘定に振り替える

(借)	支店損益	100	(貸)	本　店	100

本店の仕訳

総合損益勘定に振り替える

(借)	支　店	100	(貸)	総合損益	100

支店勘定に記入

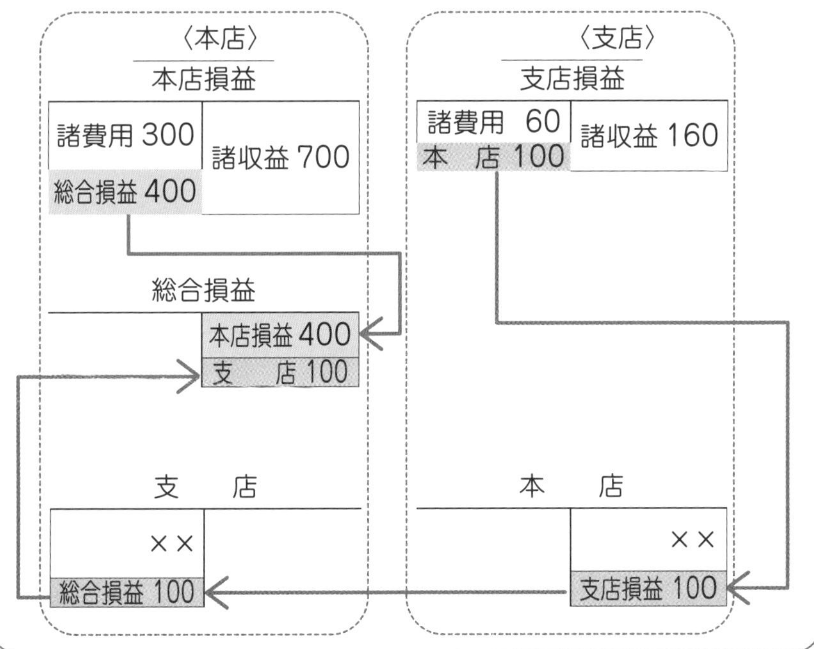

4 内部未実現利益の処理 Step4

重要度 ★★

内部利益は本支店間で付加された利益なので、本支店外部に商品を販売するまでは、未実現の利益です。

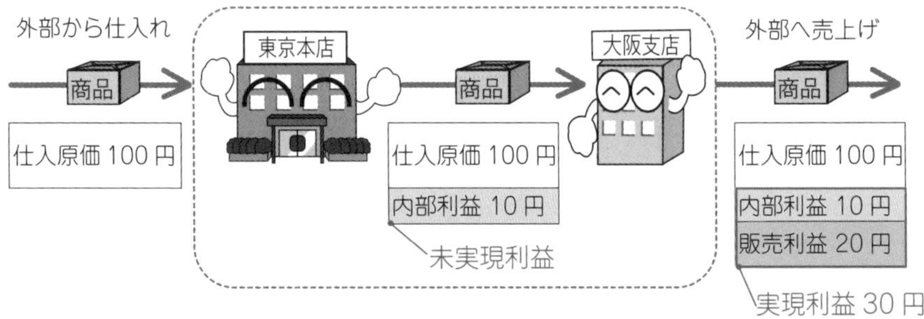

したがって、期末商品に含まれる内部利益は、まだ実現していない利益です。この未実現の内部利益を**内部未実現利益**といいます。

期末商品に含まれる内部未実現利益は、**繰延内部利益勘定**によって、次期に繰り延べます。なお、このときの相手勘定は**繰延内部利益控除勘定**を用います。

「繰延内部利益控除」は費用のような勘定です。

また、期首商品は当期に販売されているため、期首商品に含まれる内部未実現利益は、実現したものとして処理します。したがって、前期に繰り延べられた繰延内部利益を戻し入れます。このときの相手勘定は**繰延内部利益戻入勘定**を用います。

「繰延内部利益戻入」は収益のような勘定です。

その後、繰延内部利益控除と繰延内部利益戻入を**総合損益勘定に振り替えます。**

内部未実現利益の処理

① 期末商品に含まれる内部利益

⇒「繰延内部利益控除」で処理

(借)	繰延内部利益控除	××	(貸)	繰延内部利益	××

② 期首商品に含まれる内部利益

⇒「繰延内部利益戻入」で処理

(借)	繰延内部利益	××	(貸)	繰延内部利益戻入	××

③「繰延内部利益控除」と「繰延内部利益戻入」を総合損益勘定に振り替える

(借)	総合損益	××	(貸)	繰延内部利益控除	××
(借)	繰延内部利益戻入	××	(貸)	総合損益	××

例

●次の資料にもとづき、内部未実現利益の振替えを行いなさい。
●期末商品に含まれる内部利益は300円、期首商品に含まれる内部利益は200円であった。

① 期末商品に含まれる内部利益の処理

(借) 繰延内部利益控除	300	(貸) 繰延内部利益	300

② 期首商品に含まれる内部利益の処理

(借) 繰延内部利益	200	(貸) 繰延内部利益戻入	200

③ 総合損益勘定への振替え

(借) 総合損益	300	(貸) 繰延内部利益控除	300
(借) 繰延内部利益戻入	200	(貸) 総合損益	200

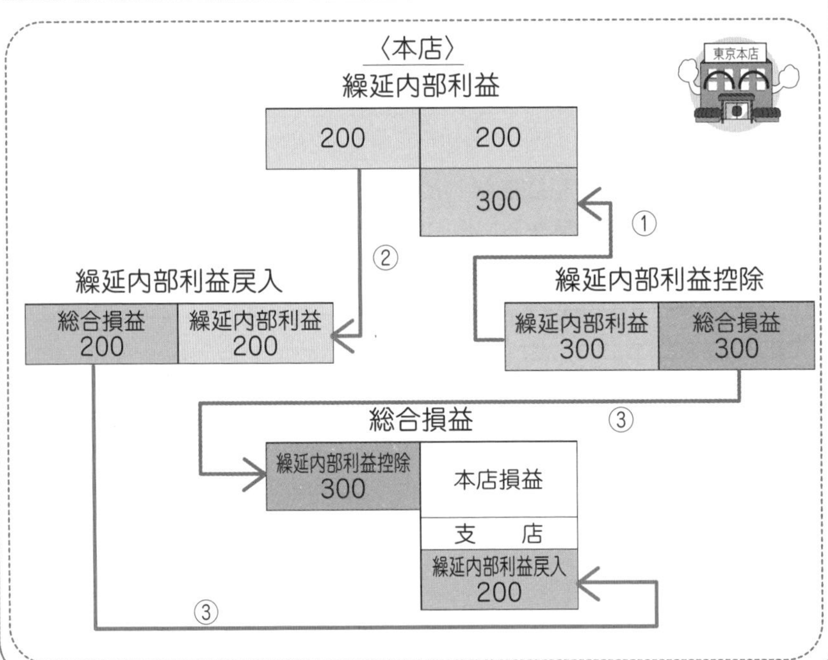

5　法人税等の計上 Step5

重要度 ★

Step4 までの処理をして、会社全体の（税引前）当期純利益を計算し、法人税等を計上します。

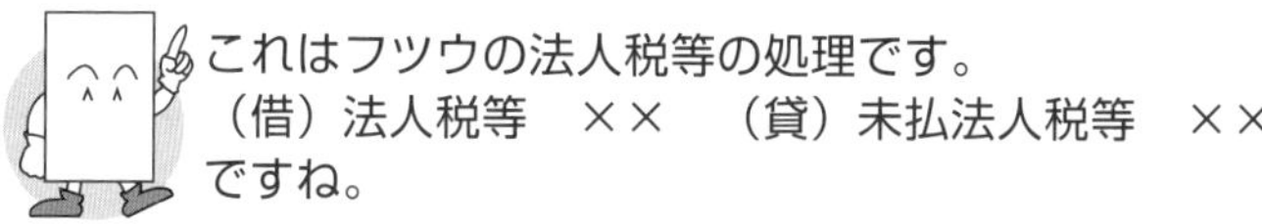

これはフツウの法人税等の処理です。
（借）法人税等　××　（貸）未払法人税等　××
ですね。

そして、計上した法人税等を**総合損益勘定**に振り替えます。

法人税等の計上

法人税等を計上したあと、総合損益勘定に振り替える

（借）総 合 損 益　××（貸）法 人 税 等　××

具体例を使って勘定の流れを見てみましょう。

例

●法人税等 160 円を計上し、次の仕訳を行った。

（借）法 人 税 等　160　（貸）未払法人税等　160

●総合損益勘定への振替えを行いなさい。

（借）総 合 損 益　160　（貸）法 人 税 等　160

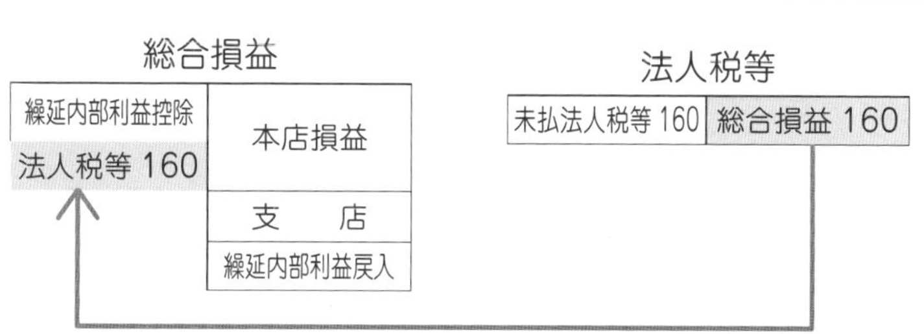

Ch 8 本支店会計

6 繰越利益剰余金勘定への振替え Step6

重要度 ★

Step5 までのところで、総合損益勘定の残高は会社全体の当期純損益を表しています。したがって、総合損益勘定の残高を**繰越利益剰余金勘定**へ振り替えます。

要点 繰越利益剰余金勘定への振替え

総合損益勘定の残高を繰越利益剰余金勘定へ振り替える

（借）総　合　損　益　××　（貸）繰越利益剰余金　××

具体例を使って勘定の流れを見てみましょう。

例

●当期純利益は240円であった。
●繰越利益剰余金勘定への振替えを行いなさい。

（借）総　合　損　益　240　（貸）繰越利益剰余金　240

総合損益

借方	貸方
繰延内部利益控除	本店損益
法人税等	
繰越利益剰余金 240	支　店
	繰延内部利益戻入

繰越利益剰余金

借方	貸方
剰余金の配当	前期末残高
当期末残高	総合損益 240

7 資産・負債・純資産項目の締切り  重要度 ★

最後に、本店と支店の資産・負債・純資産の各勘定を締め切ります。

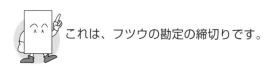

これは、フツウの勘定の締切りです。

8 総合損益勘定を用いないで処理する方法 重要度 ★

ここまでは、会社全体の純損益を総合損益勘定を用いて処理してきましたが、総合損益勘定を用いずに、**本店損益勘定**で処理する方法もあります。

この方法による処理を、さきほどの例の数値で示すと、次のようになります。

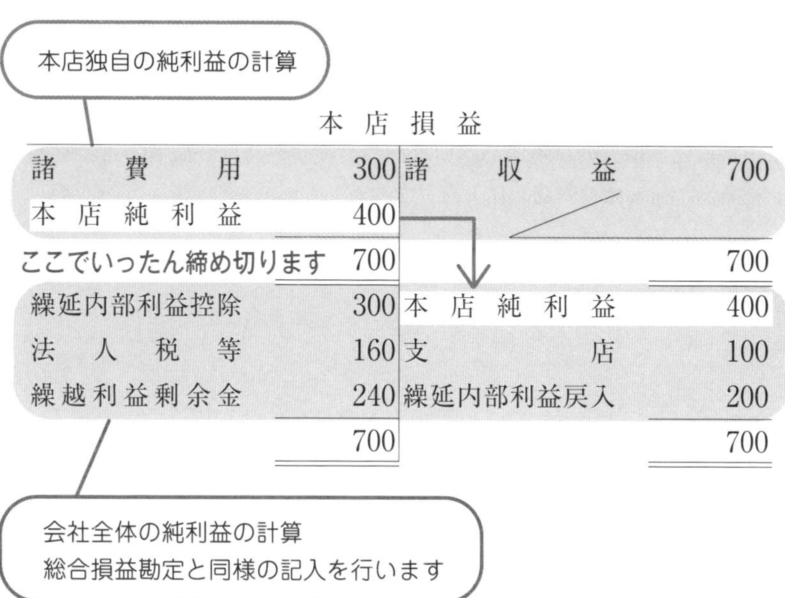

本店損益

諸費用	300	諸収益	700
本店純利益	400		
	700		700
繰延内部利益控除	300	本店純利益	400
法人税等	160	支店	100
繰越利益剰余金	240	繰延内部利益戻入	200
	700		700

基本問題

次の資料にもとづき、総合損益勘定への記入を行いなさい。なお、会計期間は3月31日を決算日とする1年である。

【資料1】

本店損益 (単位：円)

3/31	繰越商品	200	3/31	売上	2,600
〃	仕入	2,200	〃	支店へ売上	990
〃	販売費	500	〃	繰越商品	350

支店損益 (単位：円)

3/31	繰越商品	110	3/31	売上	2,000
〃	仕入	600	〃	繰越商品	220
〃	本店より仕入	990			
〃	販売費	200			

【資料2】

①本店は支店に商品を送付するさいに、毎期原価に10%の利益を加算している。

②支店の期首商品および期末商品はすべて本店から仕入れたものである。

③法人税等540円を計上する。

④損益勘定の借方の繰越商品は期首商品棚卸高、貸方の繰越商品は期末商品棚卸高、仕入は当期商品仕入高をあらわしている。

答案用紙

総合損益 (単位：円)

3/31	繰延内部利益控除	(　　)	3/31	本店損益	(　　)
〃	法人税等	(　　)	〃	支店	(　　)
〃	繰越利益剰余金	(　　)	〃	繰延内部利益戻入	(　　)
		(　　)			(　　)

解答

総合損益　(単位：円)

3/31	繰延内部利益控除	(20)	3/31	本店損益	(1,040)
〃	法人税等	(540)	〃	支店	(320)
〃	繰越利益剰余金	(810)	〃	繰延内部利益戻入	(10)
		(1,370)			(1,370)

⑴本店純利益の振替え

本店	(借) 本店損益	1,040 *	(貸) 総合損益	1,040

＊ 本店損益勘定の貸借差額

⑵支店純利益の振替え

支店	(借) 支店損益	320 *	(貸) 本店	320

＊ 支店損益勘定の貸借差額

本店	(借) 支店	320	(貸) 総合損益	320

⑶内部未実現利益の処理

(借) 繰延内部利益控除	20 *1	(貸) 繰延内部利益	20
(借) 繰延内部利益	10	(貸) 繰延内部利益戻入	10 *2
(借) 総合損益	20	(貸) 繰延内部利益控除	20
(借) 繰延内部利益戻入	10	(貸) 総合損益	10

＊1 期末商品に含まれる内部利益：$220円 \times \frac{0.1}{1+0.1} = 20円$

＊2 期首商品に含まれる内部利益：$110円 \times \frac{0.1}{1+0.1} = 10円$

⑷法人税等の計上

(借) 法人税等	540	(貸) 未払法人税等	540
(借) 総合損益	540	(貸) 法人税等	540

⑸繰越利益剰余金勘定への振替え

総合損益勘定の貸借差額を繰越利益剰余金勘定へ振り替えます。

➡ トレーニングの 問題3 へ！

●B/S 項目を換算してから P/L 項目を換算！

在外支店の財務諸表項目の換算

1 在外支店の財務諸表項目の換算　重要度 ★

日本国内に本店があり、アメリカに支店があるという場合、アメリカ支店の、外貨建てで計上されている財務諸表項目を換算して、本支店合併財務諸表を作成する必要があります。

在外支店の財務諸表項目の換算は、基本的に**本店における外貨建項目の換算と同じ**です。

つまり、基本的には貨幣項目は CR で、
非貨幣項目は HR で換算するということですね。

2 換算のルール　重要度 ★★

在外支店の財務諸表項目を換算するさいには、まず、①**貸借対照表項目から換算**します。そして、貸借対照表上で生じた差額が、在外支店の**当期純利益**となります。次に、②**損益計算書項目を換算**します。ここで、**当期純利益は①で計算した金額**を記入し、③損益計算書の貸借差額は**為替差損益**で処理します。

B/S から換算して当期純利益を計算。
ちょっと変わってますね～。

要点　在外支店の財務諸表項目の換算のルール

①貸借対照表項目の換算 ⇒ 差額は当期純損益

②当期純損益を損益計算書に記入

③損益計算書項目の換算 ⇒ 差額は為替差損益

在外支店の財務諸表項目の換算の流れは次のとおりです。
CR …決算時レート　HR …取得時または発生時レート

※ 商品について
取得原価で評価されている場合 ⇒ HR で換算
時価等で評価されている場合 ⇒ CR × CC で評価
（CR × CC：時価）

在外支店の貸借対照表

借方	換算レート	貸方	換算レート
現金	CR	支払手形	CR
売掛金	CR	買掛金	CR
△貸倒引当金	CR	短期借入金	CR
前払金	HR	前受金	HR
商品	※	社債	CR
備品	HR	本店	×× （本店の支店勘定の金額）
土地	HR	当期純利益	×× （貸借差額）
建物	HR		
△減価償却累計額	HR		

在外支店の損益計算書

借方	換算レート	貸方	換算レート
費用	HR （AR）	収益	HR （AR）
為替差損	××		
当期純利益	××		

貸借差額（貸方に生じる場合は為替差益）

AR …期中平均レート
収益、費用は原則として HR ですが、AR で換算することも認められています。

試験では、AR 換算の方がよく出題されます。
問題文の指示に注意！

例

●次の資料にもとづき、在外支店の円貨額による貸借対照表と損益計算書を作成しなさい。

【資料 1】在外支店の決算整理後残高試算表

決算整理後残高試算表
×2年3月31日　　（単位：ドル）

借方	金額	貸方	金額
現金預金	10	買掛金	30
売掛金	30	本店	110
繰越商品	20	売上	120
建物	100		
仕入	70		
減価償却費	10		
その他費用	20		
	260		260

【資料 2】

①当期の売上原価は期首商品 10 ドル、当期仕入高 80 ドル、期末商品 20 ドルによって計算されている（先入先出法）。なお、期首商品の換算は前期の期中平均レート、期末商品の換算は当期の期中平均レートを用いる。

②本店勘定はすべて本店からの送金金額である。

③換算に必要な為替レート（1 ドルあたり）は次のとおりである。なお、計上時の不明な収益、費用項目については期中平均レートを用いる。

建物は HR で換算するので、減価償却費も HR で換算します。それ以外の収益・費用は AR で換算！

本店からの送金時レート：104 円
建物購入時のレート：104 円
前期期中平均レート：103 円
当期期中平均レート：101 円
当期末決算時レート：100 円

●在外支店の円貨額による貸借対照表と損益計算書

貸借対照表
×2年3月31日（単位：円）

換算	借方	金額	貸方	金額	換算
10ドル×@100円	現金預金	1,000	買掛金	3,000	30ドル×@100円
30ドル×@100円	売掛金	3,000	本店	11,440	110ドル×@104円
20ドル×@101円	商品	2,020	当期純利益	1,980	貸借差額
100ドル×@104円	建物	10,400			
		16,420		16,420	

損益計算書
自×1年4月1日 至×2年3月31日（単位:円）

換算	借方	金額	貸方	金額	換算
10ドル×@103円	期首商品棚卸高	1,030	売上高	12,120	120ドル×@101円
80ドル×@101円	当期商品仕入高	8,080	期末商品棚卸高	2,020	20ドル×@101円
10ドル×@104円	減価償却費	1,040	為替差益	10	貸借差額
20ドル×@101円	その他費用	2,020			
	当期純利益	1,980			
		14,150		14,150	

基本問題

次の資料にもとづき、在外支店の円貨額による貸借対照表と損益計算書を作成しなさい。

【資料】

在外支店の決算整理後残高試算表

×2年3月31日 (単位：ドル)

借方	金額	貸方	金額
現金預金	20	買掛金	60
売掛金	60	本店	220
繰越商品	40	売上	240
建物	200		
仕入	140		
減価償却費	20		
その他費用	40		
	520		520

1. 当期の売上原価は期首商品 20 ドル、当期仕入高 160 ドル、期末商品 40 ドルによって計算されている（先入先出法）。なお、期首商品の換算は前期の期中平均レート、期末商品の換算は当期の期中平均レートを用いる。

2. 本店勘定はすべて支店開設時に本店から送金されたものである。

3. 建物は支店開設時に購入したものである。

4. 換算に必要な為替レート（1 ドルあたり）は次のとおりである。なお、計上時の為替レートが不明な損益項目については期中平均レートを用いる。

   本店からの送金時レート：104 円
   建物購入時のレート：104 円
   前期期中平均レート：103 円
   当期期中平均レート：101 円
   当期末決算時レート：100 円

答案用紙

貸借対照表

×2年3月31日　　（単位：円）

現金預金	(　　)	買掛金	(　　)
売掛金	(　　)	本店	(　　)
商品	(　　)	当期純利益	(　　)
建物	(　　)		
	(　　)		(　　)

損益計算書

自×1年4月1日　至×2年3月31日　　（単位：円）

期首商品棚卸高	(　　)	売上高	(　　)
当期商品仕入高	(　　)	期末商品棚卸高	(　　)
減価償却費	(　　)	為替差益	(　　)
その他費用	(　　)		
当期純利益	(　　)		
	(　　)		(　　)

解答

貸借対照表

×2年3月31日　　（単位：円）

	換算レート			換算レート	
現金預金	@100円	(2,000)	買掛金	@100円	(6,000)
売掛金	@100円	(6,000)	本店	@104円	(22,880)
商品	@101円	(4,040)	当期純利益	差額	(3,960)
建物	@104円	(20,800)			
		(32,840)			(32,840)

損益計算書

自×1年4月1日　至×2年3月31日　　（単位：円）

期首商品棚卸高	@103円	(2,060)	売上高	@101円	(24,240)
当期商品仕入高	@101円	(16,160)	期末商品棚卸高	@101円	(4,040)
減価償却費	@104円	(2,080)	為替差益	差額	(20)
その他費用	@101円	(4,040)			
当期純利益		(3,960)			
		(28,300)			(28,300)

理論問題

次の文章のうち、正しいものには○を、誤っているものには×を正誤欄に記入し、×を記入した場合にはその理由を簡潔に述べなさい。

1. 「企業会計原則」によれば、同一企業内部の会計単位として独立した各経営部門の間における商品等の移転によって発生した内部利益は、売上高及び売上原価を算定するに当って除去しなければならない。

2. 企業会計原則注解［注11］によれば、内部利益の除去は、本支店等の合併損益計算書において売上高から内部売上高を控除し、仕入高（または売上原価）から内部仕入高（または内部売上原価）を控除するとともに、期末棚卸高から内部利益の額を控除する方法によるが、これらの控除に際しては、合理的な見積概算額によることもできる。

3. 会計単位内部における原材料や半製品等の振替から生じる原価差額等は内部利益と呼ばれ、外部に公表する財務諸表の作成上、消去しなければならない。

解答

1	○	
2	○	
3	×	原材料や半製品等の振替から生じる原価差額等は振替損益である。

➡ トレーニングの 問題4 へ！

Chapter 9

収益認識

収益認識は抽象的な表現が多いため、完璧な理解よりも収益認識の５つのステップや変動対価などの基本的な論点をまずはおおまかにおさえるようにしましょう！

(2022年度より出題範囲に入った新しい論点です)

●履行義務の充足時に収益を認識します

収益認識の基本的処理

1 収益認識の基本原則

重要度 ★★

収益認識の基本原則は、**商品***または**サービスの顧客**（こきゃく）**への移転と交換に、企業が権利を得ると見込む対価の額で収益を認識すること**です。

* 「収益認識に関する会計基準」では、「財またはサービス」としています。財の例としては、商品や製品などがありますが、本書では商品を前提として説明していきます。

企業が権利を得ると見込む対価の額で収益を認識するために、収益を認識するまでの過程を５つのステップに分解し、このステップに従って収益を認識します。

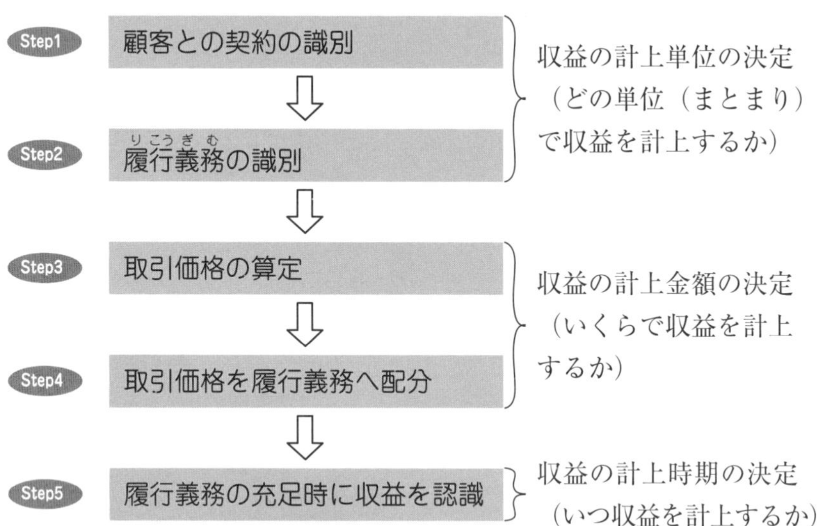

Step1 顧客との契約の識別

収益を計上するにあたっては顧客に商品やサービスを提供することが必要ですが、そのためには商品やサービスを提供する約束（契約）があることが前提となります。

契約の識別とは契約として認められるかどうかを判断することです*。

＊（参考）契約として認められるための要件は、契約の当事者双方が契約を承諾していること、引き渡す商品やサービスが決まっていること、支払条件が決まっていること、取引の実態があること、代金を回収できる可能性が高いことです。

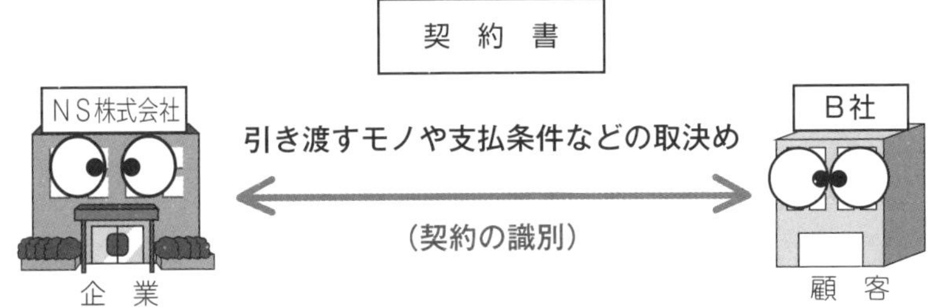

Step2 履行義務の識別

履行義務とは、商品やサービスを顧客に提供する義務をいいます。**履行義務の識別とは、顧客に提供する商品やサービスを具体的に特定すること**をいいます。なお、契約に対して履行義務を識別する場合として、次のものがあります。

① １つの契約に１つの履行義務がある場合
顧客に商品を販売する契約⇒商品の提供義務という履行義務

② １つの契約に複数の履行義務がある場合
顧客に商品を販売し商品に一定期間の保守サービスを行う契約
商品の提供義務と、保守サービスの提供義務という２つの履行義務

販売する商品に一定期間の保守サービスを行う場合

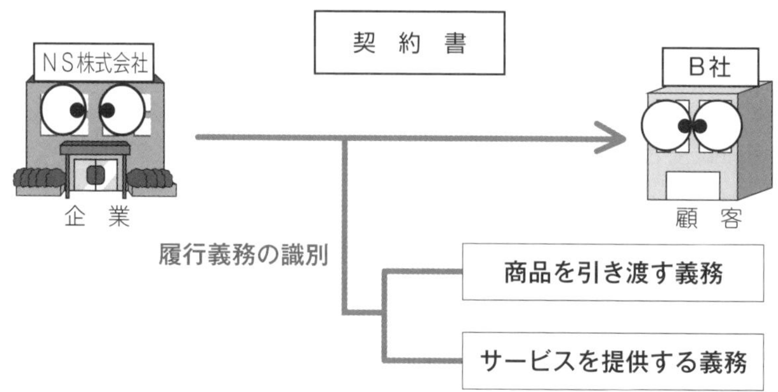

Step3 取引価格の算定

取引価格の算定とは、商品やサービスを顧客に移転したときに顧客からもらえる金額を計算することであり、これをもとに収益として計上する金額を決定します。

なお、取引価格の算定にあたっては、「変動対価」「重要な金利部分」などの影響を考慮する必要があります。

また、取引価格には「第三者のために回収する額」は含まれません。

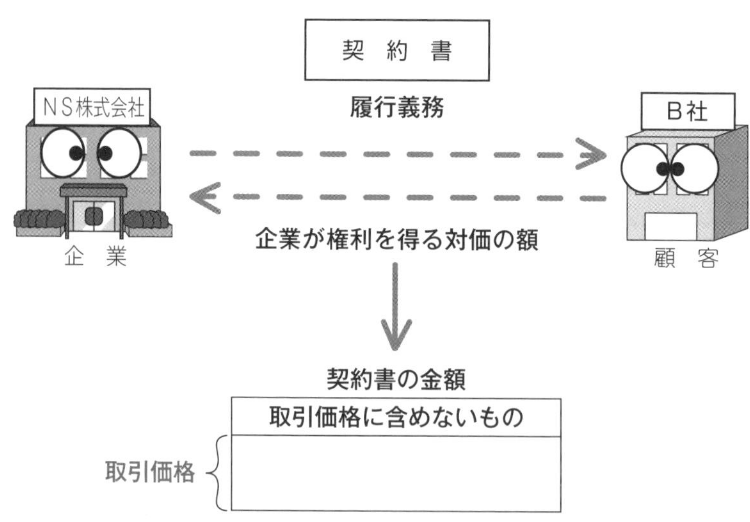

Step4 取引価格を履行義務へ配分

履行義務への配分とは、商品やサービスの提供義務に対し、収益計上する金額を配分することをいいます。

1つの契約に複数の履行義務がある場合には、取引価格を各履行義務に配分する必要があります。配分するにあたっては、**それぞれの履行義務を単独で提供した場合の価格（独立販売価格）にもとづいて配分**します。

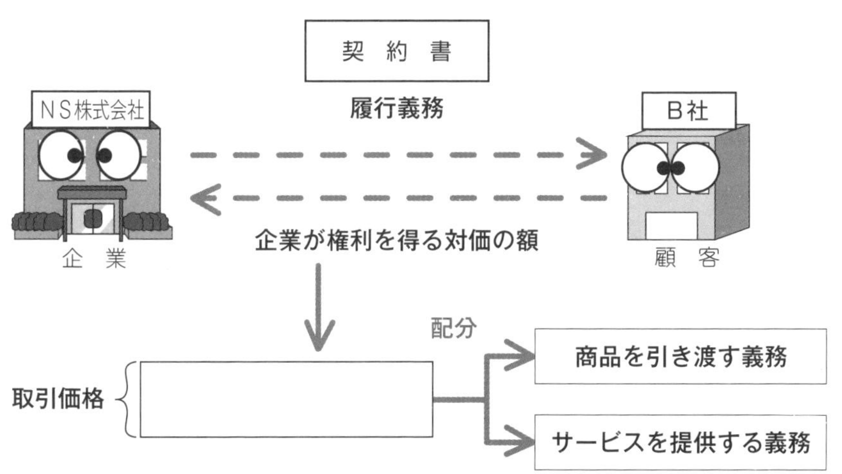

Step5 履行義務の充足（じゅうそく）

履行義務の充足とは商品やサービスの提供義務を果たすことであり、**履行義務を充足したときに収益を認識します**。履行義務を充足するパターンとしては、次の２つがあります。

履行義務の充足

一時点で充足される履行義務：商品の販売など
⇒履行義務を充足した時点（一時点）で収益を認識

一定期間にわたり充足される履行義務：サービスの提供など
⇒履行義務を充足するにつれて（一定期間）収益を認識

建設業における工事契約も一定期間にわたり充足される履行義務に該当します。くわしくはChapter10で学習します。

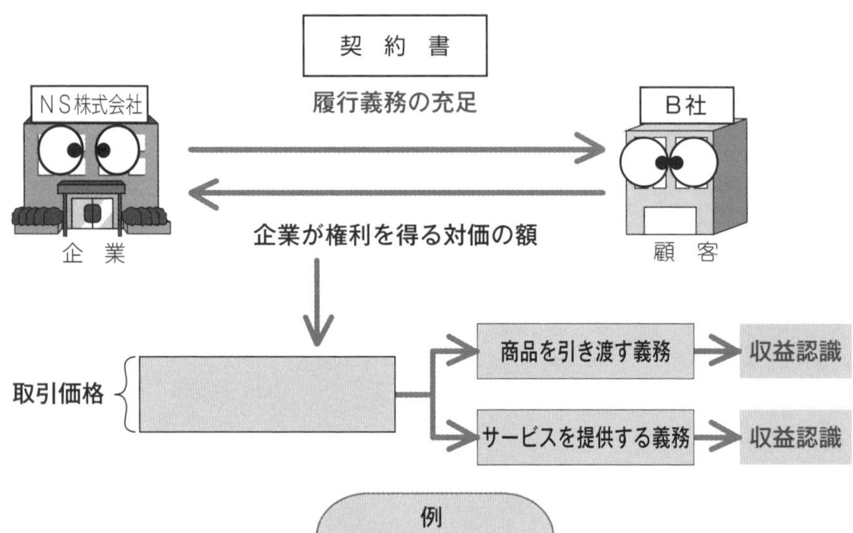

例

●次の取引の仕訳を示しなさい。当期は×1年4月1日から×2年3月31日までの1年である。

1．取引時（×1年4月1日）

⑴当社は、B社に商品を販売するとともに保守サービスを提供し、代金を現金で受け取る契約を締結した。

⑵商品の販売と2年間の保守サービスの提供の対価：9,000円

⑶独立販売価格

商品：8,000円　　2年間の保守サービス：2,000円

⑷×1年4月1日に商品をB社に引き渡した。B社では検収を完了し使用可能となり、代金9,000円を現金で受け取った。

2．決算時（×2年3月31日）

当期末において、保守サービスのうち当期分について収益計上を行う。

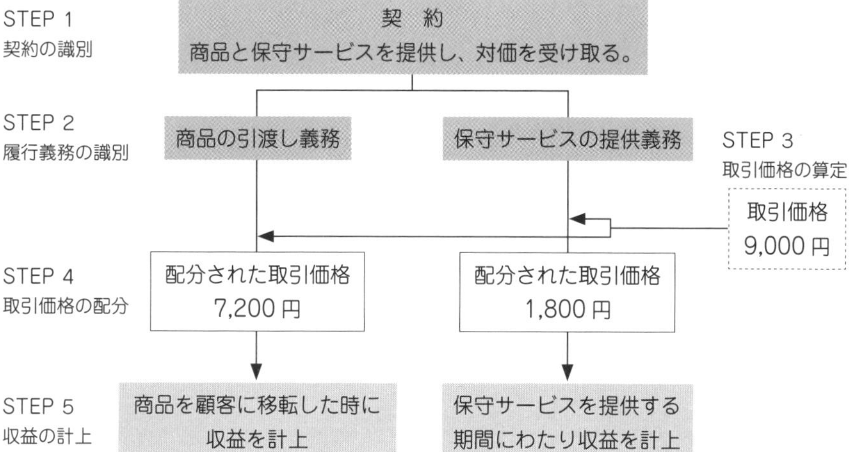

(1) 取引価格の配分

取引価格を、独立販売価格にもとづいて履行義務に配分します。

商品の販売：$\underset{\text{取引価格}}{9{,}000\text{円}} \times \dfrac{8{,}000\text{円}}{8{,}000\text{円} + 2{,}000\text{円}} = 7{,}200\text{円}$

サービスの提供：$\underset{\text{取引価格}}{9{,}000\text{円}} \times \dfrac{2{,}000\text{円}}{8{,}000\text{円} + 2{,}000\text{円}} = 1{,}800\text{円}$

(2) 取引価格の配分

①商品の販売

商品を引渡し顧客の検収が完了した時点（一時点）で収益を計上します。

②サービスの提供

保守サービスを提供する期間（一定期間）にわたり収益を計上します。当期に1年分900円[*1]を計上します。

＊1　$1{,}800\text{円} \times \dfrac{12\text{カ月}}{24\text{カ月}} = 900\text{円}$

（参考）　保守サービスとは、商品の故障や不具合が発生したときに、修理担当者にきてもらい対応してもらうサービスをいい、コピー機などの保守があります。保守サービスと似たものに保証サービスがあります。保証サービスのうち、電化製品について1年間のメーカー保証など正しく機能することを保証する品質保証は商品と一体のものであり、履行義務を認識しません。一方、保証期間の延長や顧客の責任による故障にも対応する保証などの有料の保証は別個の履行義務と考えられるため、取引価格を配分します。

(3) 仕訳

①取引時（×1年4月1日）

顧客から受取った対価のうち、未だ果たしていない履行義務（サービスの提供義務）は**契約負債**として処理します。

(借)	金額	(貸)	金額
現　　金	9,000	売　　上	7,200
		契約負債（または前受金）	1,800

②決算時（×2年3月31日）

(借)	金額	(貸)	金額
契約負債	900	売　　上	900 *

＊　金額的に重要な場合には「役務収益」として処理することも考えられます。

(1) 商品の販売

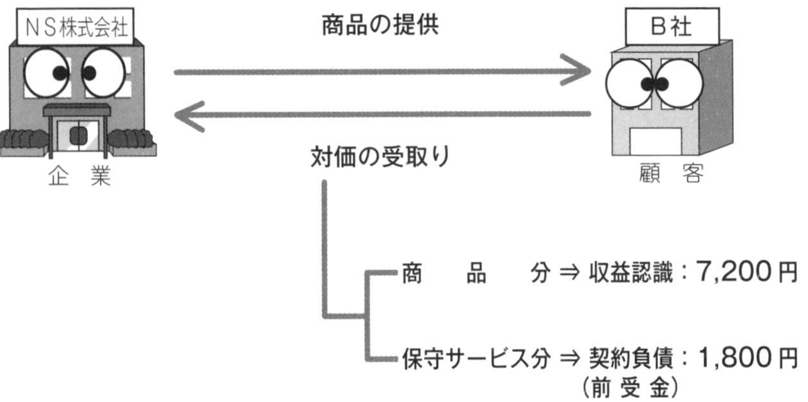

⑵ 保守サービスの提供

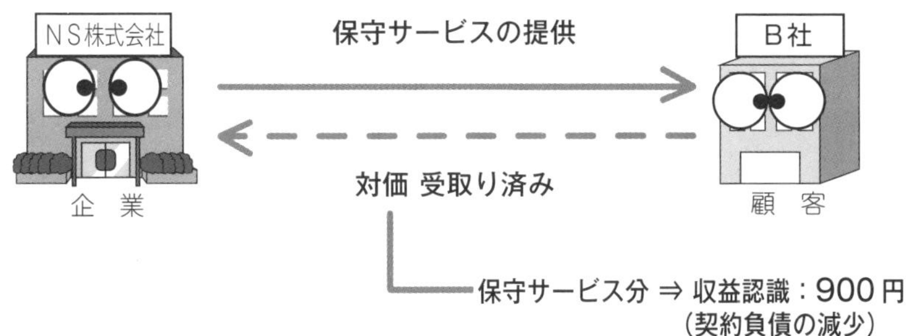

➡ トレーニングの 問題1 へ！

商品やサービスの提供（移転）の時期

重要度 ★

⑴「支配」の考え方

商品やサービスを顧客に提供（移転）したときに履行義務を充足したと考えて収益を計上しますが、移転とは、顧客が商品やサービスに対する**支配を獲得した時点**となります。

顧客が商品に対する支配を獲得する時点とは、**商品を受け取り検収が終わった時点**となります。そのため、企業は基本的には検収基準で収益認識を行います。

支配とは、要するに顧客が使用できることをいいます。

⑵ 代替的(だいたいてき)取り扱い

基準では、企業の事務負担を考慮し、原則的な処理に加えて、国内の商品の販売においては、商品の出荷から支配の移転までの期間が「通常の期間」である場合、**商品の出荷時または引渡し時に収益を認識できます。**

「通常の期間」について会計基準では明記されていませんが、出荷から検収までの期間がおよそ２日～５日以内であると考えられます。

2　取引価格算定上の考慮事項　重要度 ★★★

取引価格の算定にあたっては、変動対価、重要な金融要素の影響などを考慮し、第三者のために回収する額を除きます。

取引価格の算定にあたり考慮すべきもの*

(1)　変動対価

(2)　重要な金融要素

取引価格から除くもの

(1)　第三者のために回収する額

*　上記の他に、「現金以外の対価を受け取った場合」、「顧客に支払われる対価」がありますが、本試験の重要性から本書では説明を割愛しています。

金融要素とは金利部分のことです。

取引価格の算定のイメージ

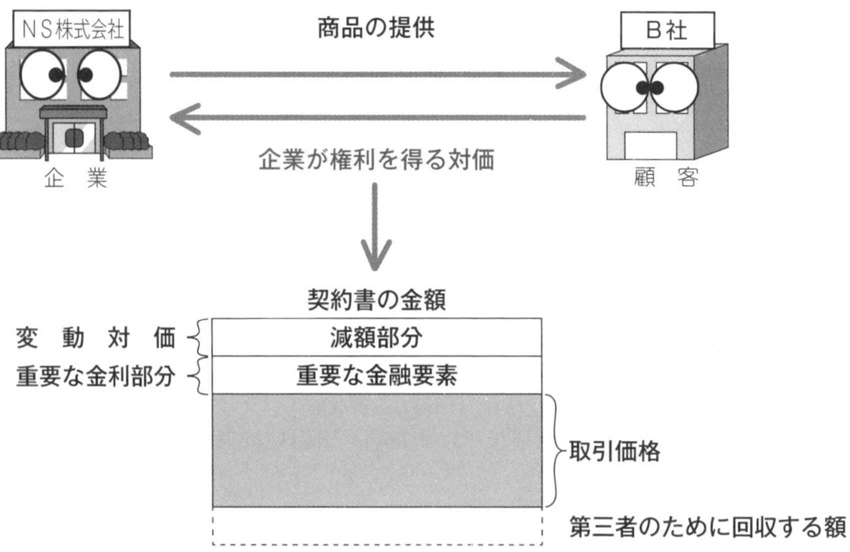

3 変動対価

重要度 ★★★

変動対価とは、顧客と約束した対価のうち変動する可能性のある部分をいいます。契約において約束された対価に変動性のある金額を含んでいる場合には、その金額を見積もる必要があります。

変動対価のうち、収益の著しい減額が**発生する可能性が高い部分**については、ステップ3の取引価格に含めず、返金が見込まれる場合、**返金負債**などとして計上します。

変動対価の例としては、**売上割戻、返品権付き販売**などがあります。

取引価格から除いて収益計上を行うのは、収益の過大計上を防止するためです。
基準においては、「変動対価の額に関する不確実性が事後的に解消される際に、解消される時点までに計上された収益の著しい減額が発生しない可能性が高い部分に限り、取引価格に含める」と遠回しの規定の仕方をしています。

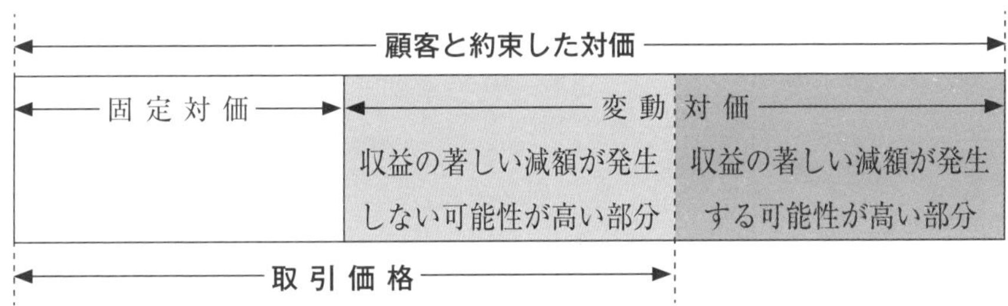

(1) リベート（売上割戻）

リベートとは、一定期間に多額または多量の販売をした顧客に対して行う商品代金の免除や金銭の払戻しをいいます。

リベート（売上割戻）のうち収益の著しい減額が発生する可能性が高い部分については、返金が見込まれる場合、**返金負債**として計上します。

売掛金と相殺する場合と、顧客に現金で支払う場合があります。ここでは、「収益認識に関する会計基準の適用指針」の設例にしたがって、顧客に現金で支払う場合についてみていきます。

Ch 9 収益認識

例

●次の取引の仕訳を示しなさい。

当社は、得意先B社に商品を10,000円で掛け販売した。B社に対する過去の販売実績より、当期の販売金額のうちB社に返金する可能性が高いリベートを500円と見積もった。
この500円について、取引価格に含めないものとする。

⑴商品の販売

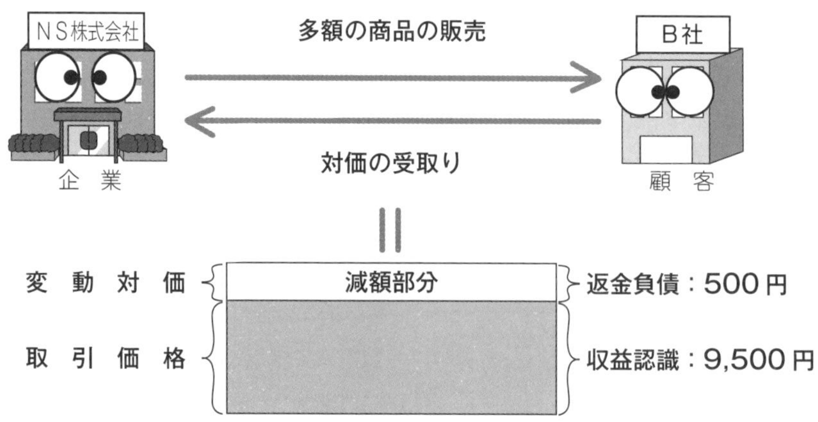

⑵リベートの支払い

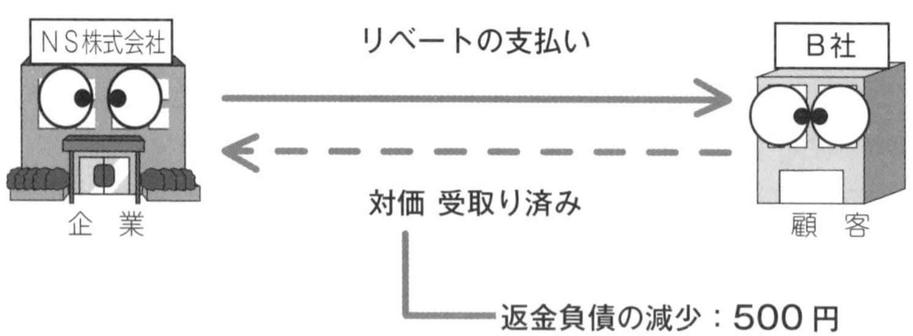

(借) 売掛金	10,000	(貸) 売上	9,500
		返金負債	500

返金負債とは、顧客に返金する義務を負債として計上したものです。

なお、実際には商品販売時に販売金額で売上計上し、期末などリベート見積り時に返金負債を計上する処理も考えられます。

⑴販売時

(借) 売掛金	10,000	(貸) 売上	10,000

⑵リベート見積り時

(借) 売上	500	(貸) 返金負債	500

また、リベート支払時に返金負債を減らします。

(借) 返金負債	500	(貸) 現金	500 ※

※　売上割戻について売掛金と相殺する場合には、
(借)返金負債 500　(貸)売掛金 500 となります。

➡ トレーニングの 問題2 へ！

⑵ 返品権付き販売

返品権付き販売とは、顧客に、商品を返品し支払った代金の返金を受ける権利が付与されている販売契約をいいます。

返品権付き販売をしたときは、**返品による返金が見込まれる分**について売上計上せず、**返金負債として認識**します。

また、顧客から**商品を回収する権利を返品資産として認識**します。

例

●次の取引の仕訳を示しなさい。商品の記帳方法は売上原価対立法による。

1. 商品を 5,000 円で得意先 B 社に掛け販売した。なお、顧客が未使用の商品を 30 日以内に返品する場合、全額、返金に応じる契約となっている。商品の原価率は 60%である。
　これまでの販売実績よりこのうち 1,000 円の返品が見込まれたため、取引価格に含めないものとする。

2. B 社より 1,000 円(売価)の返品があり、代金は現金で支払った。

⑴ 商品の販売

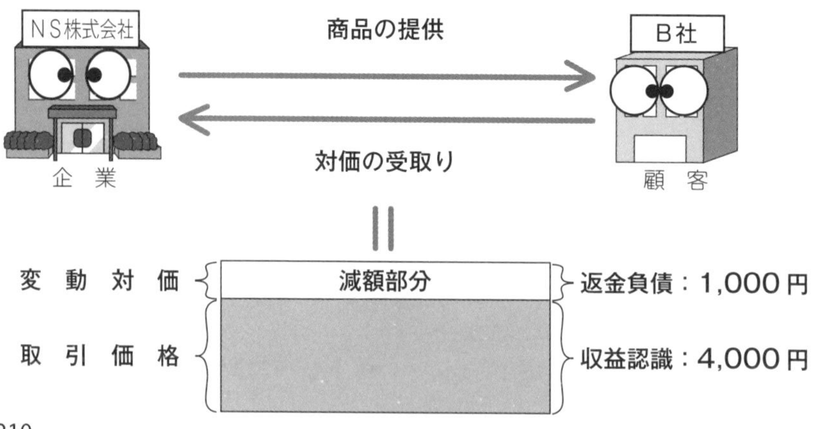

⑵商品の返品

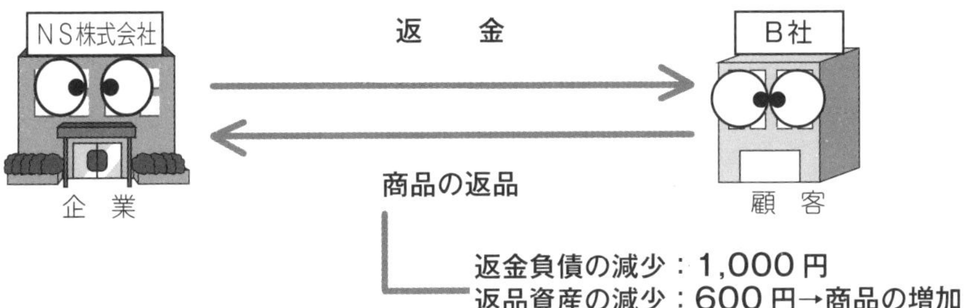

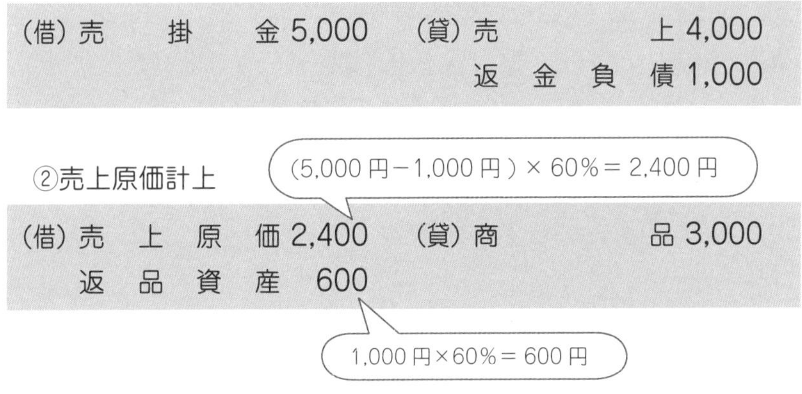

⑴商品の販売

①収益計上

(借) 売掛金	5,000	(貸) 売上	4,000
		返金負債	1,000

②売上原価計上

(5,000円－1,000円) × 60% = 2,400円

(借) 売上原価	2,400	(貸) 商品	3,000
返品資産	600		

1,000円×60% = 600円

⑵商品の返品

①返金

(借) 返金負債	1,000	(貸) 現金	1,000

②商品の返品

(借) 商品	600	(貸) 返品資産	600

➡ トレーニングの 問題3 へ！

参考 変動対価の見積り方法

重要度★

契約において約束された対価に変動性のある金額を含んでいる場合には、企業は期待値法または最頻値法のうち、企業が権利を得ることとなる**対価の額をより適切に予測できる方法**を用いて見積もります。

(1) 期待値法

発生しうると考えられる対価の額を、確率で加重平均した金額の合計額とする方法です。

(2) 最頻値法（さいひんちほう）

発生しうると考えられる対価のうち、最も可能性の高い金額とする方法です。

例

●次の取引について、期待値法と最頻値法により変動対価を見積もった場合の仕訳をそれぞれ答えなさい。

(1)当社は×1年6月1日に商品を1個あたり100円で300個掛け販売する契約をB社と締結した。

(2)×1年度中のB社への年間見込販売量とリベート率は次のとおりである。このリベートについては取引価格に含めない。

年間見込販売量	リベート率	発生確率
1,500個～1,999個	3％	30%
1,000個～1,499個	2％	60%
1個～999個	0％	10%

例えば、年間の販売量が1,000個であった場合、2％のリベートをB社に支払う。

(3)×1年6月1日にB社に商品300個を引渡し売上計上を行うとともに、リベートの見積り分について返金負債を計上した。

(1)期待値法による場合

加重平均したリベート率：3％×30％＋2％×60％＋0％×10％
＝2.1％

@100円×300個＝30,000円

30,000円－630円＝29,370円

(借)	売掛金	30,000	(貸)	売上	29,370
				返金負債	630

30,000円×2.1％＝630円

(2)最頻値法による場合

発生確率の最も高い60％のリベート率2％を用いてリベート支払額を計算します。

4 重要な金融要素

重要度 ★★★

顧客との契約に重要な金融要素（金利部分）が含まれる場合、取引価格の算定にあたっては、約束した対価の額に含まれる金利相当分の影響を調整します。

具体的には、**収益を現金販売価格で計上し、金利部分については受取利息として決済期日まで配分します。**

商品またはサービスを移転してから顧客が支払いを行うまでの期間が１年以内である場合には、金利相当分の影響を調整しない（金利相当分も含めて売上計上）ことができます。

例

●次の取引の仕訳を示しなさい。当期は×１年４月１日から×２年３月31日までの１年である。

１．取引日（×１年４月１日）

当社はＢ社に商品を販売し、代金を２年後の決済とした。Ｂ社への販売価格は、現金販売価格2,000,000円に金利（年５％）を含んだ2,205,000円である。当社では取引価格に重要な金利部分が含まれていると判断し、利息法により利息を配分することとした。

２．期末（×２年３月31日）

金利部分のうち当期分について利息を計上する。

３．期末（×３年３月31日）

金利部分のうち当期分について利息を計上するとともに、売掛金2,205,000円を現金で回収した。

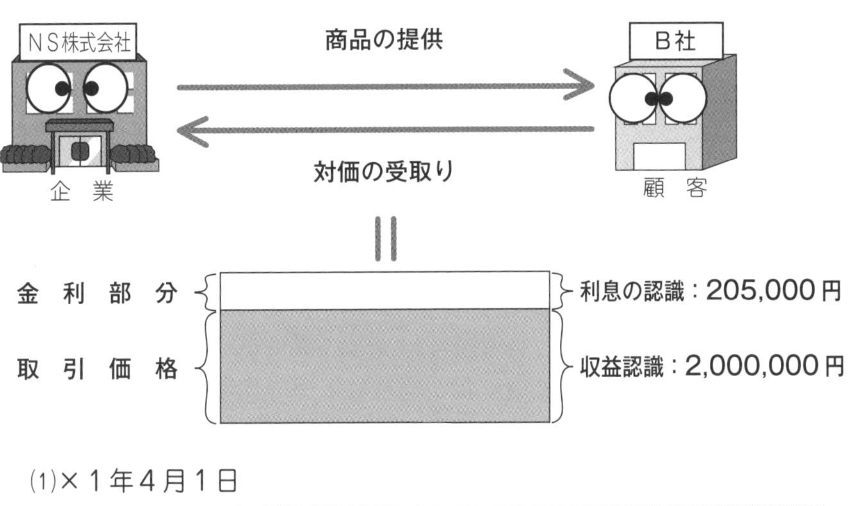

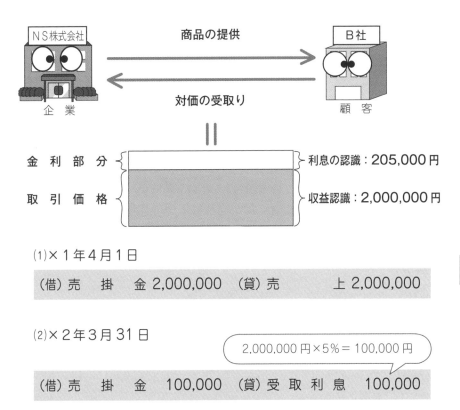

(1)×1年4月1日

(借)売掛金	2,000,000	(貸)売上	2,000,000

(2)×2年3月31日

2,000,000円×5%＝100,000円

(借)売掛金	100,000	(貸)受取利息	100,000

(3)×3年3月31日

(2,000,000円＋100,000円)×5%＝105,000円

(借)売掛金	105,000	(貸)受取利息	105,000
(借)現金	2,205,000	(貸)売掛金	2,205,000

注）定額法の場合には（2,205,000円－2,000,000円）÷2年＝102,500円を各期の利息とします。

➡ トレーニングの 問題4 へ！

Ch 9 収益認識

5 第三者のために回収する額

重要度 ★★★

取引価格は、商品やサービスの顧客への移転と交換に、企業が権利を得る対価の額となります。しかし、**代理人取引に該当する場合の代金回収や消費税の受取りは、**当社のために回収する額ではなく、第三者のために回収する額であるため、**取引価格には含めません**。

(1) 代理人取引

他社が顧客に対して行う商品やサービスの提供を、当社が他社から請け負っているにすぎない場合には、当社は取引の代理人に該当します。

当社が**取引の代理人にすぎないときは、他社から受け取る手数料の金額**（顧客から受け取る額から他社に支払う額を引いた金額）**を収益として計上**します。

例

●次の取引の仕訳を示しなさい。ただし、決算日は毎年３月31日とする。

1．商品販売時

(1) 当社は、Ｃ社から商品の販売を請け負っており、当社の店舗で商品の販売を行っている。

商品が当社に納品されたときに当社は商品の検収を行っておらず、商品の所有権および保管責任はＣ社が有している。そのため、商品納品時に、当社では仕入計上を行っていない。

(2) 当社は、顧客に商品を10,000円で販売し、代金は現金で受け取った。販売した商品の当社の仕入値は7,000円であり、Ｃ社に後日支払う。

2．代金送付時

Ｃ社に、買掛金7,000円を現金で支払った。

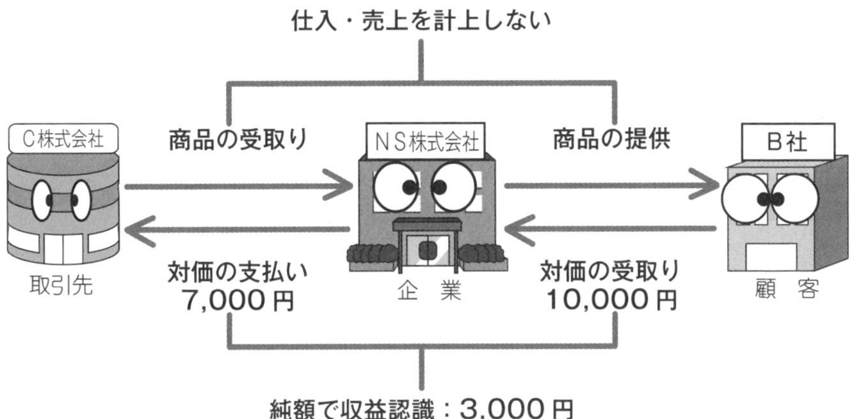

1．商品販売時

当社が取引の代理人にすぎない場合、商品の仕入・販売を行っても、売上と売上原価を計上せずに、純額の手数料部分を収益に計上します。

（借）現	金 10,000	（貸）手数料収入 または受取手数料	3,000
		買掛金	7,000

2．代金送付時

（借）買掛金	7,000	（貸）現金	7,000

➡ トレーニングの 問題5 へ！

(2) 消費税

消費税は、顧客が国や地方公共団体に支払うものを当社が回収しているにすぎないため、取引価格には含めません。そのため、「収益認識に関する会計基準」を適用する場合、税抜方式で処理することになります。

なお、「収益認識に関する会計基準」を適用しなくてもよい中小企業では、従来どおり税抜方式と税込方式が認められます。

例

●次の各取引の仕訳を示しなさい。ただし、決算日は毎年３月31日とする。消費税率は10%とする。

1．当社は、顧客に商品Ａを5,500円（税込）で掛け販売した。
2．当社は、顧客に商品Ｂを掛け販売した。販売金額は、税抜きで10,000円、税込みで11,000円である。なお、10,000円のうち将来、顧客に支払うリベートを500円と見積もった。この500円については返金負債を計上する。

1．商品販売

(借)		(貸)	
売掛金	5,500	売上	5,000
		仮受消費税	500

2．変動対価がある場合

消費税法上、変動対価という考え方はないため、販売金額10,000円に対して1,000円の仮受消費税を計上します。

（借）売　掛　金	11,000	（貸）売　　　上	9,500
		返 金 負 債	500
		仮受消費税	1,000

仕訳の科目について

本書は、「収益認識に関する会計基準の適用指針」の設例の科目にもとづいて説明しています。しかし、企業が仕訳をするにあたっては、より詳細な勘定科目を用いることが考えられます。

例えば、この後「契約負債」という科目がよく出てきますが、企業が仕訳をするにあたってすべて「契約負債」で処理してしまうと、企業内で詳細な残高の把握と管理が難しくなります。

簿記の試験では、用いる勘定科目について問題文や答案用紙に指示が入ると思いますので、それに従って解答するようにしてください。

●契約資産、契約負債、返金負債の違いを意識しましょう！

収益認識に係る個別論点

本書では、本試験での重要性を考慮し、商品券の発行、ポイント制度、契約資産が計上される場合についてみていきます。

1 商品券

重要度 ★★

当社が商品券を発行し商品券の代金を受け取り、後日、顧客が商品購入時に商品券を提示し代金の支払いに充てることがあります。

商品またはサービスを提供する**履行義務を充足する前に顧客から支払いを受けたときは、契約負債を計上します。**

そして、履行義務を充足したときに契約負債を減少させ、収益を計上します。

例

●次の取引の仕訳を示しなさい。

1．当社は商品券11,000円を発行し、顧客より現金を受け取った。

2．7,000円の商品券の提示を受け、同額の商品を引き渡した。

(1) 商品券の発行

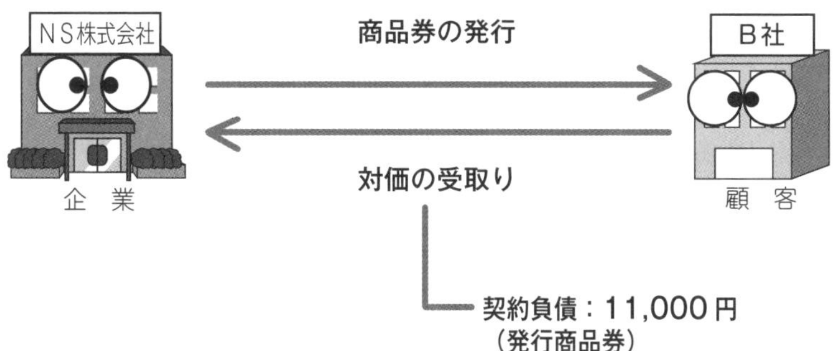

(2) 商品券の提示と商品の提供

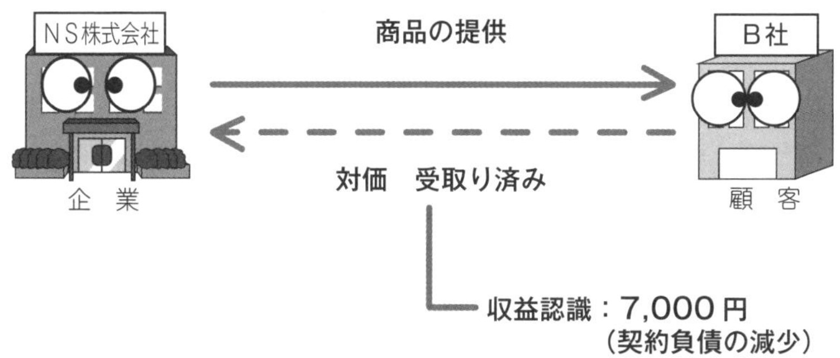

①商品券発行時

(借)	現金	11,000	(貸)	契約負債 または発行商品券	11,000

②商品の提供

(借)	契約負債 または発行商品券	7,000	(貸)	売上	7,000

非行使部分がある場合の商品券の処理

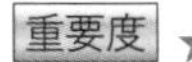

★

商品券の中には有効期限が設定されていて、その有効期限を過ぎたら失効するものがあります。

また、有効期限が設定されていなくても、発行した商品券がいつまでたっても使用されないこともあります。

対価を受け取った**商品券のうち使用されないと見込まれる部分（権利非行使部分）について過去の実績から企業が権利を得ると見込む場合は**、一括して収益計上をせずに、**権利行使のパターンと比例的に収益を計上**します。

例

●次の取引の仕訳を示しなさい。

(1)当社は、×１期に商品券 11,000 円を発行し、顧客より現金を受け取った。
なお、商品券の過去の使用実績から、商品券発行額のうち 1,000 円を非行使部分と見積もった。

(2)×１期に 3,000 円の商品券の提示を受け、商品を引き渡した。

(3)非行使部分 1,000 円のうち、×１期の権利行使分に対応する分を雑収入として計上した。

(4)×２期に 7,000 円の商品券の提示を受け、商品を引き渡した。

(5)非行使部分 1,000 円のうち、×２期の権利行使分に対応する分を雑収入として計上した。

(1)商品券の発行

(借) 現　　金	11,000	(貸) 契約負債	11,000

(2)商品の提供（×1期）

商品提供分について契約負債から収益に振り替えます。

(借) 契約負債	3,000	(貸) 売　　上	3,000

(3)非行使部分の収益計上

権利非行使部分の金額に権利行使割合を掛けた金額を収益として認識します。

$$収益認識額 = 権利非行使部分 \times \frac{権利行使額}{権利行使見込み総額}$$

$$1{,}000円 \times \frac{3{,}000円}{10{,}000円} = 300円$$

(借) 契約負債	300	(貸) 雑 収 入	300

(4)商品の提供（×2期）

(借) 契約負債	7,000	(貸) 売　　上	7,000

(5)非行使部分の収益計上

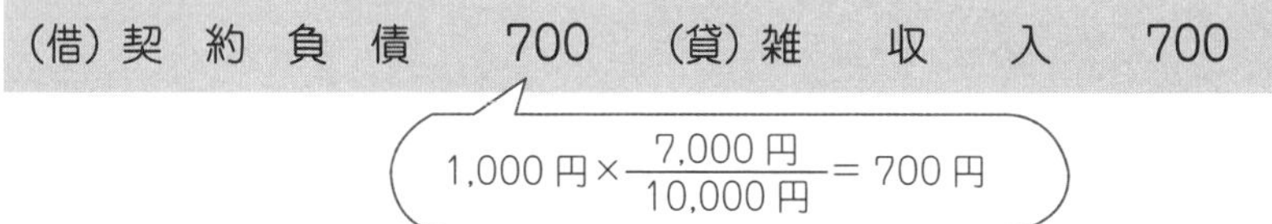

(借) 契約負債	700	(貸) 雑 収 入	700

$$1{,}000円 \times \frac{7{,}000円}{10{,}000円} = 700円$$

➡ トレーニングの 問題6 へ！

Ch 9 収益認識

イメージ図を示すと次のようになります。

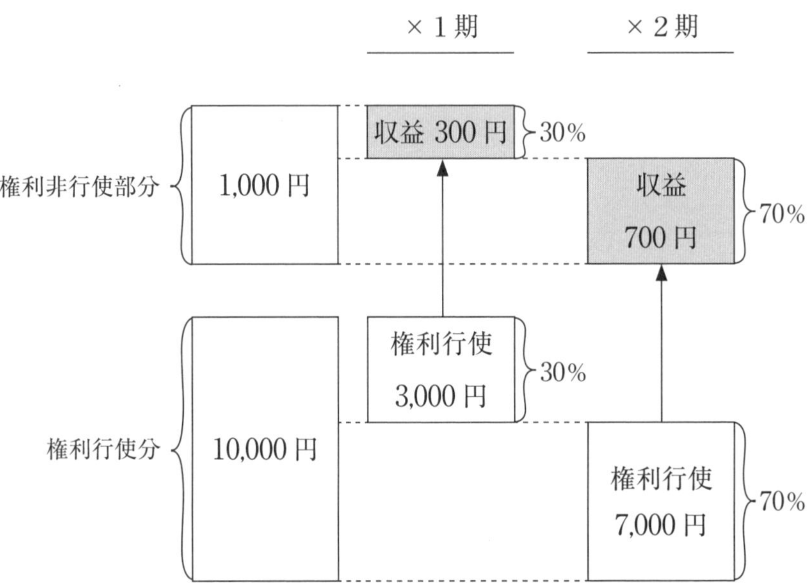

2　ポイント制度（カスタマー・ロイヤルティ・プログラム）　重要度 ★★

(1) ポイント制度とは

小売業やサービス業において、販売促進などを目的として、顧客にポイントを付与し、顧客はポイントと交換に商品を受け取ったり、次回、商品を購入するときの購入代金にあてることがあります。これをポイント制度といいます。

ポイント制度は、運営を自社が行うか他社が行うかにより自社ポイントと他社ポイントに分かれます。

カスタマー・ロイヤルティ・プログラムとは、顧客（カスタマー）がブランドや商品に対する信頼（ロイヤルティ）を高めるための施策（プログラム）をいいます。具体的にはコンビニ、家電量販店、携帯電話会社などにおけるポイント制度もその１つです。

(2) 自社ポイントの処理

自社ポイントにおいて、顧客に付与したポイントが重要な権利の提供と判断される場合には、ポイントによる顧客の権利を当社の履行義務として認識します。

具体的には、ポイント付与時に**ポイント使用見込み分について、商品等の引渡し義務を契約負債として計上**します。

例

●次の取引の仕訳を示しなさい。なお、円未満の端数が生じたときは四捨五入する。

当社はポイント制度を採用しており、販売価格100円につき1ポイントを付与し、顧客は次回以降に、1ポイント1円で商品と交換できる。

(1)×1年度に商品を125,000円で現金販売し、顧客に1,250ポイントを付与した。

1,250ポイントのうち過去の実績より80%分の1,000ポイントは使用を見込んでおり、残り20%分の250ポイントは未使用と見込んでいる。

商品の独立販売価格は125,000円、ポイントの独立販売価格は使用見込みを考慮して1,000円と見積もられた。

(2)×2年度の商品販売額は150,800円であり、そのうち現金売上は150,000円、×1年度に付与したポイント使用による売上は800円であった。顧客に付与したポイントは1,500ポイントであり、20%の未使用を見込んでいる。使用見込み総ポイントの変更はなかった。

商品の独立販売価格は150,000円、ポイントの独立販売価格は、1,200円と見積もられた。

商品売上およびポイント付与の仕訳と、ポイントの利用の仕訳を分けて行う。

(1)商品の引き渡し（×1年度）

顧客から得た対価125,000円を、独立販売価格の比率で商品販売分とポイント使用見込み分に配分します。商品販売分を収益計上し、ポイント使用見込み分を契約負債として計上します。

$$125,000円 \times \frac{125,000円}{125,000円 + 1,000円} = 124,007.93\cdots \rightarrow 124,008円$$

(借) 現金	125,000	(貸) 売上	124,008
		契約負債	992

$$125,000円 \times \frac{1,000円}{125,000円 + 1,000円} = 992.06\cdots \rightarrow 992円$$

(2)商品の引き渡し（×２年度）

$$150,000円 \times \frac{150,000円}{150,000円 + 1,200円} = 148,809.52\cdots \rightarrow 148,810円$$

(借) 現金	150,000	(貸) 売上	148,810
		契約負債	1,190

$$150,000円 \times \frac{1,200円}{150,000円 + 1,200円} = 1,190.47\cdots \rightarrow 1,190円$$

(3)ポイントの使用

ポイントが使用されるに応じてポイントに係る契約負債を収益に振り替えます。

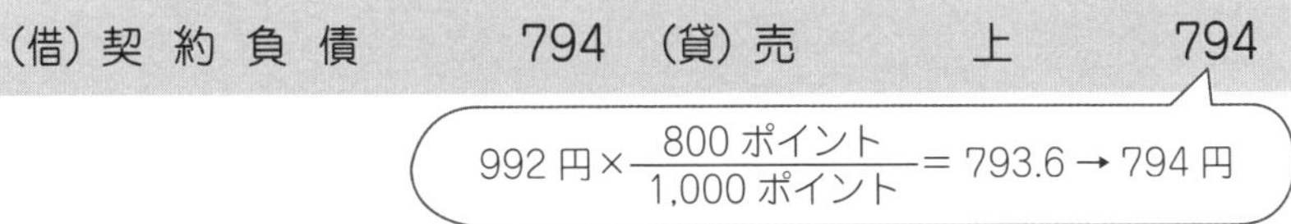

$$収益認識額 = ポイントへの配分額 \times \frac{使用ポイント}{使用見込み総ポイント}$$

(借) 契約負債	794	(貸) 売上	794

$$992円 \times \frac{800ポイント}{1,000ポイント} = 793.6 \rightarrow 794円$$

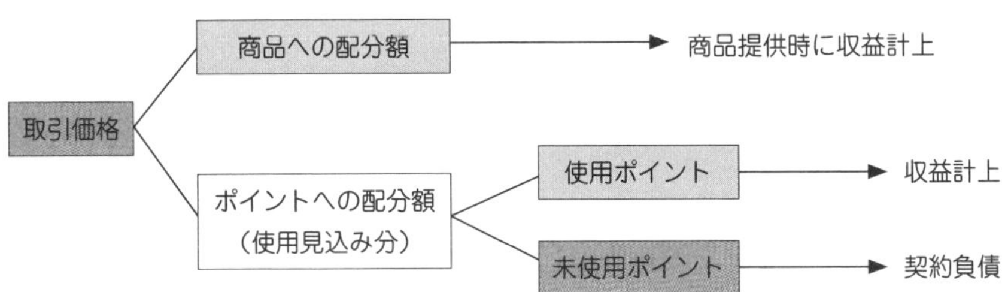

使用見込み総ポイントの変更

重要度★

ポイント付与時にポイント使用見込み分について計上した契約負債については、ポイントを使用した期に契約負債を取り崩しして、売上に振り替えます。

使用されると見込むポイントの総数は、会計期間ごとに見直します。ここで、使用見込み総ポイントを変更した場合、契約負債から売上に振り替える額は、次の式で計算します。

収益認識額

$$=\text{ポイントへの配分額}\times\frac{\text{使用ポイント累計額}}{\text{変更後使用見込み総ポイント}}-\text{前期以前収益計上額}$$

例

●次の取引について、×1年度と×2年度の契約負債から売上に振り替える仕訳を示しなさい。なお、円未満の端数が生じたときは四捨五入する。

(1)×1年度に顧客に1,250ポイントを付与した。1,250ポイントのうち1,000ポイントは使用を見込んでいる。この1,000ポイントについて992円の契約負債を計上している。

(2)×1年度に上記ポイントのうち500ポイントが使用された。

(3)×2年度に上記ポイントのうち300ポイントが使用された。×2年度において使用見込み総ポイントを1,200ポイントに変更した。これらを表にまとめると次のとおりである。

	×1年度	×2年度
使用ポイント	500	300
使用ポイント累計	500	800
使用見込み総ポイント	1,000	1,200

(1)×１年度

(借) 契約負債	496	(貸) 売上	496

$$992円 \times \frac{500ポイント}{1{,}000ポイント} = 496円$$

(2)×２年度

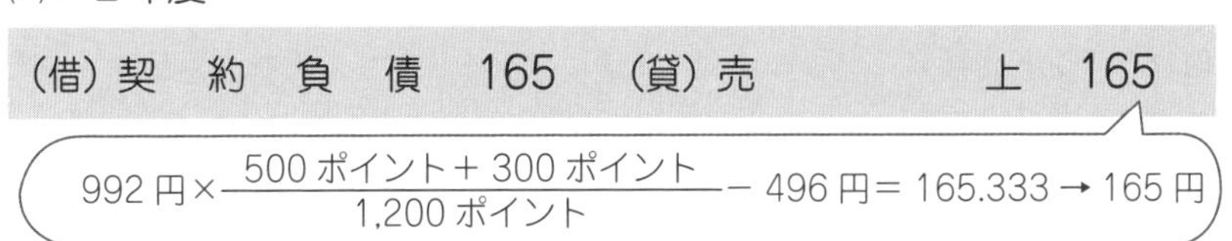

(借) 契約負債	165	(貸) 売上	165

$$992円 \times \frac{500ポイント + 300ポイント}{1{,}200ポイント} - 496円 = 165.333 \rightarrow 165円$$

×１年度

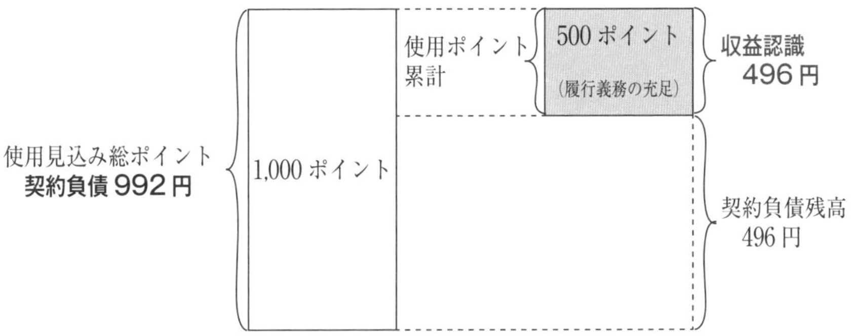

×２年度

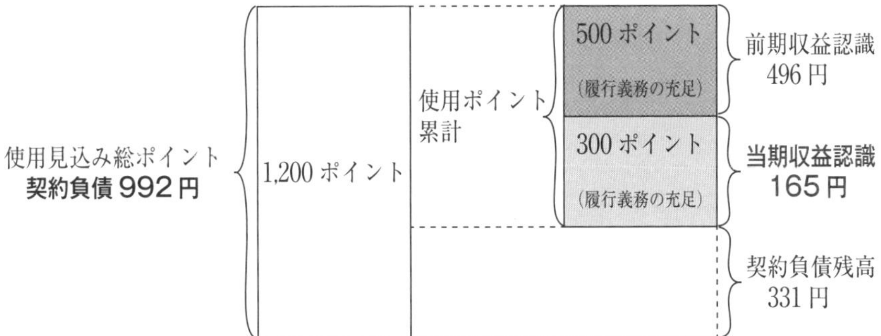

➡ トレーニングの 問題7 へ！

他社ポイントの処理

重要度★

自社の商品の販売に伴い、顧客に他社のポイント*を付与し、企業はポイント付与分について他社に代金を支払うことがあります。

＊　共通ポイントと呼ぶこともあります。

他社がポイント制度の運営に関する責任を負っている場合、商品の販売代金のうち**他社ポイント相当分**については、ポイント制度を運営する**他社（第三者）のために回収する額**と考え、収益に含めず他社に対する**未払金として計上**します。

【例】　小売業を営む当社は、乙社が運営する共通ポイント制度に加盟している。当社で商品を購入した顧客に対し100円につき乙社のポイントが1ポイント付与される。ポイント付与後に当社は乙社に連絡し、1ポイントにつき1円を乙社に支払う。このポイントは当社に履行義務が生じる重要な権利ではないものとする。

(1)顧客に商品を現金で10,000円で販売し、乙社のポイント100ポイントを付与した。

(2)当社は乙社に100ポイント相当額の100円を現金で支払った。

(1)ポイント付与時

（借）現　　金	10,000	（貸）売　　上	9,900*
		未　払　金	100

＊　10,000円－100円＝9,900円

(2)ポイント支払時

（借）未　払　金	100	（貸）現　　金	100

3 契約資産が計上される場合　重要度 ★★

1つの契約の中に1つの履行義務がある場合、企業が顧客に対して履行義務を充足したときに、顧客の支払義務と、企業の顧客に対する法的な債権が発生し、売掛金を計上します。

一方、1つの契約の中に2つの履行義務があり、2つの履行義務を充足してはじめて顧客に支払義務が発生する契約を締結する場合があります。

その場合、最初の履行義務を充足したときは、顧客の支払義務及び法的な債権が発生していません。このように**履行義務を充足しても法的な債権（顧客の支払義務）として発生していないときは、契約資産を計上します。**

顧客に支払義務が発生していなくても、履行した義務と交換に企業が受け取る対価に対する権利は生じるため、契約資産として計上します。

「収益認識に関する会計基準」の出題について

日本商工会議所より「収益認識に関する会計基準」は、2022年6月より出題範囲に入ることが公表されています。なお、本書の刊行後に、日本商工会議所より「収益認識に関する会計基準」の出題について新たな情報が発信された場合には、弊社ネットスクールのホームページにおいてその内容をアップする予定です。

ネットスクールホームページ　https://www.net-school.co.jp/

⇨「読者の方へ」⇨「日商簿記1級」⇨「（新）サクッとシリーズ」

例

●次の取引の仕訳を示しなさい。当社の決算日は３月 31 日である。

⑴当社は、Ｂ社と商品Ｘ及び商品Ｙを合わせて 10,000 円で販売する契約を締結した。10,000 円の対価は、当社が商品Ｘと商品Ｙの両方をＢ社に移転した後にはじめて支払われる契約となっている。

⑵商品Ｘの独立販売価格は 4,400 円、商品Ｙの独立販売価格は 6,600 円である。

⑶×１年３月１日に商品ＸをＢ社に移転した。

⑷×１年５月１日に商品ＹをＢ社に移転した。

⑴商品Ｘの引渡し

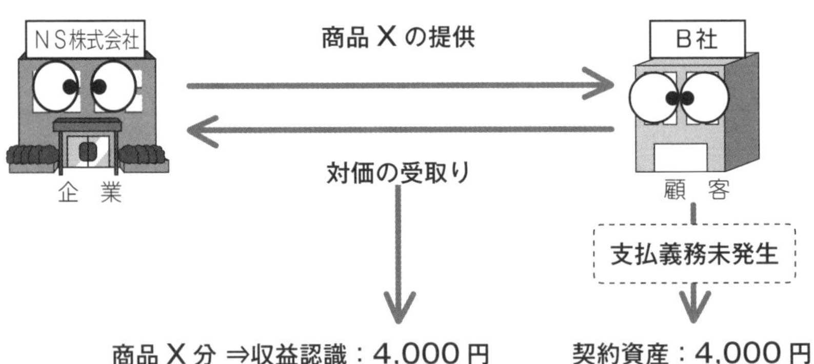

⑵商品Ｙの引渡し

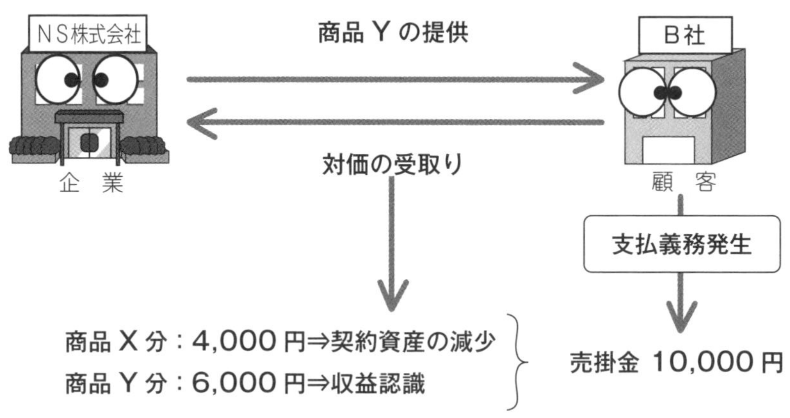

⑴商品Ｘの引渡し時（×１年３月１日）

(借)	契約資産	4,000	(貸)	売上	4,000

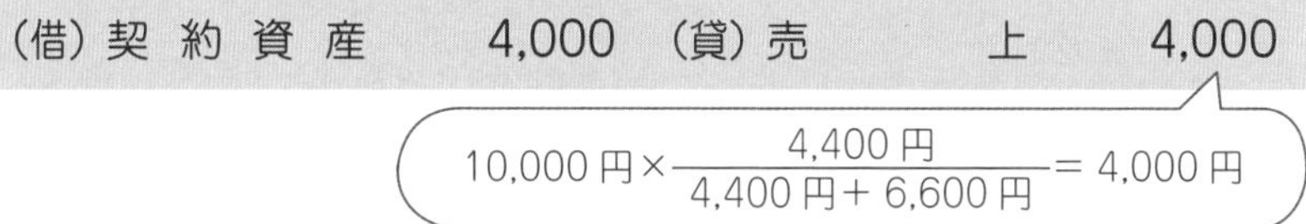

$$10{,}000円 \times \frac{4{,}400円}{4{,}400円 + 6{,}600円} = 4{,}000円$$

⑵商品Ｙの引渡し時（×１年５月１日）

商品Ｘと商品Ｙの両方の引渡しにより顧客に支払義務が発生するため、商品Ｘについて契約資産から売掛金に振り替えます。

また、商品Ｙについて収益と売掛金の計上を行います。

(借)	売掛金	10,000	(貸)	契約資産	4,000
				売上	6,000

$$10{,}000円 \times \frac{6{,}600円}{4{,}400円 + 6{,}600円} = 6{,}000円$$

➡ トレーニングの 問題8 へ！

4 契約資産、債権、契約負債、返金負債の違い 重要度 ★★

「収益認識に関する会計基準」の理解では、以下の科目の区別ができるかがポイントです。

特に債権と契約資産については、相手に対する法的な請求権があるかどうかで科目が変わってくる点に注意します。

<table>
<tr><th>種　類</th><th colspan="2">内　　容</th></tr>
<tr><td>債　　権*
(売掛金など)</td><td rowspan="2">企業が顧客に移転した商品またはサービスと交換に受け取る対価に対する企業の権利のうち、</td><td>相手に支払義務が発生し、法的な請求権があるもの。</td></tr>
<tr><td>契約資産</td><td>相手にいまだ支払義務が発生せず、法的な請求権がないもの。</td></tr>
<tr><td>契約負債</td><td colspan="2">商品またはサービスを顧客に移転する前に、企業が顧客から対価を受け取ったもの。</td></tr>
<tr><td>返金負債</td><td colspan="2">顧客から対価を受け取っているものの、その対価の一部または全部を顧客に返金する義務。</td></tr>
</table>

＊「収益認識に関する会計基準」では「顧客との契約から生じた債権」としていますが、売掛金や受取手形などを指します。

5 工事契約と特殊商品売買 重要度 ★

「収益認識に関する会計基準」では、建設業における工事契約に係る収益の認識や、特殊商品売買における収益認識についても規定しています。

工事契約に係る収益の認識については、Chapter10で学習します。

特殊商品売買に係る収益の認識については、Chapter11で学習します。

Chapter 10

工事契約

ここでは、建設業における会計を学習します。
収益の計算方法をしっかりおさえて、
科目についてはざっと
おさえれば十分です！

●ビルやダムなどを施工する土建業の会計です

工事契約の会計(建設業会計)

1 建設業会計とは

重要度 ★

建設業会計とは、ビルやダムなど、大きな土木建築を行う業種における会計をいいます。このような土木建築などの工事契約を受注した会社の収益と原価の処理について見ていきます。

2 工事契約の収益の処理

重要度 ★★

工事契約の収益については「収益認識に関する会計基準」が適用されます。工事契約については工事の開始から完成までに長期間かかることが多いため、一定期間にわたり履行義務を充足します。

一定期間にわたり充足される履行義務については、履行義務の充足に係る進捗度を見積り、その進捗度にもとづき収益を認識します。

工事契約における主な履行義務は、工事を完成させ相手方に引き渡すことです。

(1) 収益認識の要件

工事契約については、履行義務の充足に係る**進捗度を合理的に見積もることができる場合にのみ一定の期間にわたり収益を認識**します。

一方、**進捗度を合理的に見積もることができないが**、履行義務を充足する際に**発生する費用を回収することが見込まれる場合**には、進捗度を合理的に見積もることができるまで**原価回収基準により処理**します。

工事の進捗度
- 合理的に見積もることができる → **進捗度にもとづき収益を認識**
- 合理的に見積もることができないが発生する費用を回収できる → **原価回収基準により収益を認識**

工事の開始から引渡しまでの期間がごく短い場合（1年以内など）には、一定の期間にわたり収益を認識せず、引き渡した時点で収益を認識することができます。

なお、工事の開始段階では工事の進捗度を合理的に見積もることができずに原価回収基準を適用した場合でも、その後、工事の進捗度を合理的に見積もることができるようになったときは一定期間にわたり収益を認識する方法に変更します。

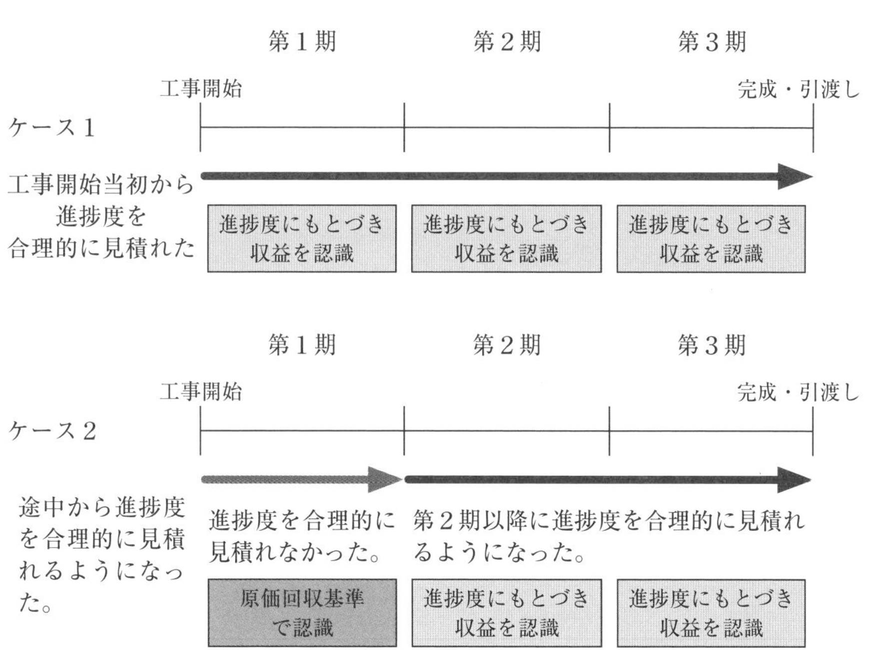

前頁の他に、工事開始当初に進捗度を合理的に見積もることができないときに、工事の初期段階では収益認識をせずに、進捗度を合理的に見積もることができるようになった時点から収益を認識する方法もあります。

3　進捗度にもとづき収益を認識する方法　重要度★★

進捗度に基づき収益を認識する場合には、各決算時において、**工事の進捗状況（工事進捗度）に応じて**収益（**完成工事高**）を計上します。

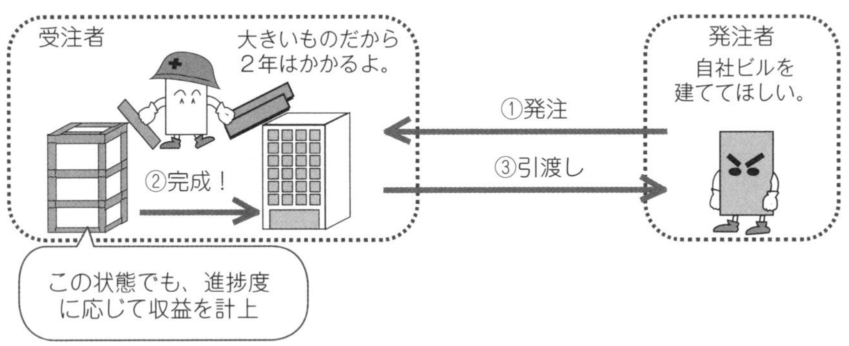

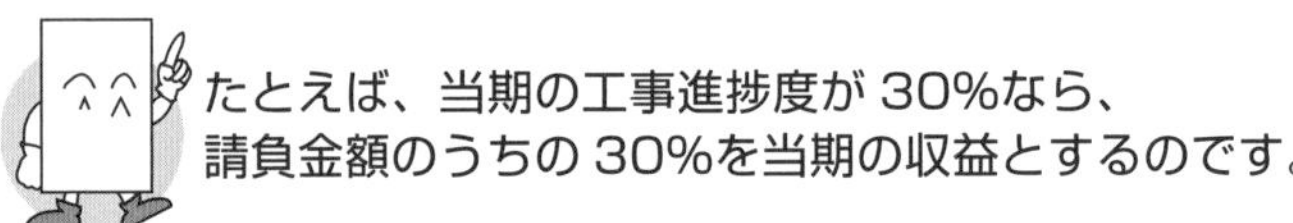

たとえば、当期の工事進捗度が 30%なら、
請負金額のうちの 30%を当期の収益とするのです。

各決算時において工事進捗度を見積もる方法のひとつに**原価比例法**（決算日までに実際に発生した工事原価の、工事原価総額に占める割合を工事進捗度とする方法）があります。

原価比例法による場合の各期の工事収益は、次の計算式によって求めます。

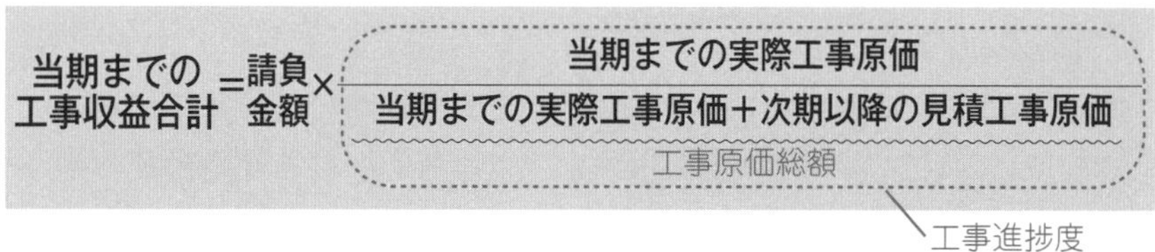

当期までの工事収益合計
=請負金額×
当期までの実際工事原価
当期までの実際工事原価＋次期以降の見積工事原価
工事原価総額
工事進捗度

当期の工事収益＝当期までの工事収益合計－前期までの工事収益合計

なお、各期に発生した工事原価は、各期の**完成工事原価**（商品売買でいう売上原価）として計上します。

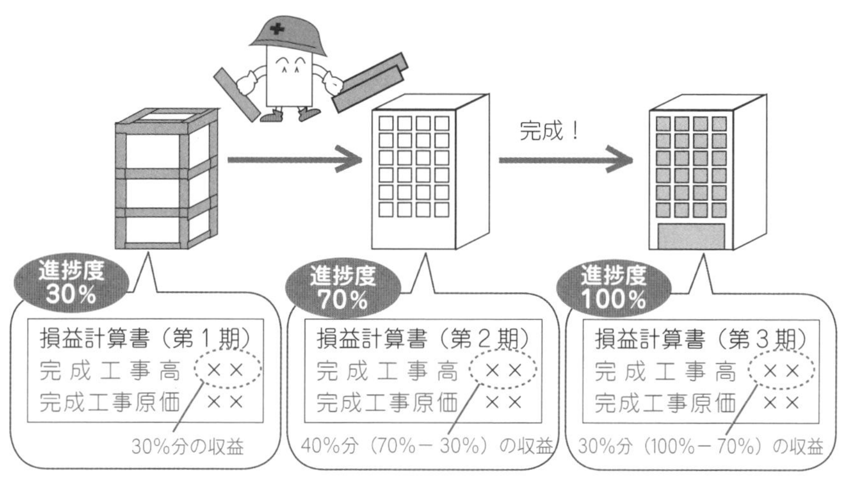

Ch 10 工事契約

例

●次の資料にもとづき、各期の工事収益、工事原価、工事利益を計算しなさい。
●工事請負金額は360万円、見積総工事原価は240万円である。この工事について、一定期間にわたり充足される履行義務と判断し、進捗度を合理的に見積もることができるため、一定期間にわたり原価比例法により収益を認識する。
●実際に発生した原価は次のとおりである。
第1期：48万円　第2期：120万円　第3期：72万円
●工事の完成・引渡しは第3期末に行われた。

●各期の工事収益、工事原価、工事利益

	第1期	第2期	第3期
工事収益	72万円	180万円	108万円
工事原価	48万円	120万円	72万円
工事利益	24万円	60万円	36万円

第1期の工事収益

$$360\text{万円}\times\frac{48\text{万円}}{240\text{万円}}=72\text{万円}$$

第2期の工事収益

$$360\text{万円}\times\frac{48\text{万円}+120\text{万円}}{240\text{万円}}=252\text{万円}$$ ←第1期と第2期の工事収益合計

252万円－72万円＝180万円 ←第2期の工事収益

第3期の工事収益

360万円－（72万円＋180万円）＝108万円 ←最後は差額で求めます

また、工事が長期にわたるため、途中で見積総工事原価および工事請負金額が変更されることもあります。この場合には、**変更した期から、修正後の見積総工事原価および改定後の工事請負金額によって計算**します。

例

- 次の資料にもとづき、各期の工事収益、工事原価、工事利益を計算しなさい。
- 工事請負金額は360万円、見積総工事原価は240万円である。この工事について、一定期間にわたり充足される履行義務と判断し、進捗度を合理的に見積もることができるため、一定期間にわたり原価比例法により収益を認識する。
- 実際に発生した原価は次のとおりである。
  第1期：48万円　第2期：147万円　第3期：50万円
- 原料費の高騰により、第2期に見積総工事原価が260万円に修正された。なお、この影響で工事請負金額は380万円に改定された。
- 工事の完成・引渡しは第3期末に行われた。

- 各期の工事収益、工事原価、工事利益

	第1期	第2期	第3期
工事収益	72万円	213万円	95万円
工事原価	48万円	147万円	50万円
工事利益	24万円	66万円	45万円

第1期の工事収益

$$360\text{万円} \times \frac{48\text{万円}}{240\text{万円}} = 72\text{万円}$$

第2期の工事収益

$$380\text{万円} \times \frac{48\text{万円} + 147\text{万円}}{260\text{万円}} = 285\text{万円}$$ ←第1期と第2期の工事収益合計

285万円－72万円＝213万円 ←第2期の工事収益

第3期の工事収益

380万円－（72万円＋213万円）＝95万円 ←最後は差額で求めます

➡ トレーニングの 問題1 へ！

4 原価回収基準

重要度★★

原価回収基準とは、履行義務を充足する際に発生する費用のうち、回収することが見込まれる費用の金額で収益を認識する方法をいいます。

工事の進捗度を合理的に見積もることができない場合でも、顧客の都合で工事契約がキャンセルされたときは、顧客に対して発生したコスト分の金額を損害賠償で請求できると考えられます。このことから発生した原価と同額の収益を認識するのが原価回収基準です。

(1) 完成時まで工事の進捗度を合理的に見積もることができなかった場合

完成時まで原価回収基準を適用します。

例

●次の資料にもとづき、各期の工事収益、工事原価および工事利益を示しなさい。

●工事収益総額　360万円

●この工事について、一定期間にわたり充足される履行義務と判断した。進捗度を合理的に見積もることができないが発生費用の回収が見込まれるため、原価回収基準により収益を認識する。

●工事原価実際発生額

第1期：48万円　第2期：120万円　第3期：72万円

工事は第3期に完成し、顧客に引き渡した。

●各期の工事収益、工事原価、工事利益

	第1期	第2期	第3期
工事収益	48万円	120万円	192万円
工事原価	48万円	120万円	72万円
工事利益	0万円	0万円	120万円

第１期・第２期

工事原価と同額の工事収益が計上されます。

第３期

工事を完成・引渡した期に残りの工事収益を計上します。

工事収益：360万円－（48万円＋120万円）＝192万円

工事収益の金額は各期に配分されますが、工事利益は工事を完成・引渡した期に全額計上されます。

⑵ 工事の途中で、進捗度を合理的に見積もることができるようになった場合

進捗度を合理的に見積もることができなかった期までは原価回収基準を適用し、進捗度を合理的に見積もることができるようになった期から、一定期間にわたり収益を認識します。

例

- 次の資料にもとづき、各期の工事収益、工事原価および工事利益の金額を答えなさい。
- 工事収益総額　360万円
- この工事について、一定期間にわたり充足される履行義務と判断した。第１期については工事の進捗度を合理的に見積もることができないが発生費用の回収が見込まれるため、原価回収基準を適用する。
- 第２期より見積工事原価総額240万円が判明し、進捗度を合理的に見積もることができるようになったため、原価比例法により収益を認識する。
- 工事原価実際発生額

  第１期：48万円　第２期：120万円　第３期：72万円

●各期の工事収益、工事原価、工事利益

	第1期	第2期	第3期
工事収益	48万円	204万円	108万円
工事原価	48万円	120万円	72万円
工事利益	0万円	84万円	36万円

第1期

工事原価と同額の工事収益を計上します。

第2期

原価比例法を用いて工事収益を計上します。

$$360万円 \times \frac{48万円 + 120万円}{240万円} - 48万円 = 204万円$$

第3期

残りの工事収益を計上します。

工事収益：360万円－（48万円＋204万円）＝108万円

➡ トレーニングの 問題2 へ！

基本問題

次の資料にもとづき、当社が請け負った工事について以下の各場合における各期の工事収益、工事原価および工事利益を示しなさい。

なお、この工事は一定期間にわたり充足される履行義務である。

(1)履行義務の充足に係る進捗度を合理的に見積もることができる場合

(2)工事開始当初は進捗度を合理的に見積もることができなかったが発生費用の回収が見込まれたため原価回収基準で収益を認識していたが、第2期より見積工事原価総額が判明し、進捗度を合理的に見積もることができるようになった場合

【資料】

① 工事請負金額　2,400万円

② 見積総工事原価　1,600万円

③ 実際発生原価

第1期：240万円　第2期：720万円　第3期：640万円

④ 工事の完成、引渡しは第3期に行われた。

答案用紙

(1)

（単位：万円）

	第1期	第2期	第3期
工事収益			
工事原価			
工事利益			

(2)

（単位：万円）

	第1期	第2期	第3期
工事収益			
工事原価			
工事利益			

(1)

(単位：万円)

	第1期	第2期	第3期
工事収益	360 *1	1,080 *2	960 *3
工事原価	240	720	640
工事利益	120	360	320

＊1　第1期　工事収益：$2{,}400万円 \times \dfrac{240万円}{1{,}600万円} = 360万円$

＊2　第2期　工事収益：$2{,}400万円 \times \dfrac{240万円 + 720万円}{1{,}600万円} = 1{,}440万円$

$1{,}440万円 - 360万円 = 1{,}080万円$

＊3　第3期　工事収益：2,400万円－（360万円＋1,080万円）＝960万円

(2)

(単位：万円)

	第1期	第2期	第3期
工事収益	240 *1	1,200 *2	960 *3
工事原価	240	720	640
工事利益	0	480	320

＊1　第1期　工事収益：第1期の工事原価

＊2　第2期　工事収益：$2{,}400万円 \times \dfrac{240万円 + 720万円}{1{,}600万円} - 240万円$

$= 1{,}200万円$

＊3　第3期　工事収益：2,400万円－（240万円＋1,200万円）＝960万円

●勘定科目に注意！

工事契約の会計処理

1　工事契約の会計処理

重要度★

工事契約では、⑴**工事契約を締結したとき**（手付金を受け取ったとき）、⑵**材料費などの費用が発生したとき**、⑶**決算時**、⑷**工事物件が完成し、引き渡したとき**に会計処理が必要です。

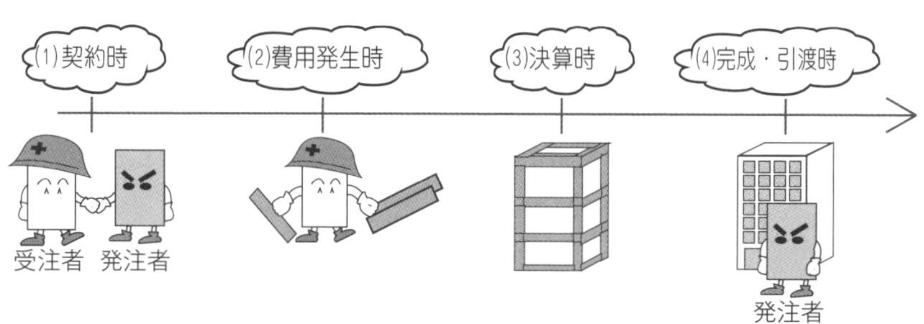

Ch 10 工事契約

⑴工事契約を締結したとき

履行義務を充足する前に手付金を受取ったときは、**契約負債**で処理します。

(借) 現金など	××	(貸) 契約負債	××

負債。前受金のこと

⑵材料費などの費用が発生したとき

材料費や労務費、経費などの費用が発生したときは、それぞれの費用科目で処理します。なお、後払いのときは**工事未払金（負債）**で処理します。

工事未払金…買掛金のことです。

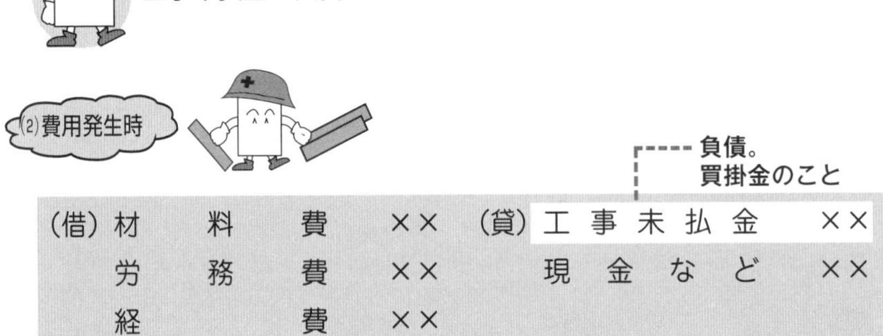

(借)			(貸)	
	材料費	××	工事未払金	××
	労務費	××	現金など	××
	経費	××		

なお、工事未払金の支払時には
工事未払金を減らします。

⑶決算時

決算時には、当期に発生した費用（材料費、労務費、経費）を**未成工事支出金（資産）**に振り替えます。

未成工事支出金…まだ完成していないものにかかった支払い。
つまり工業簿記でいう仕掛品のことですね！

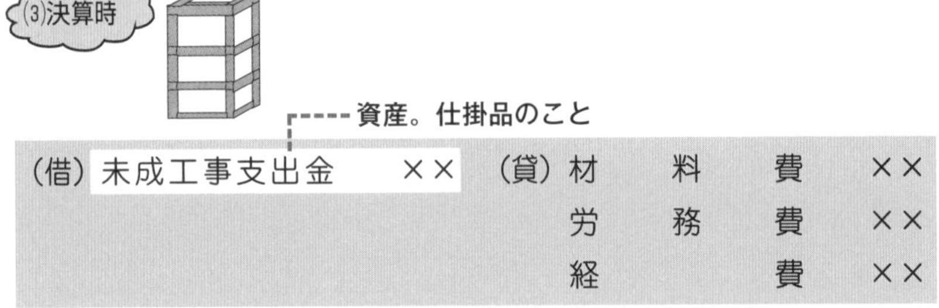

(借)			(貸)	
	未成工事支出金	××	材料費	××
			労務費	××
			経費	××

なお、履行義務の充足に係る進捗度を合理的に見積もることができる場合には、工事の完成を待たずに、工事の進捗度に応じて収益を計上します。したがって、**未成工事支出金（資産）は完成工事原価（費用）に振り替え**ます。

完成工事原価…売上原価のことですね！
仕掛品から売上原価に振り替えるイメージです。

また、決算時における工事の進捗度に応じた工事収益を見積もり、**完成工事高（収益）**を計上します。

完成工事高…売上高のことです。

工事の進捗に応じて生じた対価に対する権利のうち、顧客に支払義務がいまだ発生せず法的な請求権となっていないものは、**契約資産**として計上します。

顧客に支払義務が発生する日は当事者の契約によって変わってきます。ここでは、工事物件の引渡し後に顧客に支払義務が発生する契約であることを前提として説明していきます。

なお、契約負債のうち履行義務を充足したものについては、契約負債を減少させます。

未成工事支出金を完成工事原価に振替え

(借)	完成工事原価	××	(貸)	未成工事支出金	××
(借)	契約負債	×	(貸)	完成工事高	×××
	契約資産	××			

完成工事高の計上

例

●決算日をむかえた。当期に発生した費用は、材料費 12,000 円、労務費 8,000 円、経費 10,000 円である。

また、工事契約の請負金額は 50,000 円、見積総工事原価は 40,000 円で、契約時に手付金 10,000 円を受け取っている。この工事は一定期間にわたり充足される履行義務と判断し、進捗度を合理的に見積もることができるため、進捗度にもとづき原価比例法により収益を認識する。なお、工事物件の引渡しにより発注者に支払義務が発生する契約である。

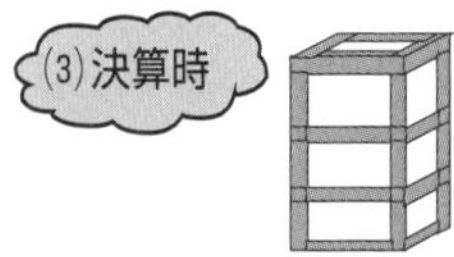

●費用を未成工事支出金に振替え

(借)			(貸)		
	未成工事支出金	30,000		材料費	12,000
				労務費	8,000
				経費	10,000

●未成工事支出金を完成工事原価に振替え

(借)			(貸)		
	完成工事原価	30,000		未成工事支出金	30,000

完成工事原価：費用。売上原価のこと

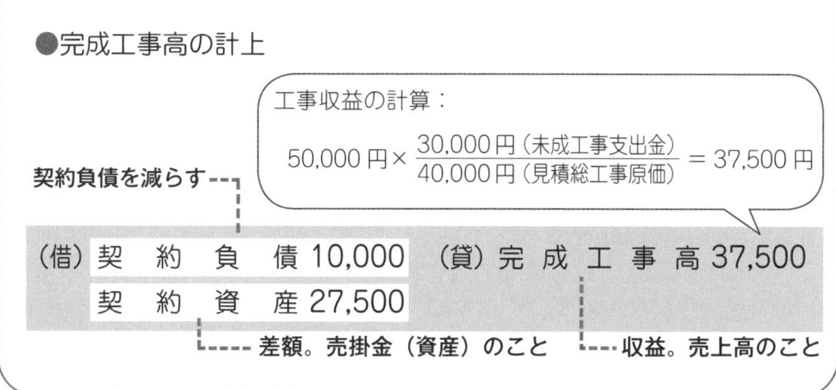

●完成工事高の計上
工事収益の計算：
50,000円× 30,000円（未成工事支出金）/40,000円（見積総工事原価） ＝37,500円
契約負債を減らす
（借）契　約　負　債 10,000　（貸）完　成　工　事　高 37,500
契　約　資　産 27,500
差額。売掛金（資産）のこと
収益。売上高のこと

(4) 工事物件が完成し、引き渡したとき

工事物件が完成し、引き渡したときは、決算時と同様の処理（費用から未成工事支出金への振り替え、未成工事支出金から完成工事原価への振り替え、完成工事高の計上）を行います。

●費用を未成工事支出金に振替え

（借）	未成工事支出金	××	（貸）	材料費	××
				労務費	××
				経費	××

●未成工事支出金を完成工事原価に振替え

（借）	完成工事原価	××	（貸）	未成工事支出金	××

●完成工事高の計上

工事物件の引渡しにより発注者に支払義務（法的な債権）が発生する契約の場合、引渡し時に契約資産を減少させるとともに、工事代金の未回収額を完成工事未収入金として計上します。

（借）	完成工事未収入金	×××	（貸）	完成工事高	××
				契約資産	×

またはいったん契約資産を計上した上で、契約資産残高を完成工事未収入金に振り替える仕訳でも問題はないと考えられます。

(借)	契約資産	××	(貸)	完成工事高	××
(借)	完成工事未収入金	×××	(貸)	契約資産	×××

なお、入金があったときは、完成工事未収入金を減らします。

(借)	現金など	××	(貸)	完成工事未収入金	××

売掛金の決済と同じです。

例

●工事が完成し、工事物件を発注者に引き渡した。前の決算日から、工事の完成までにかかった費用は、労務費 6,000 円、経費 4,000 円である。なお、進捗度にもとづき原価比例法により収益を認識している。また、工事物件の引渡しにより発注者に支払義務が発生する契約である。

●工事物件の請負金額は 50,000 円、引渡し後に 50,000 円を現金で受け取った。なお、前期末までに計上した完成工事高は 37,500 円、契約資産残高は 37,500 円である。

●費用を未成工事支出金に振替え

(借)	未成工事支出金	10,000	(貸)	労務費	6,000
				経費	4,000

●未成工事支出金を完成工事原価に振替え

(借) 完成工事原価	10,000	(貸) 未成工事支出金	10,000

●完成工事高の計上

50,000円－37,500円＝12,500円

(借) 完成工事未収入金	50,000	(貸) 完成工事高	12,500
		契約資産	37,500

または

(借) 契約資産	12,500	(貸) 完成工事高	12,500
(借) 完成工事未収入金	50,000	(貸) 契約資産	50,000

●工事代金の入金

(借) 現金	50,000	(貸) 完成工事未収入金	50,000

➡ トレーニングの 問題3 へ！

参考 完成工事未収入金と契約資産の表示

重要度 ★

完成工事未収入金と契約資産について区別せず、貸借対照表上、まとめて完成工事未収入金とし、契約資産の残高を注記することも認められています。

また、契約負債について、貸借対照表上、未成工事受入金として表示し、契約負債残高を注記することも認められています。

参考 工事損失引当金

重要度 ★★

長期にわたる請負工事では、収益や原価の総額を見積もることが難しいため、各期の工事原価が当初の見積額を大きく上回ることなどにより、工事原価総額が工事収益総額を超過する（これを**工事損失**といいます）と見込まれる場合があります。

各工事において、工事損失が将来発生すると見込まれる場合には、その金額を**工事損失引当金（流動負債）**として計上します。

【例】 次の資料にもとづき、進捗度にもとづき収益を認識（工事進捗度は原価比例法により算定）する場合の各期の仕訳を示しなさい。

・工事請負金額は11,000円、当初の見積総工事原価は10,000円である。
・実際に発生した原価は次のとおりである。
　第1期：1,000円　第2期：5,000円　第3期：6,000円
・原料費の高騰により、第2期期首において見積総工事原価を12,000円に修正したが、工事請負金額の改定はなかった。
・工事の完成・引渡しは第3期末に行われた。
・工事物件の引渡しにより顧客に支払義務が発生する契約である。

第1期の処理

①未成工事支出金を完成工事原価に振替え

（借）完成工事原価	1,000	（貸）未成工事支出金	1,000

②完成工事高の計上

（借）契約資産	1,100	（貸）完成工事高	1,100

$$11{,}000円 \times \frac{1{,}000円}{10{,}000円}（進捗度0.1）= 1{,}100円$$

第1期の工事利益は1,100円－1,000円＝100円

第2期の処理

第2期期首に見積総工事原価を12,000円に修正しているため（工事請負金額は10,000円）、工事損失が見込まれます。したがって、工事損失引当金を計上します。

①未成工事支出金を完成工事原価に振替え

（借）完成工事原価	5,000	（貸）未成工事支出金	5,000

②完成工事高の計上

（借）契約資産	4,400	（貸）完成工事高	4,400

$$11{,}000円 \times \frac{1{,}000円 + 5{,}000円}{12{,}000円}（進捗度0.5）- 1{,}100円 = 4{,}400円$$

第2期の工事損失は4,400円－5,000円＝△600円

③工事損失引当金の計上

第３期の工事損失見込額を工事損失引当金として計上します。

なお、工事全体の損失が△ 1,000 円（11,000 円－ 12,000 円）であり、第１期で工事利益 100 円、第２期で工事損失△ 600 円を計上しているため、第３期には△ 500 円の損失が見込まれることになります。

総　額	第１期	第２期	第３期見込額
工事収益 11,000 円 工事原価 12,000 円	工事収益 1,100 円 工事原価 1,000 円	工事収益 4,400 円 工事原価 5,000 円	
工事損失 △1,000 円	工事利益 100 円	工事損失 △600 円	**工事損失 △ 500 円**

この第３期の工事損失見込額（△ 500 円）を**工事損失引当金**として計上します。なお、工事損失引当金の繰入額は**完成工事原価に含めて処理**します。

流動負債に計上

(借) 完成工事原価	500	(貸) 工事損失引当金	500

第３期の処理

工事が完成し、引き渡したときは、計上している工事損失引当金を取り崩します。

①未成工事支出金を完成工事原価に振替え

(借) 完成工事原価	6,000	(貸) 未成工事支出金	6,000

②完成工事高の計上

(借) 完成工事未収入金	11,000	(貸) 完成工事高	5,500
		契約資産	5,500

完成工事高：11,000 円－ 1,100 円－ 4,400 円＝ 5,500 円

または

(借) 契約資産	5,500	(貸) 完成工事高	5,500
(借) 完成工事未収入金	11,000	(貸) 契約資産	11,000

③工事損失引当金の取崩し

第２期に計上した工事損失引当金を取り崩します。なお、相手科目（工事損失引当金戻入）は**完成工事原価**で処理します。

(借) 工事損失引当金	500	(貸) 完成工事原価	500

➡ **トレーニングの 問題４ へ！**

基本問題

次の資料にもとづき、当期末（×5年3月31日）の貸借対照表と損益計算書を作成しなさい。

【資料】

① 長期請負工事を15,000円で請け負い（見積総工事原価は10,000円）、契約時に手付金として4,000円を現金で受け取った。
この工事について、一定期間にわたり充足される履行義務と判断し、進捗度を合理的に見積もることができるため、一定期間にわたり収益を認識する。進捗度の見積方法は原価比例法による。
なお、工事物件の引渡しにより顧客に支払義務が発生する契約である。

② 材料費3,000円、労務費2,000円、経費1,000円を小切手を振り出して支払った。

③ 決算日をむかえた。

答案用紙

貸借対照表

Ⅰ 流動資産		
	契約資産	（　　　）

損益計算書

Ⅰ	完成工事高	（　　　）
Ⅱ	完成工事原価	（　　　）
	完成工事総利益	（　　　）

解 答

貸借対照表

Ⅰ 流動資産		
契約資産	(	5,000)

損益計算書

Ⅰ 完成工事高	(	9,000)
Ⅱ 完成工事原価	(	6,000)
完成工事総利益	(	3,000)

①	(借)	現 金	4,000	(貸)	契 約 負 債	4,000
②	(借)	材 料 費	3,000	(貸)	当 座 預 金	6,000
		労 務 費	2,000			
		経 費	1,000			
③	(借)	未成工事支出金	6,000	(貸)	材 料 費	3,000
					労 務 費	2,000
					経 費	1,000
	(借)	完成工事原価	6,000	(貸)	未成工事支出金	6,000
	(借)	契 約 負 債	4,000	(貸)	完 成 工 事 高	9,000 *
		契 約 資 産	5,000			

＊ $15{,}000円 \times \frac{6{,}000円}{10{,}000円} = 9{,}000円$

Ch 10 工事契約

理論問題

次の文章のうち、正しいものには○を、誤っているものには×を正誤欄に記入し、×を記入した場合にはその理由を簡潔に述べなさい。

1．工事収益の認識において、一定の期間にわたり充足される履行義務については、履行義務の充足に係る進捗度を見積り、当該進捗度に基づき収益を一定の期間にわたり認識する。

2．工事収益の認識において、履行義務の充足に係る進捗度を合理的に見積もることができないが、履行義務を充足する際に発生する費用を回収することが見込まれる場合には、履行義務の充足に係る進捗度を合理的に見積もることができる時まで、一定の期間にわたり充足される履行義務について原価比例法により処理する。

解答

1	○	
2	×	履行義務の充足に係る進捗度を合理的に見積もることができる時まで、原価回収基準により処理する。

Chapter 11

特殊商品売買

特殊商品売買の中で出題されている委託販売と
未着品売買を中心におさえていきましょう！

●特殊な商品売買形態です…

特殊商品売買

1 特殊商品売買とは

重要度 ★

通常の商品売買では、商品をお客さんに渡すのと引換えに現金や売掛金（**現金等価物**といいます）を受け取ります。このような商品売買形態を**一般商品売買**といいます。

これから学習するのは、商品をお客さんに渡すのと、現金や売掛金などの現金等価物を受け取るのが同時ではない商品売買形態で、これを**特殊商品売買**といいます。

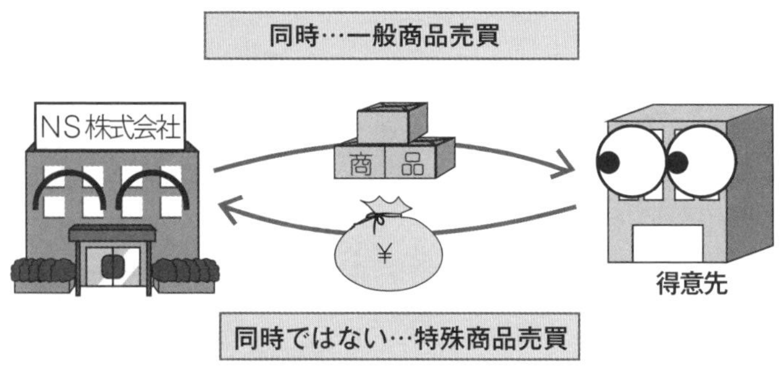

2 特殊商品売買の種類

重要度 ★

本書では、本試験の重要度から、以下の委託販売、受託販売、試用販売、未着品売買、割賦販売について学習します。

(1) 委託販売

委託販売とは、自社の商品を他社に販売してもらう商品販売形態をいいます。

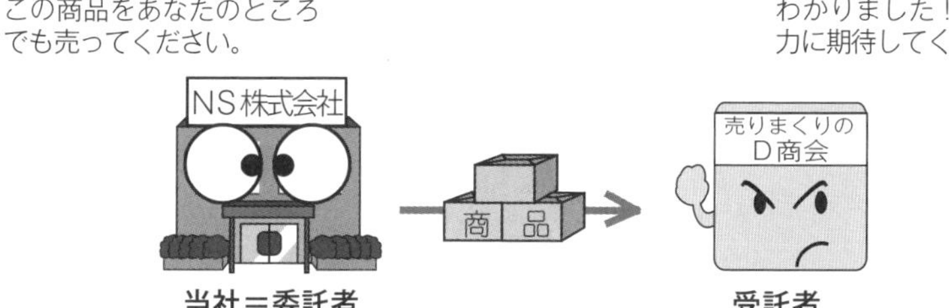
この商品をあなたのところでも売ってください。
わかりました！うちの営業力に期待してください。
NS株式会社
商品
売りまくりの D商会
当社＝委託者
受託者

一方、他社から委託された商品を販売する商品販売形態を**受託販売**といいます。

(2) 試用販売

試用販売とは、商品を試しに使ってもらってから、買うかどうかを判断してもらう商品販売形態をいいます。

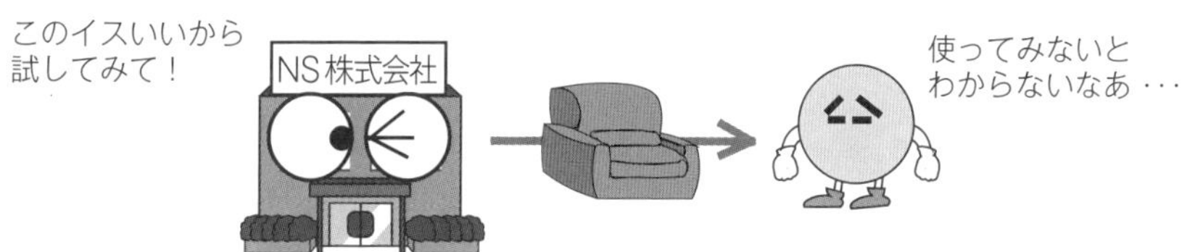
このイスいいから試してみて！
NS株式会社
使ってみないとわからないなあ・・・

Ch 11 特殊商品売買

(3)未着品売買

未着品売買とは、注文した商品が到着する前に、その商品をほかに転売する商品売買形態をいいます。

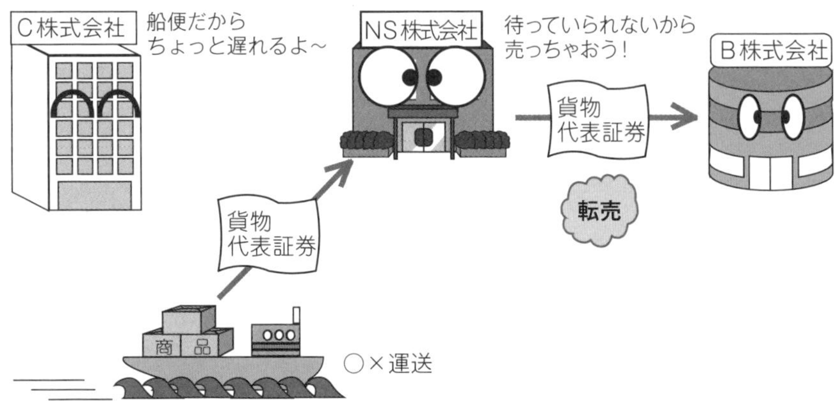

(4)割賦販売

割賦販売とは、商品を先に渡し、あとで商品代金を分割で受け取る商品販売形態をいいます。

●いつ売上を計上してもよいというわけではありません

委託販売

1　委託販売とは　重要度★

商品は通常、自分（当社）で販売するものですが、自分のかわりに手数料を支払って、他人に販売してもらうことがあります。このような商品販売形態を**委託販売**といいます。

このとき、販売を依頼する側を**委託者**、逆に依頼を受けた側を**受託者**（販売代理人）といいます。

2　委託販売の収益認識　重要度★★

委託販売は、**①委託者から受託者への商品の積送、②受託者による商品の販売、③受託者からの仕切精算書の受取り、④受託者からの販売代金の入金**という流れになります。

この4つの時点のうち、委託者は、**受託者による商品の販売時に収益を計上**します。

特殊商品売買の収益の認識については、「企業会計原則」と「収益認識に関する会計基準」に規定されています。

「収益認識に関する会計基準」の主な適用対象である大規模な企業では、「収益認識に関する会計基準」の規定が適用されます。一方、「収益認識に関する会計基準」が強制適用されない中小企業では基本的に「企業会計原則」の規定を適用することになります。

「企業会計原則」では委託販売について、受託者の販売日だけでなく、仕切計算書が販売のつど、受託者から送られてくる場合には、仕切計算書が到達した日に収益を計上する方法も認められています。

しかし、日商1級では「収益認識基準」を適用する大規模な企業を対象としているため、受託者販売時に収益を計上する方法をみておけば十分です。

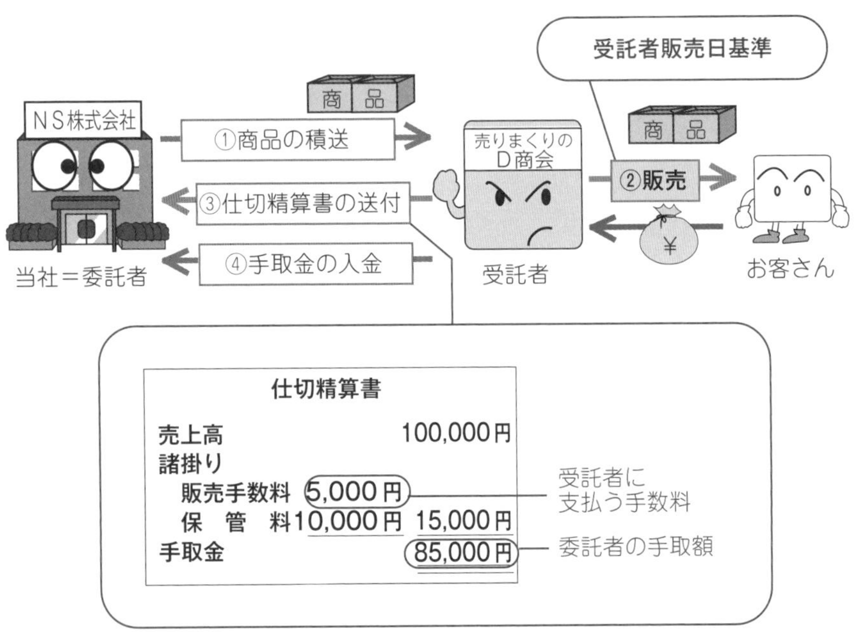

3 積送諸掛の処理

重要度 ★★

積送諸掛は、⑴**発送諸掛**（積送時に発生する発送費用など）と、⑵**販売諸掛**（受託者に支払う販売手数料と積送品の保管料など）に分類して処理します。

積送諸掛の分類

⑴ 発送諸掛
⑵ 販売諸掛

⑴発送諸掛（積送時に発生するもの）

委託者が支払った発送費など、積送時に発生する諸掛りは、①**積送品原価に含めて処理**するか、②**販売費（積送諸掛）として処理**します。

積送時に発生する積送諸掛の処理

①積送品原価に含める

②販売費として処理

例

●次の資料にもとづき、積送諸掛を①積送品原価に含める場合と、②販売費で処理する場合の仕訳を示しなさい。

●商品 5,000 円を積送した。このさい、発送費用 500 円を現金で支払った。

①積送品原価に含める場合

積送品原価に含める

(借)	積送品	5,500	(貸)	仕入	5,000
				現金	500

②販売費で処理する場合

(借)	積送品	5,000	(貸)	仕入	5,000
	積送諸掛	500		現金	500

販売費及び一般管理費

なお、②販売費として処理した場合、期末に未販売分の諸掛りを**繰延積送諸掛（資産）**として次期に繰り延べることがあります。

上記の例（発送費用 500 円）で、期末に 5 分の 1 が売れ残っていた場合は、100 円（500 円×$\frac{1}{5}$）を次期に繰り延べます。

（借）繰延積送諸掛　100　（貸）積送諸掛　100

⑵販売諸掛（販売手数料など）

受託者への支払いである販売手数料は、**販売費（積送諸掛）**として処理します。例外として、販売手数料と積送品売上とを**相殺して、純額で積送品売上を表示**することもあります。

受託者に対する販売手数料の処理

積送諸掛（販売費）として処理、または積送品売上と相殺

販売手数料の処理について、例を使って見てみましょう。

例

●次の資料にもとづき、販売手数料を①積送品売上から控除しない場合と、②積送品売上から控除する場合の仕訳を示しなさい。
●積送した商品8,000円が受託者によって販売され、当社は販売手数料10％を差し引かれた残額を現金で受け取った。

①積送品売上から控除しない場合

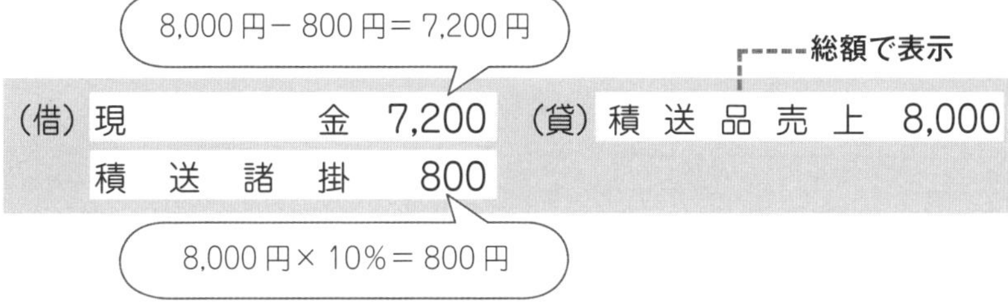

(借)			(貸)	
	現金	7,200	積送品売上	8,000
	積送諸掛	800		

②積送品売上から控除する場合

純額で表示

(借)			(貸)	
	現金	7,200	積送品売上	7,200

4　委託販売の会計処理　重要度★★

委託販売の会計処理には、**手許商品区分法**（商品を積送したときに仕入勘定から積送品勘定に振り替える方法）があります。

さらに、手許商品区分法には、販売のつど積送品の売上原価を仕入勘定に振り替える方法（**その都度法**といいます）と、期末に一括して販売した積送品の売上原価を仕入勘定に振り替える方法（**期末一括法**といいます）があります。

⑴商品を積送したとき

商品の積送時は、その都度法、期末一括法ともに、**積送した商品の原価を仕入勘定から積送品勘定に振り替え**ます。

●その都度法＆期末一括法

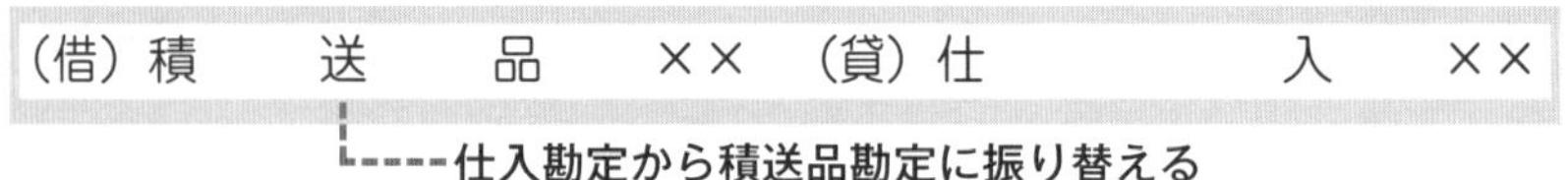

(借) 積　送　品	××	(貸) 仕　　入	××

⑵受託者が販売したとき

受託者が積送品をお客さんに販売したときは、**売上の処理**をします。

なお、その都度法の場合は、販売した積送品の原価を**積送品勘定から仕入勘定に振り替え**ます。

●その都度法

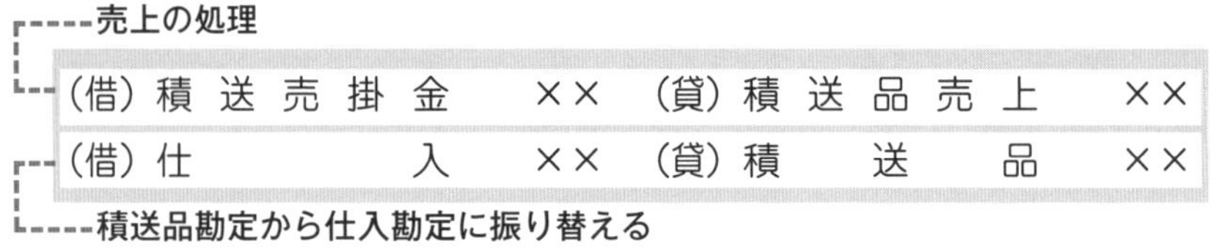

(借) 積送売掛金	××	(貸) 積送品売上	××
(借) 仕　　入	××	(貸) 積　送　品	××

●期末一括法

売上の処理

(借) 積送売掛金	××	(貸) 積送品売上	××

(3) 決算時

●その都度法

その都度法の場合、積送品勘定の残高＝期末積送品原価となります。

仕　訳　な　し

●期末一括法

決算時には、**積送品勘定の残高を仕入勘定に振り替え**ます。さらに、**期末積送品原価を仕入勘定から積送品勘定に振り替え**ます。

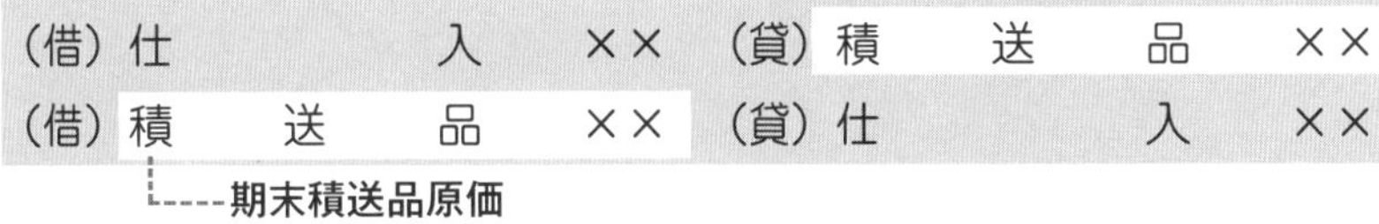

積送品勘定の残高

(借) 仕　　入	××	(貸) 積　送　品	××
(借) 積　送　品	××	(貸) 仕　　入	××

期末積送品原価

この仕訳（期末一括法の仕訳）によって、
当期に販売した積送品の原価が仕入勘定に振り替えられます。

例

●次の資料にもとづき、委託販売取引について、(1) その都度法と (2) 期末一括法による場合の仕訳を示しなさい。

●①商品 5,000 円を積送した。そのさい、発送費用 500 円を現金で支払っている（発送費用は積送品原価に算入すること）。

②受託者が商品を販売し、受託者売上は 6,000 円、受託者の販売手数料は 600 円であった。なお、受託者が売り上げた金額をもって売上に計上する（売り上げた積送品の原価は 4,400 円）。

総額で処理

③決算日をむかえた。

---

(1) その都度法

①積送時の仕訳

(借)	積送品	5,500	(貸)	仕入	5,000
				現金	500

②販売時の仕訳

(借)	積送売掛金	5,400	(貸)	積送品売上	6,000
	積送諸掛	600			
(借)	仕入	4,400	(貸)	積送品	4,400

売上のつど、販売した積送品の原価を仕入勘定に振り替える

③決算時の仕訳

仕訳なし

(2) 期末一括法

①積送時の仕訳

(借)	積送品	5,500	(貸)	仕入	5,000
				現金	500

②販売時の仕訳

（借）積送売掛金	5,400	（貸）積送品売上	6,000
積送諸掛	600		

③決算時の仕訳

（借）仕入	5,500	（貸）積送品	5,500
（借）積送品	1,100	（貸）仕入	1,100

決算時に、販売した積送品の原価（5,500円－1,100円＝4,400円）を仕入勘定に振り替える

ちなみに、決算整理前残高試算表はそれぞれ次のとおりです（通常の仕入が12,000円と仮定しています）。

●その都度法

決算整理前残高試算表（その都度法）

仕入 11,400	
積送品 1,100	

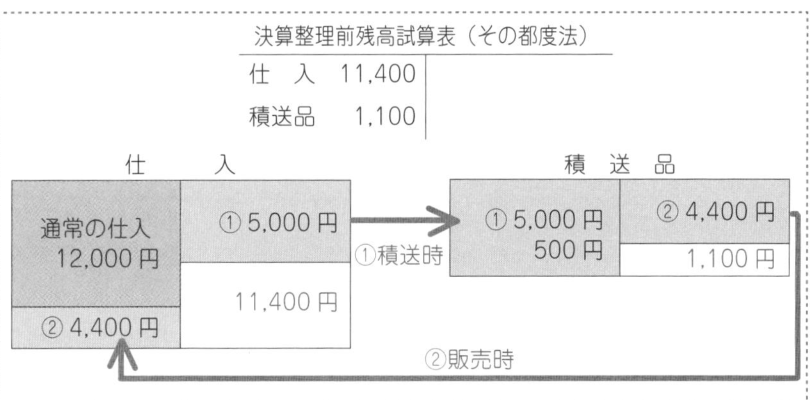

●期末一括法

決算整理前残高試算表（期末一括法）

仕入 7,000	
積送品 5,500	

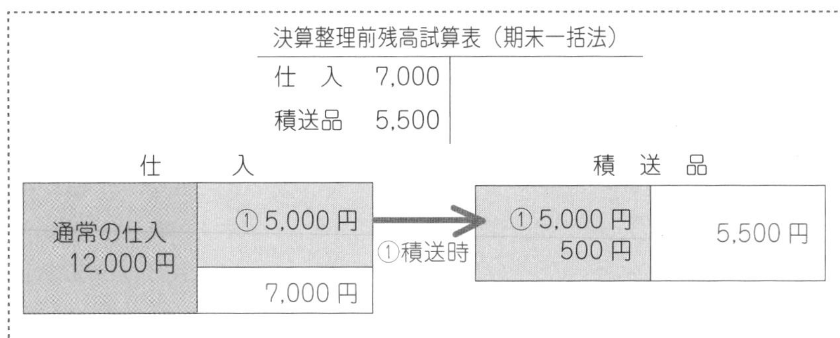

Ch 11 特殊商品売買

 一般商品販売と委託販売を組み合わせた問題の解き方① 重要度 ★★

1級商業簿記では、一般商品販売と委託販売を組み合わせた問題が出題されることがあります。

まずは、委託販売の会計処理にその都度法を採用している場合について、次の例を使って、一般商品販売と委託販売を組み合わせた問題の解き方を見ておきましょう。

【例】次の資料にもとづき、損益計算書を完成させなさい。

【資料】

(1) 決算整理前残高試算表は次のとおりである。

決算整理前残高試算表

繰越商品	720	一般売上	6,000
積送品	800	積送品売上	5,000
仕入	8,080		

(2) ①期末手許商品は600円である。

②積送品は原価率80%で販売している。

③当期積送高は4,320円で、その都度法によって処理している。

【答案用紙】

損益計算書 (単位：円)

Ⅰ. 売上高		
1. 一般売上高	(　　)	
2. 積送品売上高	(　　)	(　　)
Ⅱ. 売上原価		
1. 期首商品棚卸高	(　　)	
2. 当期商品仕入高	(　　)	
合計	(　　)	
3. 期末商品棚卸高	(　　)	(　　)
売上総利益		(　　)

このような問題では、モノの流れに沿ってボックス図を描いて解いていきます。

ここでは、手許商品の流れと積送品の流れを示すボックス図と、仕入勘定を用意します。

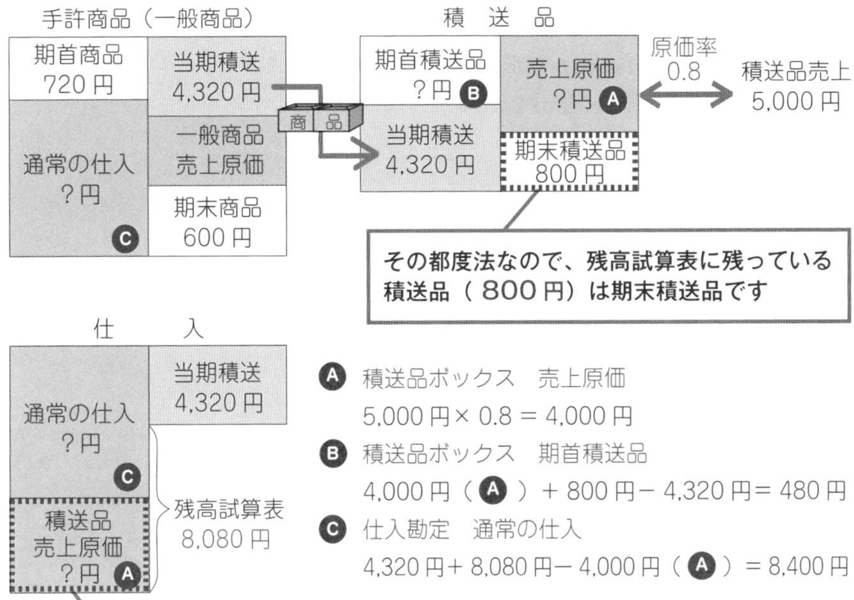

4,320 円 ＋ 8,080 円 － 4,000 円（Ⓐ）＝ 8,400 円

その都度法なので、積送品の売上原価は仕入勘定に振り替えられています

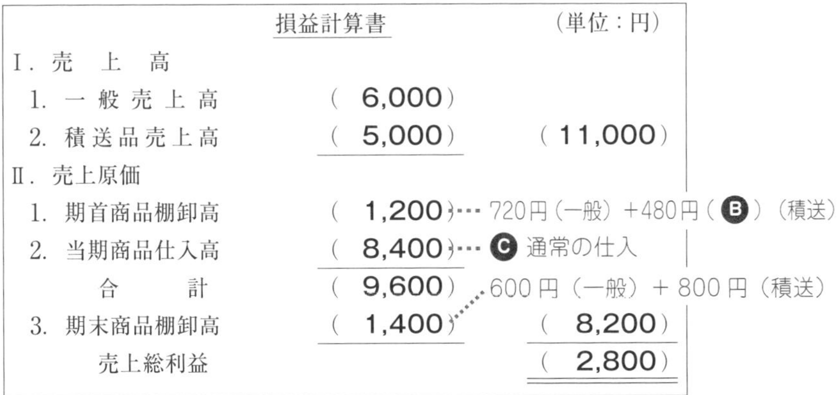

損益計算書　（単位：円）

Ⅰ．売　上　高			
1．一般売上高	（6,000）		
2．積送品売上高	（5,000）	（11,000）	
Ⅱ．売上原価			
1．期首商品棚卸高	（1,200）		720円（一般）＋480円（B）（積送）
2．当期商品仕入高	（8,400）		C 通常の仕入
合　　計	（9,600）		
3．期末商品棚卸高	（1,400）	（8,200）	600円（一般）＋800円（積送）
売上総利益		（2,800）	

一般商品販売と委託販売を組み合わせた問題の解き方② 重要度★★

次に、委託販売の会計処理に**期末一括法**を採用している場合について、例を使って、一般商品販売と委託販売を組み合わせた問題の解き方を見てみましょう。

【例】次の資料にもとづき、損益計算書を完成させなさい。

【資料】

(1) 決算整理前残高試算表は次のとおりである。

決算整理前残高試算表

繰越商品	720	一般売上	6,000
積送品	4,800	積送品売上	5,000
仕入	4,080		

(2) ①期末手許商品は600円である。

②積送品は原価率80%で販売している。

③当期積送高は4,320円で、期末一括法によって処理している。

【答案用紙】

損益計算書 (単位：円)

Ⅰ．売上高		
1. 一般売上高	(　　)	
2. 積送品売上高	(　　)	(　　)
Ⅱ．売上原価		
1. 期首商品棚卸高	(　　)	
2. 当期商品仕入高	(　　)	
合計	(　　)	
3. 期末商品棚卸高	(　　)	(　　)
売上総利益		(　　)

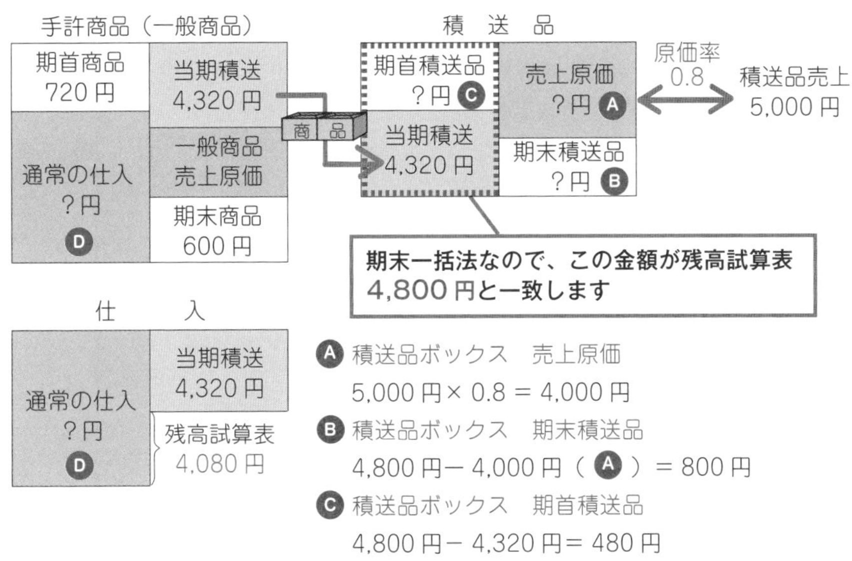

A 積送品ボックス　売上原価
5,000円× 0.8 = 4,000円

B 積送品ボックス　期末積送品
4,800円－ 4,000円（ A ）= 800円

C 積送品ボックス　期首積送品
4,800円－ 4,320円= 480円

D 仕入勘定　通常の仕入
4,320円+ 4,080円= 8,400円

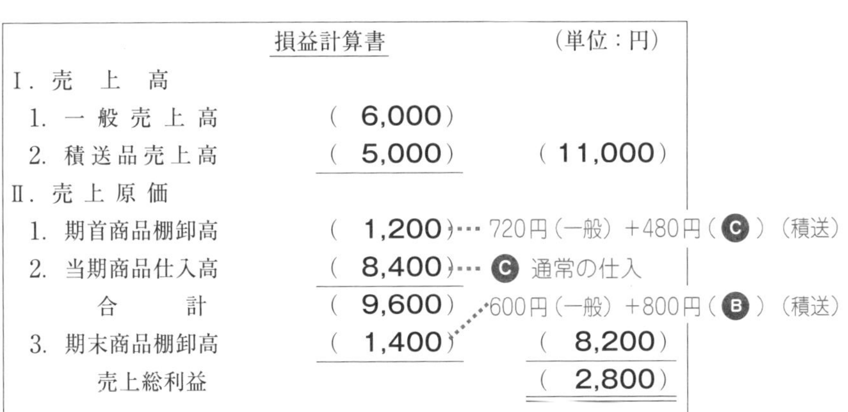

損益計算書　(単位：円)

Ⅰ. 売 上 高		
1. 一般売上高	(6,000)	
2. 積送品売上高	(5,000)	(11,000)
Ⅱ. 売 上 原 価		
1. 期首商品棚卸高	(1,200)	
2. 当期商品仕入高	(8,400)	
合 計	(9,600)	
3. 期末商品棚卸高	(1,400)	(8,200)
売上総利益		(2,800)

受託販売

重要度 ★

受託販売（じゅたくはんばい）とは、委託者から商品を預かり、その販売を代行する形態をいいます。

受託者は、販売手数料を受取手数料として計上します。受託者にとって、委託者から預った商品の保管や販売にともなって発生する**債権・債務**は、すべて**受託販売勘定で処理**します。

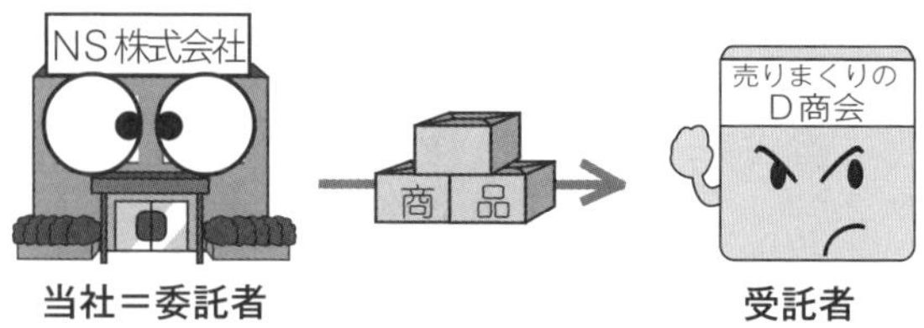

この商品をあなたのところでも売ってください。
わかりました！うちの営業力に期待してください。
NS株式会社
商品
売りまくりの D商会
当社＝委託者
受託者

【例】

1．D商会は、委託者から商品（売価10,000円）を引き取り、引取費用200円を現金で支払った。

2．D商会は、上記受託品（売価10,000円）をすべて販売し、代金は現金で受け取った。

3．D商会は、次の仕切精算書を作成し、委託者に送付した。

仕切精算書

売上高		10,000円
諸掛り		
引　取　費	200円	
販売手数料	1,000円	1,200円
手取金		8,800円

4．D商会は、委託者に販売代金から諸掛りを引いた残額8,800円を現金で支払った。

1．商品引取り時

委託者に対する立て替え分に係る債権を受託販売で処理します。

(借) 受 託 販 売	200	(貸) 現 金	200

2．商品販売時

委託者に対する販売代金に係る債務を受託販売で処理します。

(借) 現 金	10,000	(貸) 受 託 販 売	10,000

3．仕切精算書送付時

委託者に対する販売手数料に係る債権を受託販売で処理します。

(借) 受 託 販 売	1,000	(貸) 受 取 手 数 料	1,000

4．販売代金送付時

販売代金の支払いに係る債務の減少を受託販売で処理します。

(借) 受 託 販 売	8,800	(貸) 現 金	8,800

これら一連の取引により、受託販売勘定の残高はゼロとなります。

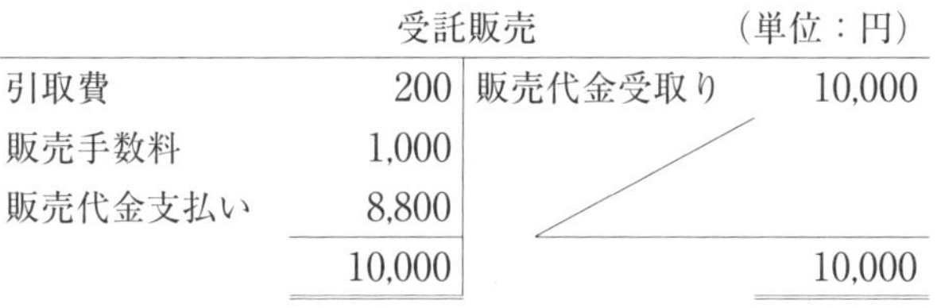

受託販売 (単位：円)

引取費	200	販売代金受取り	10,000
販売手数料	1,000		
販売代金支払い	8,800		
	10,000		10,000

➡ トレーニングの 問題1 問題2 へ！

●お客さんが「買う」と言うまで売ったことになりません

試用販売

1　試用販売とは　重要度 ★

試用販売とは、お客さんに商品を試しに使ってもらい、後日、お客さんから**買取りの意思表示を受ける**販売形態をいいます。

2　試用販売の収益認識　重要度 ★

試用販売は、まず、会社が①**お客さんに商品を発送（試送）し**、②-a **お客さんが買取りの意思表示をする**または②-b **返品の意思表示をする**という流れになります。

そして試用販売では、このうち、②-a **顧客が商品を検収し買取りの意思表示をしたとき、または試用期間が終了しキャンセルがなかったときに**収益を計上します。

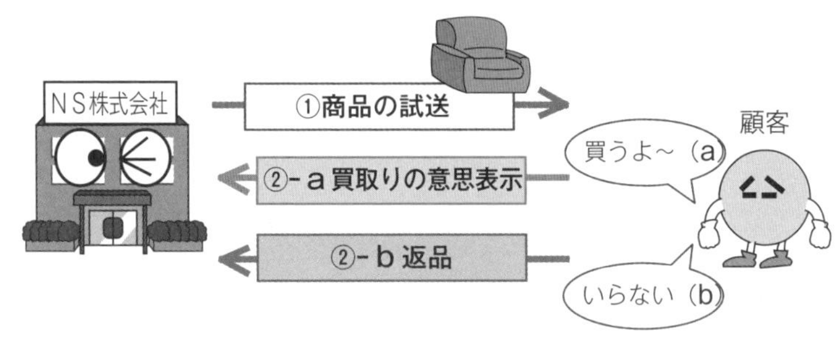

商品を発送したときではないことに注意！

3　試用販売の会計処理

重要度 ★

試用販売の会計処理には、**手許商品区分法**（商品を試送したときに仕入勘定から試用品勘定に振り替える方法）があります。

試用販売の会計処理には対照勘定法もありますが、本試験での出題の可能性が低いと考えられるため、本書では割愛しています。

4　手許商品区分法

重要度 ★

手許商品区分法には、**販売のつど、試用品の原価を仕入勘定に振り替える方法**（**その都度法**といいます）と、**期末に一括して試用品の原価を仕入勘定に振り替える方法**（**期末一括法**といいます）があります。

要点　手許商品区分法（その都度法と期末一括法）

その都度法…売上のつど、それに対応する原価を試用品勘定から仕入勘定に振り替える方法

期末一括法…期末に一括して試用品の原価を仕入勘定に振り替える方法

(1) 商品を試送したとき

商品の試送時は、その都度法、期末一括法ともに、**試送した商品の原価を仕入勘定から試用品勘定に振り替え**ます。

●その都度法＆期末一括法

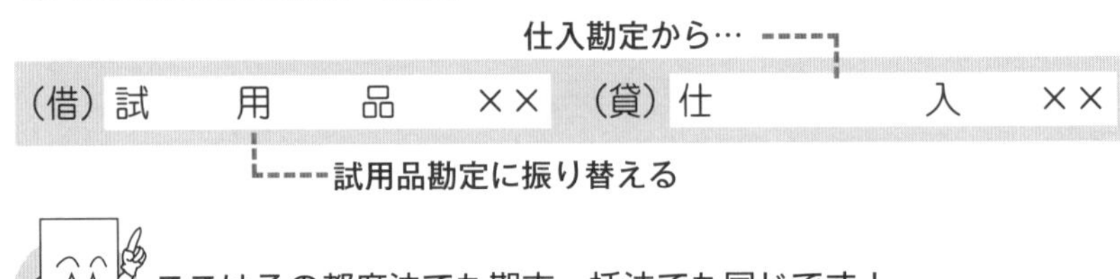

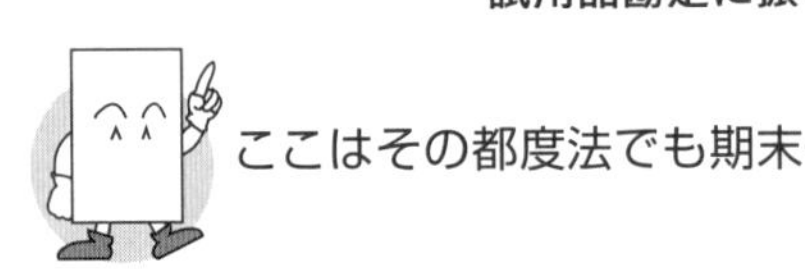

ここはその都度法でも期末一括法でも同じです！

⑵得意先から意思表示があったとき

a. 得意先が買取りの意思表示をしたとき

得意先から買取りの意思表示を受けたときは、**売上の処理**をします。なお、その都度法の場合は、**販売した試用品の原価を試用品勘定から仕入勘定に振り替え**ます。

●その都度法

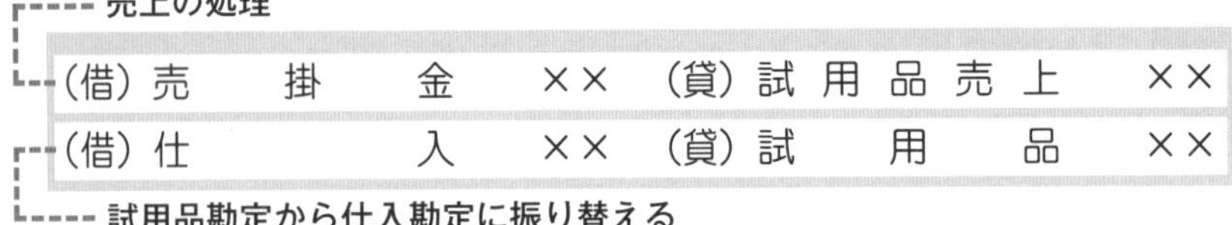

●期末一括法

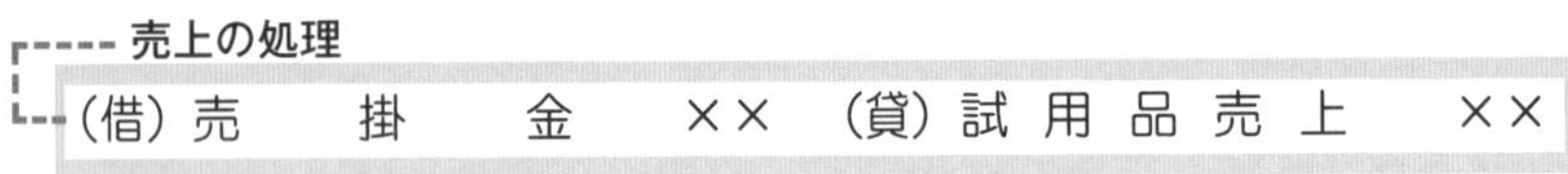

b. 得意先から商品を返品されたとき

得意先から商品を返品されたときは、試送時の仕訳を取り消します。

●その都度法＆期末一括法

(借) 仕　　入	××	(貸) 試用品	××

(3) 決算時

●その都度法

その都度法の場合、試用品勘定の残高＝期末試用品原価となります。

仕　訳　な　し

●期末一括法

決算時には、**試用品勘定の残高を仕入勘定に振り替え**ます。さらに、**期末試用品原価を仕入勘定から試用品勘定に振り替え**ます。

（借）	仕　　入	××	（貸）	試 用 品	××
（借）	試 用 品	××	（貸）	仕　　入	××

試用品勘定の残高（1行目貸方の試用品）
期末試用品原価（2行目借方の試用品）

この仕訳（期末一括法の仕訳）によって、当期に販売した試用品の原価が仕入勘定に振り替えられます。

例

●次の資料にもとづき、試用販売の取引について、（1）その都度法と（2）期末一括法による場合の仕訳を示しなさい。

●①商品（原価9,000円、売価15,000円）を得意先に試送した。

②上記①の商品のうち、3分の2（原価6,000円、売価10,000円）について買取りの意思表示を受けた。

③決算日をむかえた。

(1)その都度法

①試送時の仕訳

(借)	試用品	9,000	(貸)	仕入	9,000

②買取意思表示時の仕訳

(借)	売掛金	10,000	(貸)	試用品売上	10,000
(借)	仕入	6,000	(貸)	試用品	6,000

売上のつど、販売した試用品の原価を仕入勘定に振り替える

③決算時の仕訳

仕訳なし

(2) 期末一括法

①試送時の仕訳

(借)	試用品	9,000	(貸)	仕入	9,000

②買取意思表示時の仕訳

(借)	売掛金	10,000	(貸)	試用品売上	10,000

③決算時の仕訳

(借)	仕入	9,000	(貸)	試用品	9,000
(借)	試用品	3,000	(貸)	仕入	3,000

決算時に、販売した試用品の原価（9,000円－3,000円＝6,000円）を仕入勘定に振り替える

ちなみに、決算整理前残高試算表はそれぞれ次のとおりです。
（通常の仕入が 20,000 円と仮定しています）。

●その都度法

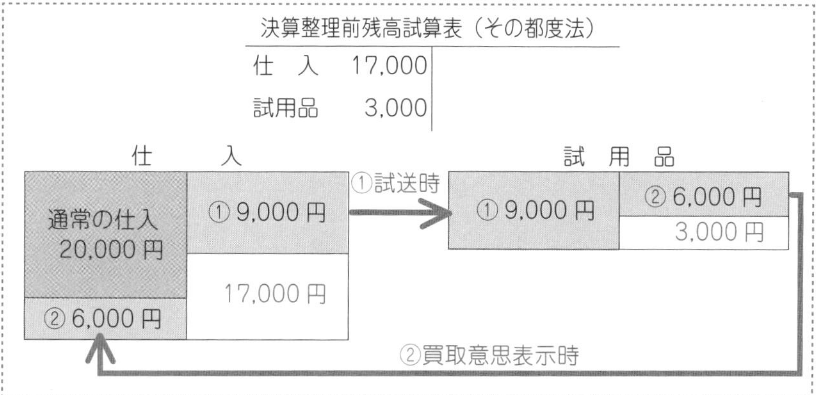

●期末一括法

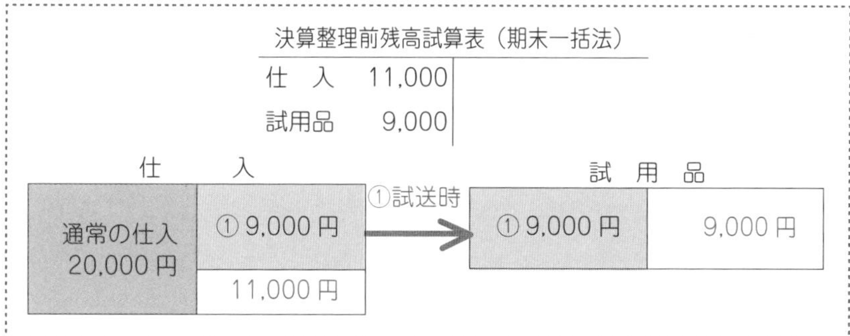

一般商品販売と試用販売を組み合わせた問題の解き方①　重要度 ★

1級商業簿記では、一般商品販売と試用販売を組み合わせた問題が出題されることがあります。

まずは、試用販売の会計処理に**その都度法**を採用している場合について、次の例を使って、一般商品販売と試用販売を組み合わせた問題の解き方を見ておきましょう。

【例】次の資料にもとづき、損益計算書を完成させなさい。

【資料】

⑴ 決算整理前残高試算表は次のとおりである。

決算整理前残高試算表

繰越商品	720	一般売上	33,900
試用品	3,000	試用品売上	11,000
仕入	33,600		

⑵ ①期末手許商品は600円である。
②一般売上の原価率は80%、試用品売上の原価率は60%である。
③当期試送高は9,000円で、その都度法によって処理している。

【答案用紙】

損益計算書　（単位：円）

Ⅰ. 売上高		
1. 一般売上高	(　　)	
2. 試用品売上高	(　　)	(　　)
Ⅱ. 売上原価		
1. 期首商品棚卸高	(　　)	
2. 当期商品仕入高	(　　)	
合計	(　　)	
3. 期末商品棚卸高	(　　)	(　　)
売上総利益		(　　)

このような問題では、モノの流れに沿ってボックス図を描いて解いていきます。

ここでは、手許商品の流れと試用品の流れを示すボックス図と、仕入勘定を用意します。

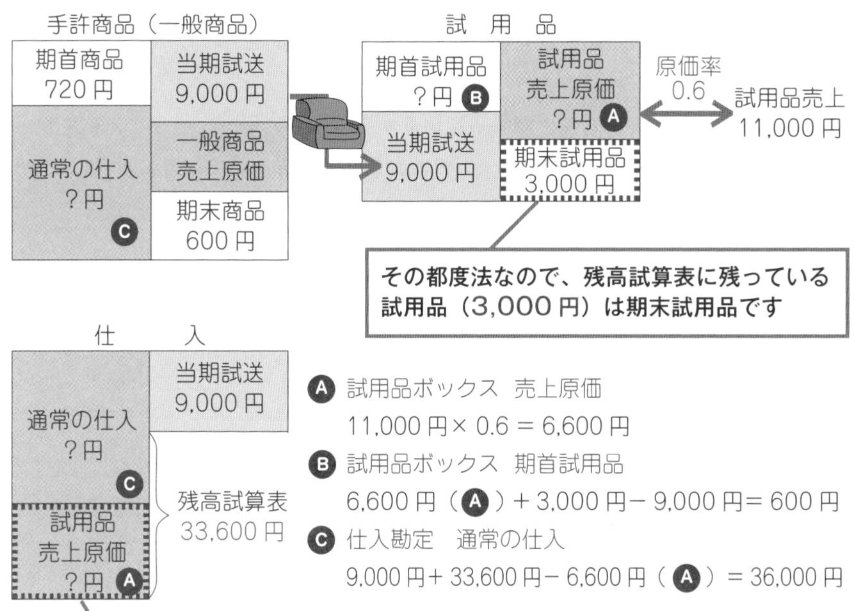

損益計算書　（単位：円）

Ⅰ. 売上高		
1. 一般売上高	（33,900）	
2. 試用品売上高	（11,000）	（44,900）
Ⅱ. 売上原価		
1. 期首商品棚卸高	（1,320）… 720円（一般）+600円（B）（試用品）	
2. 当期商品仕入高	（36,000）… C 通常の仕入	
合計	（37,320）	
3. 期末商品棚卸高	（3,600）… 600円（一般）＋3,000円（試用品）	（33,720）
売上総利益		（11,180）

一般商品販売と試用販売を組み合わせた問題の解き方② 重要度 ★

次に、試用販売の会計処理に**期末一括法**を採用している場合について、例を使って、一般商品販売と試用販売を組み合わせた問題の解き方を見てみましょう。

【例】次の資料にもとづき、損益計算書を完成させなさい。

【資料】

(1) 決算整理前残高試算表は次のとおりである。

決算整理前残高試算表

借方科目	金額	貸方科目	金額
繰越商品	720	一般売上	33,900
試用品	9,600	試用品売上	11,000
仕入	27,000		

(2) ①期末手許商品は600円である。

②一般売上の原価率は80%、試用品売上の原価率は60%である。

③期首試用品は600円、当期試送高は？円で、期末一括法によって処理している。

【答案用紙】

損益計算書 （単位：円）

Ⅰ．売上高		
1．一般売上高	（　　）	
2．試用品売上高	（　　）	（　　）
Ⅱ．売上原価		
1．期首商品棚卸高	（　　）	
2．当期商品仕入高	（　　）	
合計	（　　）	
3．期末商品棚卸高	（　　）	（　　）
売上総利益		（　　）

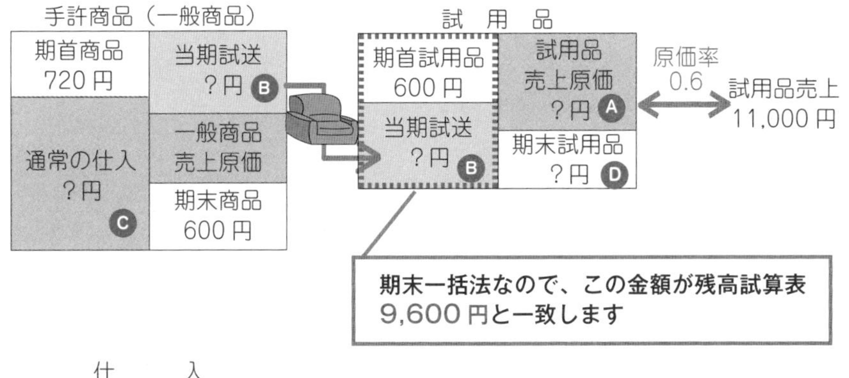

仕　　入

通常の仕入 ？円 C	当期試送 ？円 B
	残高試算表 27,000円

A 試用品ボックス　売上原価

11,000円× 0.6 = 6,600円

B 試用品ボックス　当期試送

9,600円－ 600円= 9,000円

C 仕入勘定　通常の仕入

9,000円（B）+ 27,000円= 36,000円

D 試用品ボックス　期末試用品

9,600円－ 6,600円（A）= 3,000円

損益計算書　（単位：円）

Ⅰ. 売　上　高			
1. 一般売上高	（33,900）		
2. 試用品売上高	（11,000）	（44,900）	
Ⅱ. 売上原価			
1. 期首商品棚卸高	（1,320）		720円（一般）+ 600円（試用品）
2. 当期商品仕入高	（36,000）		C 通常の仕入
合　計	（37,320）		
3. 期末商品棚卸高	（3,600）	（33,720）	600円（一般）+ 3,000円（D）（試用品）
売上総利益		（11,180）	

Ch 11 特殊商品売買

基本問題

次の資料にもとづき、損益計算書を完成させなさい。

【資料】

(1)決算整理前残高試算表は次のとおりである。

決算整理前残高試算表

繰越商品	1,680	一般売上	10,080
試用品	3,864	試用品売上	4,200
仕入	8,400		

(2)期首試用品原価は1,344円、期末手許商品は？円である。

(3)一般販売の原価率は80％で、試用販売の売価は一般販売の25％増しである。

(4)試用品の処理は期末一括法によっている。

答案用紙

損益計算書　　（単位：円）

Ⅰ．売上高		
1．一般売上高	(　　　)	
2．試用品売上高	(　　　)	(　　　)
Ⅱ．売上原価		
1．期首商品棚卸高	(　　　)	
2．当期商品仕入高	(　　　)	
合計	(　　　)	
3．期末商品棚卸高	(　　　)	(　　　)
売上総利益		(　　　)

解答

損益計算書　　（単位：円）

Ⅰ．売　上　高		
1．一般売上高	（10,080）	
2．試用品売上高	（4,200）	（14,280）
Ⅱ．売上原価		
1．期首商品棚卸高	（3,024＊1）	
2．当期商品仕入高	（10,920）	
合　計	（13,944）	
3．期末商品棚卸高	（3,192＊2）	（10,752）
売上総利益		（3,528）

＊1　1,680円＋1,344円＝3,024円
＊2　2,016円＋1,176円＝3,192円

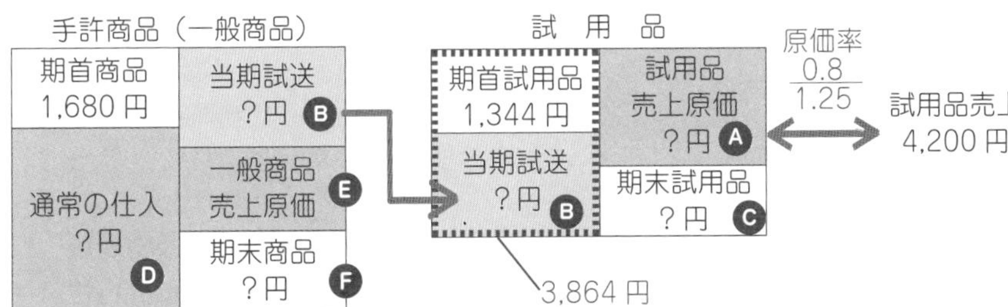

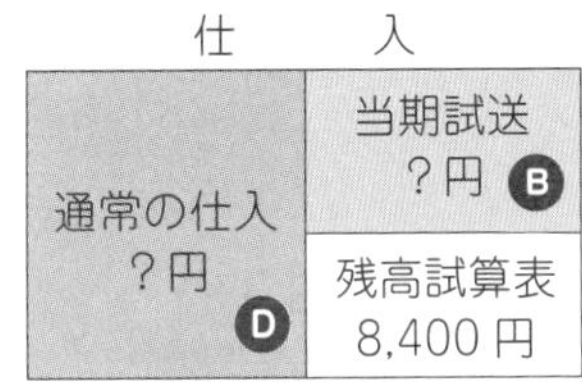

A 試用品ボックス　売上原価

4,200円÷1.25×0.8＝2,688円

（試用品売上を1.25で割って一般売価に直す）

B 試用品ボックス　当期試送

3,864円－1,344円＝2,520円

C 試用品ボックス　期末試用品

3,864円－2,688円（A）＝1,176円

D 仕入勘定　通常の仕入

2,520円（B）＋8,400円＝10,920円

E 手許商品ボックス　一般商品売上原価

10,080円×0.8＝8,064円

F 手許商品ボックス　期末商品

1,680円＋10,920円（D）－2,520円（B）－8,064円（E）＝2,016円

➡ トレーニングの 問題3 へ！

●商社などが遠くから仕入れた場合

未着品売買

1 未着品売買とは

重要度 ★

遠方から船便などで商品を仕入れる場合、その引換証として、運送会社から**貨物代表証券**（かもつだいひょうしょうけん）（船荷証券や貨物引換証）が発行されます。

商品を注文した側は貨物代表証券と引き換えに商品を受け取りますが、この貨物代表証券は、商品の到着前にほかに転売することができます。

未着品売買とは、注文した商品が到着する前に、その商品（貨物代表証券）をほかに転売することをいいます。

船荷証券（ふなにしょうけん）…商品が船便で輸送される場合に発行される引換証
貨物引換証（かもつひきかえしょう）…商品がトラック便などで輸送される場合に発行される引換証

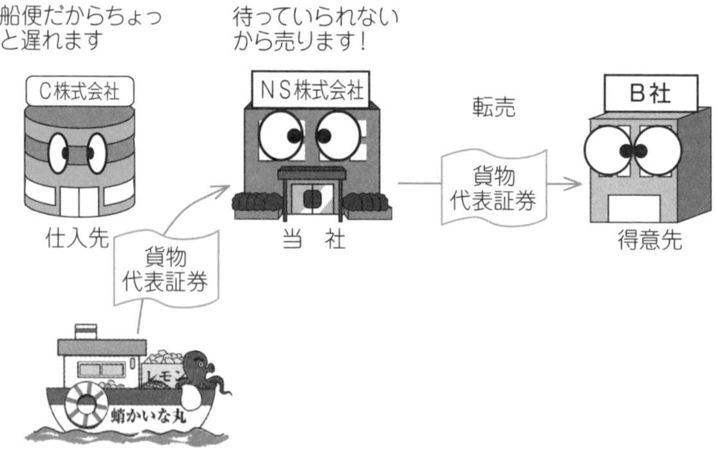

2 未着品売買の処理

重要度 ★★

未着品売買では、(1)商品を引き取る場合と、(2)貨物代表証券を転売した場合の処理が問題になります。

(1) 商品を引き取る場合

この場合には、①貨物代表証券の受取時と②商品の到着時の処理があります。

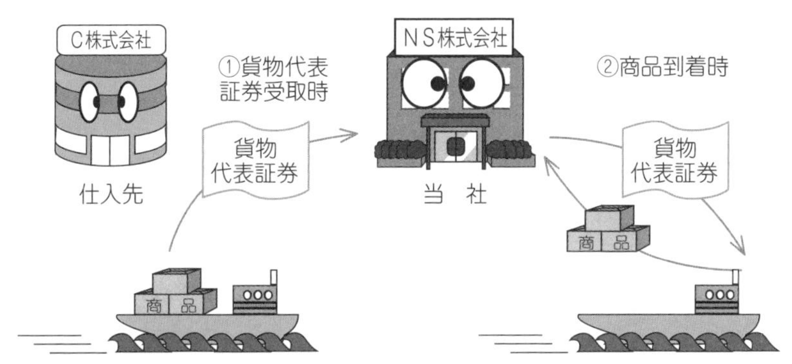

①貨物代表証券の受取時

貨物代表証券を受け取ったときは、通常の商品仕入れと異なり、**未着品（資産）**で処理します。

②商品の引取り時

貨物代表証券と引き換えに商品を引き取った場合は、通常の商品を仕入れたのと変わりません。したがって**未着品から仕入に振り替え**ます。

なお、引き取りの際に新たに発生した費用などの付随費用は仕入に含めます。

例

●次の取引の仕訳を示しなさい。

⑴商品 3,000 円を注文し、貨物代表証券を受け取り、代金は掛けとした。

⑵貨物代表証券に記載された 3,000 円の商品が届き、貨物代表証券と交換に引き取った。その際、引取費用 200 円を現金で支払っている。

⑴貨物代表証券の受取時

(借)	未着品	3,000	(貸)	買掛金	3,000

⑵商品の引取り時

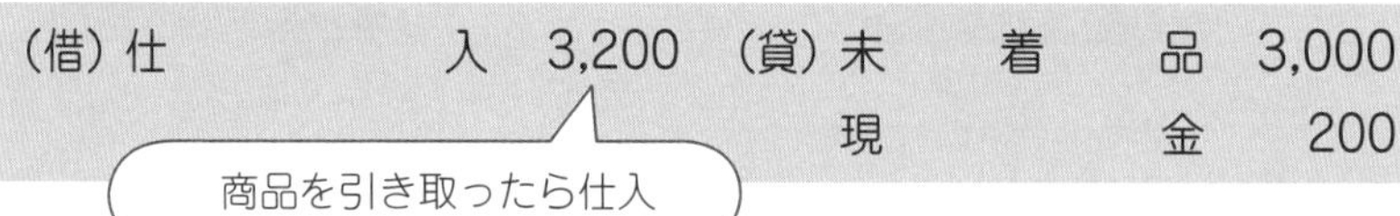

(借)	仕入	3,200	(貸)	未着品	3,000
				現金	200

⑵貨物代表証券を転売した場合

この場合には、①貨物代表証券の受取時と②貨物代表証券の転売時の処理があります。

①貨物代表証券の受取時

貨物代表証券を受け取ったときは、(1)の場合と同様に**未着品(資産)**で処理します。

②貨物代表証券の転売時

貨物代表証券を転売したときは、通常の商品の売上と区別して、**未着品売上(収益)**で処理します。また、その都度法の場合、未着品売上に対応する売上原価を未着品から仕入に振り替えます。

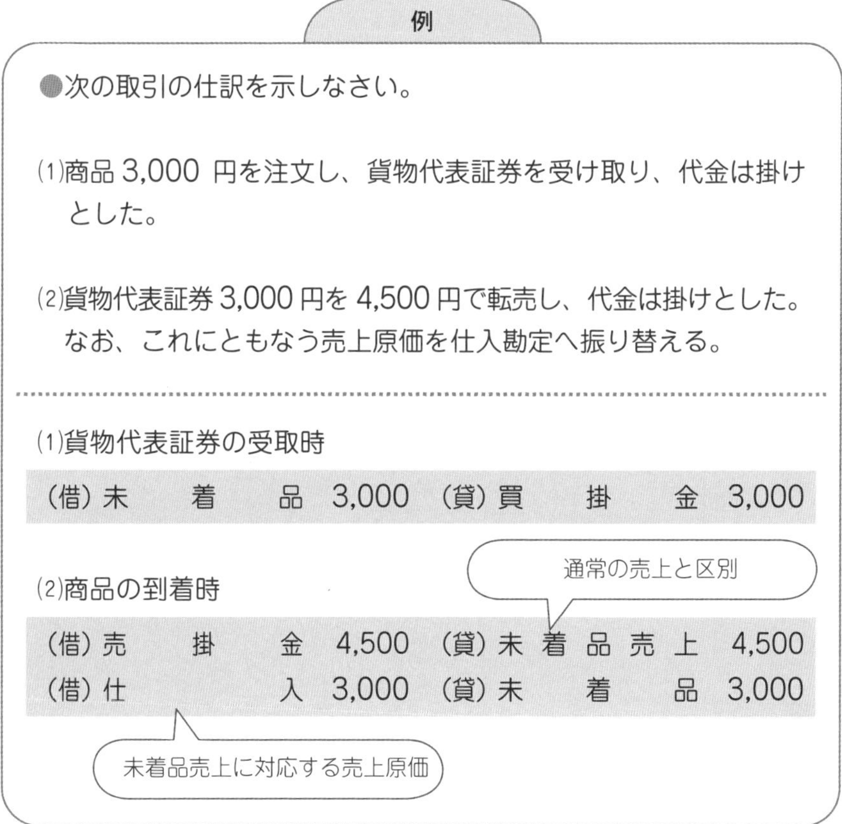

例

●次の取引の仕訳を示しなさい。

(1)商品 3,000 円を注文し、貨物代表証券を受け取り、代金は掛けとした。

(2)貨物代表証券 3,000 円を 4,500 円で転売し、代金は掛けとした。なお、これにともなう売上原価を仕入勘定へ振り替える。

(1)貨物代表証券の受取時

(借)	未着品	3,000	(貸) 買掛金	3,000

(2)商品の到着時

(借)	売掛金	4,500	(貸) 未着品売上	4,500
(借)	仕入	3,000	(貸) 未着品	3,000

なお、売上計上のつど、仕入に振り替えず、期末において一括して振り替えることもあります。

基本問題

次の一連の取引の仕訳をしなさい。なお、当社では未着品の販売のつど、その売上原価を仕入勘定に振り替える処理を採用している。

⑴ 注文していた商品の貨物代表証券16,000円を受け取り、代金は約束手形を振り出して支払った。

⑵ 貨物代表証券16,000円のうち、12,000円を15,000円で転売し、代金は掛けとした。

⑶ 残りの4,000円につき現品を引き取ったが、その際、引取費用100円を現金で支払った。

解答

⑴貨物代表証券の受取り

(借)	未着品	16,000	(貸)	支払手形	16,000

⑵未着品転売時

(借)	売掛金	15,000	(貸)	未着品売上	15,000
(借)	仕入	12,000	(貸)	未着品	12,000

⑶商品引取り時

(借)	仕入	4,100	(貸)	未着品	4,000
				現金	100

➡ トレーニングの 問題4 へ！

●カードでお買い物！

割賦販売

1　割賦販売(かっぷはんばい)とは　重要度 ★

割賦販売とは、商品を引き渡したあと、**商品代金を分割で受け取る販売形態**をいいます。

2　割賦販売の収益認識　重要度 ★

割賦販売は、①**お客さんに商品を引き渡し**、②**代金の回収期限が到来して**、③**実際に代金を回収する**という流れになります。

この3つの時点のうち、①**お客さんに商品を引き渡したとき**に履行義務が充足され、収益を認識します。

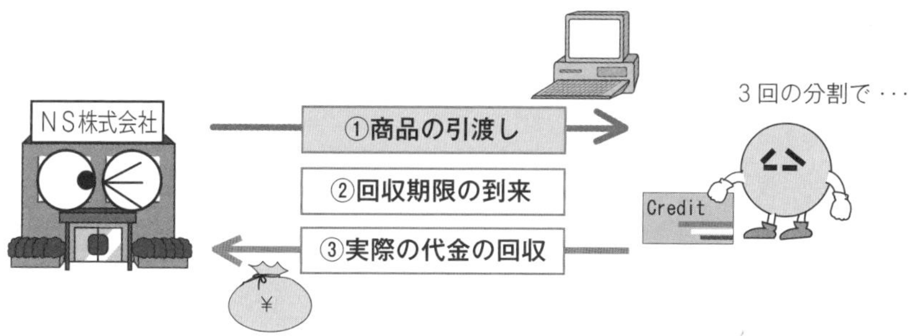

なお、割賦販売については、代金の回収が長期にわたるため、その販売価格に利息が含まれていることがあります。

この場合、収益を顧客が支払うと見込まれる現金販売価格（現金正価(せいか)）で計上し、金利部分については受取利息として決済期日まで配分します。

Ch 11 特殊商品売買

3 割賦販売の会計処理

重要度 ★

割賦販売の販売価格に利息が含まれている例題を見ていきます。

例

●次の一連の取引の仕訳を示しなさい。なお、割賦売価と現金正価との差額は利息として計上し、定額法により回収のつど処理している。

①商品（原価 300 円、割賦売価 500 円、現金正価 450 円、差額は利息分）を 5 回の分割払いの契約で販売した。

②回　収　第 1 回の割賦金 100 円を現金で受け取った。

③決　算　期首商品および期末商品なし、当期仕入 300 円

①商品引渡し時

（借）割賦売掛金	450	（貸）割賦売上	450

②代金回収時

（借）割賦売掛金	10	（貸）受取利息	10
（借）現金	100	（貸）割賦売掛金	100

または、借方と貸方の割賦売掛金を相殺して、次の仕訳も考えられます。

（借）現金	10	（貸）割賦売掛金	90
		受取利息	10

③決算時

仕訳なし

損益計算書

Ⅰ 売上高		
1. 割賦売上高		450
Ⅱ 売上原価		
期首商品棚卸高	0	
当期商品仕入高	300	
合計	300	
期末商品棚卸高	0	300
売上総利益		150
⋮		⋮
Ⅳ 営業外収益		
受取利息		10

4 戻り商品とは

重要度 ★

割賦販売は代金の回収が長期間にわたるため、代金が回収できないこともあります。代金が回収できなくなったとき（お客さんが割賦代金を支払ってくれなくなったとき）は、お客さんから商品を取り戻すことができます。このときの、戻ってきた商品を**戻り商品**といいます。

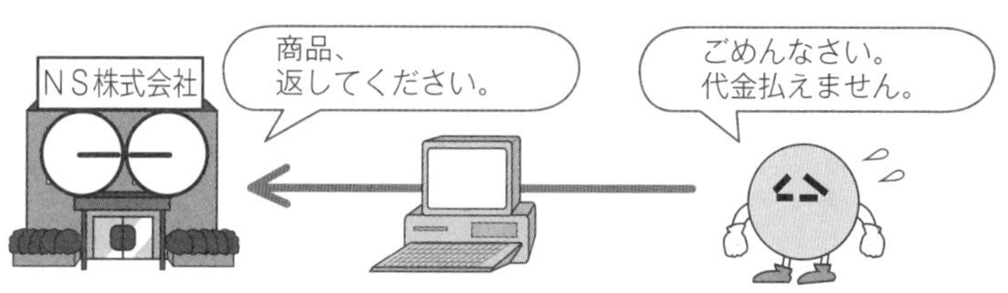

5 戻り商品の会計処理（当期に販売した商品） 重要度 ★

戻り商品の処理では、前期以前に販売した商品を取り戻したときと、当期に販売した商品を取り戻したときで会計処理が異なります。まずは、当期に販売した商品を取り戻したときの処理を見てみましょう。

(1) 商品を取り戻したとき

当期に販売した商品を取り戻したときは、割賦売掛金が回収できなかったとして、**割賦売掛金を減らす**とともに、戻り商品の評価額を**戻り商品勘定**で処理します。また、貸借差額は**戻り商品損失（販売費及び一般管理費）**として処理します。

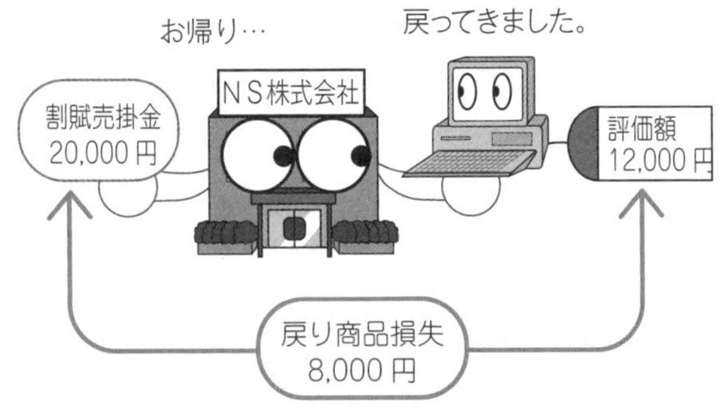

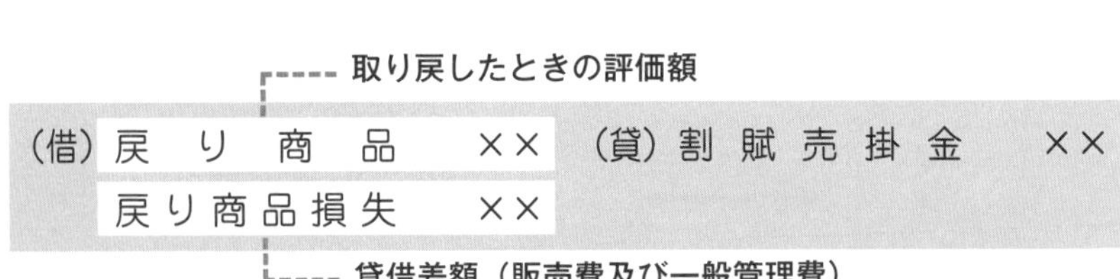

取り戻したときの評価額
（借）戻　り　商　品　××　（貸）割　賦　売　掛　金　××
戻り商品損失　××
貸借差額（販売費及び一般管理費）

⑵ 決算時

戻り商品が期末にまだ残っている場合は、戻り商品の評価額をいったん仕入勘定に振り替え、その後、すぐに仕入勘定から繰越商品勘定に振り替えて、**次期に繰り越し**ます。

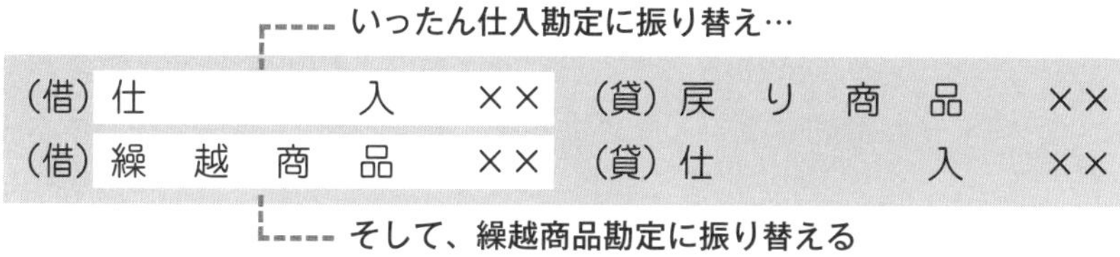

いったん仕入勘定に振り替え…
(借) 仕　入　××　(貸) 戻り商品　××
(借) 繰越商品　××　(貸) 仕　入　××
そして、繰越商品勘定に振り替える

例

●次の一連の取引の仕訳を示しなさい。なお、割賦売価と現金正価との差額は利息として計上し、定額法により回収のつど処理している。

①商品（原価 300 円、割賦売価 500 円、現金正価 450 円、差額は利息分）を 5 回の分割払いの契約で販売した。

②回　収　第 1 回の割賦金 100 円を現金で受け取った。

③貸倒れ　当期に割賦販売した商品を購入者の支払い不能につき 4 回分を未回収のまま取り戻した。この商品の評価額は 110 円と評価された。

④決　算　期首商品なし、期末商品は戻り商品のみである。当期仕入は 300 円である。

---

①商品引渡し時

(借)	割賦売掛金	450	(貸)	割賦売上	450

②代金回収時

(借)	割賦売掛金	10	(貸)	受取利息	10
(借)	現金	100	(貸)	割賦売掛金	100

③貸倒れ時

(借) 戻り商品	110	(貸) 割賦売掛金	360
戻り商品損失	250		

④決算時

(借) 仕入	110	(貸) 戻り商品	110
(借) 繰越商品	110	(貸) 仕入	110

損益計算書

Ⅰ 売上高		
1. 割賦売上高		450
Ⅱ 売上原価		
期首商品棚卸高	0	
当期商品仕入高	300	
合計	300	
期末商品棚卸高	0	300
売上総利益		150
⋮		⋮
Ⅲ 販売費及び一般管理費		
戻り商品損失		250
Ⅳ 営業外収益		
受取利息		10

6　戻り商品の会計処理（前期以前に販売した商品）　重要度 ★

(1) 商品を取り戻したとき

回収不能となった割賦売掛金について、前期末に貸倒引当金を設定していたときは、戻り商品の評価額を戻り商品として計上するとともに貸倒引当金を取り崩します。

そして、貸倒引当金を取り崩してもまだ損失が生じる場合、戻り商品損失で処理します。

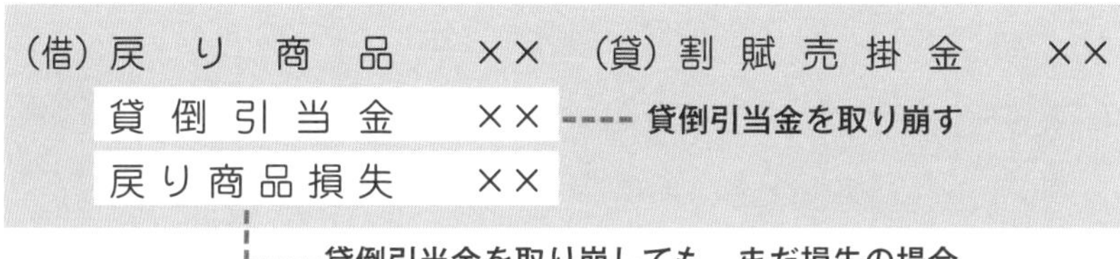

（借）戻り商品　××　（貸）割賦売掛金　××
貸倒引当金　××
戻り商品損失　××
貸倒引当金を取り崩す
貸倒引当金を取り崩しても、まだ損失の場合

(2) 決算時

決算においては、戻り商品の評価額を、いったん**仕入勘定に振り替え**、そして戻り商品が期末にまだ残っている場合は、さらに**繰越商品勘定に振り替え**ます。

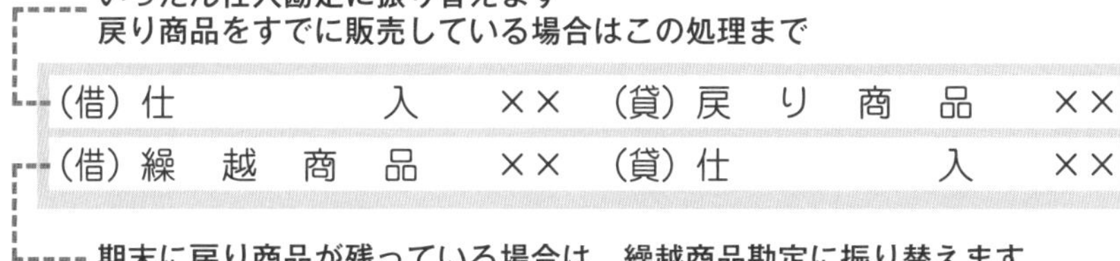

いったん仕入勘定に振り替えます
戻り商品をすでに販売している場合はこの処理まで
（借）仕　入　××　（貸）戻り商品　××
（借）繰越商品　××　（貸）仕　入　××
期末に戻り商品が残っている場合は、繰越商品勘定に振り替えます

例

●次の一連の取引について、当期の仕訳を示しなさい。なお、割賦売価と現金正価との差額は利息として計上し、定額法により回収のつど処理している。

(1)①前期に割賦販売した商品（原価300円、割賦売価500円、現金正価450円、差額は利息分）の代金のうち、4回分について、当期に回収不能となったので、商品を取り戻した。

②取り戻した商品の評価額は110円であり、前期末に割賦売掛金について20円の貸倒引当金を設定している。

(2)決算日において、戻り商品は未販売である。

---

(1)前期

①商品引渡し時

	借方科目	金額		貸方科目	金額
(借)	割賦売掛金	450	(貸)	割賦売上	450

②代金回収時

	借方科目	金額		貸方科目	金額
(借)	割賦売掛金	10	(貸)	受取利息	10
(借)	現金	100	(貸)	割賦売掛金	100

③決算時

	借方科目	金額		貸方科目	金額
(借)	貸倒引当金繰入	20	(貸)	貸倒引当金	20

(2)当期

③貸倒れ時

	借方科目	金額		貸方科目	金額
(借)	戻り商品	110	(貸)	割賦売掛金	360
	貸倒引当金	20			
	戻り商品損失	230			

④決算時

	借方科目	金額		貸方科目	金額
(借)	仕入	110	(貸)	戻り商品	110
(借)	繰越商品	110	(貸)	仕入	110

基本問題

次の資料にもとづき、当期末（×5年3月31日）の損益計算書を作成しなさい。

【資料】

決算整理前残高試算表
×５年３月３１日　　（単位：円）

借方科目	金額	貸方科目	金額
割賦売掛金	1,000	貸倒引当金	100
繰越商品	600	一般売上	3,000
仕入	3,400	割賦売上	2,200

1．決算整理事項

⑴割賦販売について、以下の処理が未処理である。

前期発生割賦売掛金の貸倒れ

（原価315円、現金正価450円、割賦売価500円）を5回の分割払いで販売したものである。

前期中に1回分（100円）を回収し、当期首に4回分（割賦売掛金残高360円）が貸倒れたが、貸倒れの処理が未処理である。戻り商品の評価額は200円である。

⑵期末手許商品帳簿棚卸高400円（戻り商品を除く）、棚卸減耗と商品の収益性の低下は生じていない。戻り商品は期末において未販売である。

答案用紙

損益計算書　　（単位：円）

Ⅰ．売上高		
1．一般売上高	（　　）	
2．割賦売上高	（　　）	（　　）
Ⅱ．売上原価		
1．期首商品棚卸高	（　　）	
2．当期商品仕入高	（　　）	
合計	（　　）	
3．期末商品棚卸高	（　　）	（　　）
売上総利益		（　　）
Ⅲ．販売費及び一般管理費		
1．戻り商品損失		（　　）

解答

損益計算書　(単位：円)

Ⅰ.売　上　高		
1.　一般売上高	(3,000)	
2.　割賦売上高	(2,200)	(5,200)
Ⅱ.売上原価		
1.　期首商品棚卸高	(600)	
2.　当期商品仕入高	(3,600)	
合　計	(4,200)	
3.　期末商品棚卸高	(600)	(3,600)
売上総利益		(1,600)
Ⅲ.販売費及び一般管理費		
1.　戻り商品損失		(60)

⑴未処理事項の処理

(借) 戻り商品	200	(貸) 割賦売掛金	360
貸倒引当金	100		
戻り商品損失	60		

⑵戻り商品の処理

(借) 仕入	200	(貸) 戻り商品	200
(借) 繰越商品	200	(貸) 仕入	200

⑶手許商品

(借) 仕入	600	(貸) 繰越商品	600
(借) 繰越商品	400	(貸) 仕入	400

➡ トレーニングの 問題5 問題6 へ！

Chapter 12

特殊論点 1

ここからさらに細かい論点に入っていきます。
出題可能性は高くないので、
やりすぎないようにしましょう。

●商品売買を、総て（すべて）商品勘定で処理する方法

総記法

1 総記法

重要度 ★

総記法とは、商品売買を**商品勘定のみで処理**する方法をいいます。売上や仕入などの勘定は使いません。商品を売っても買っても商品勘定しか使いません。

(1)総記法の処理

商品の仕入時は商品勘定の**借方に原価で記入**し、商品の販売時は商品勘定の**貸方に売価で記入**を行います。

(1) 仕入時

(借) 商　品	××	(貸) 買 掛 金	××	←原価

(2) 販売時

(借) 売 掛 金	××	(貸) 商　品	××	←売価

(3) 仕入返品・仕入割戻し

(借) 買 掛 金	××	(貸) 商　品	××	←原価

(4) 売上返品・売上割戻し

(借) 商　品	××	(貸) 売 掛 金	××	←売価

(5) 決算時

(借) 商　品	××	(貸) 商品売買益	××

商品売買益の金額
(1)前T／B商品が貸方残高
商品売買益＝期末商品棚卸高＋商品（前T／B）
(2)前T／B商品が借方残高
商品売買益＝期末商品棚卸高－商品（前T／B）

例

●次の資料にもとづき、総記法による仕訳を示しなさい。

(1)期首商品：200 円

(2)当期の取引

　①掛仕入：600 円

　②掛売上：900 円（売価）、原価 720 円

(3)期末商品：80 円

---

(1)仕入時

(借) 商　品	600	(貸) 買　掛　金	600

(2) 販売時

(借) 売　掛　金	900	(貸) 商　品	900

商品ボックス

期首 200 円 仕入 600 円	売上 900 円 （売価）

前 T/B　100 円

ここで、商品勘定の貸方に期末商品を原価で付け足したボックス図を書いてみます。

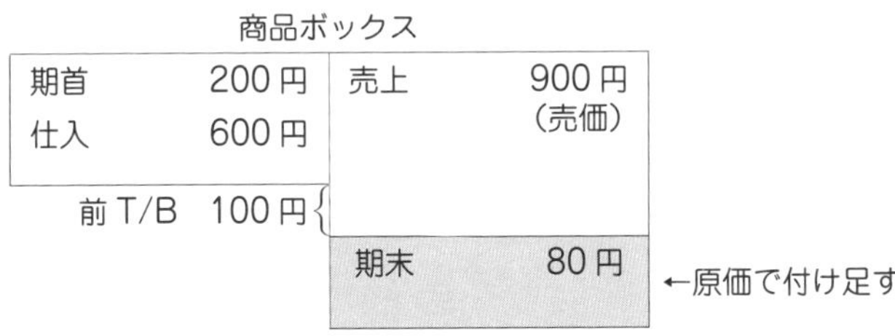

このとき、貸方の飛び出た部分が商品売買益の金額になります。

なぜなら、もし、商品ボックス図の売上が原価で記入されていれば、当然ボックス図の貸借は一致するはずです。つまり、「貸方が飛び出ているのは売上と売上原価の差（商品売買益）」となります。これはボックス図の貸方の上下を入れ替えてみると、よくわかります。

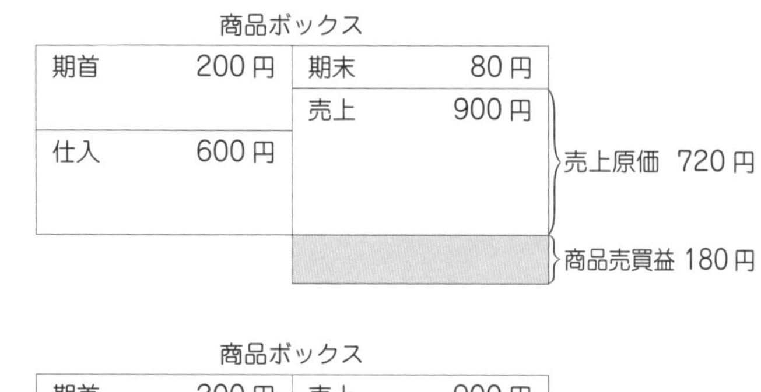

以上のように考えて商品売買益を算定し、貸方を商品売買益勘定、借方を商品勘定として決算整理仕訳を行います。

(3) 決算時

(借) 商品	180	(貸) 商品売買益	180

基本問題

次の資料にもとづき、当期末（×5年3月31日）の損益計算書を作成しなさい。

決算整理前残高試算表

×5年3月31日　　　　（単位：円）

商　　品	300	

1．決算整理事項

⑴期首商品：200円

⑵当期の取引（処理済み）

①掛仕入：600円

②掛売上：500円（売価）

⑶　期末手許商品帳簿棚卸高400円、棚卸減耗と商品の収益性の低下は生じていない。

答案用紙

損益計算書　　　　（単位：円）

Ⅰ．売　上　高		（　　　）
Ⅱ．売上原価		
1．期首商品棚卸高	（　　　）	
2．当期商品仕入高	（　　　）	
合　　計	（　　　）	
3．期末商品棚卸高	（　　　）	（　　　）
売上総利益		（　　　）

Ch 12 特殊論点1

解答

損益計算書　(単位：円)

Ⅰ.売上高			(500)
Ⅱ.売上原価			
	1. 期首商品棚卸高	(200)	
	2. 当期商品仕入高	(600)	
	合計	(800)	
	3. 期末商品棚卸高	(400)	(400)
	売上総利益		(100)

(1)決算整理仕訳

(借)	商品	100*	(貸) 商品売買益	100

*400円－300円＝100円
（400円：期末商品、300円：前T/B商品（借方））

(豆知識)　トレーディング目的で保有する棚卸資産

トレーディング目的で保有する棚卸資産とは、例えば金など、単に市場価格の変動により利益を得ることを目的として保有する棚卸資産をいいます。トレーディング目的で保有する棚卸資産は期末に時価で評価し、評価損益は原則として**純額で売上高**に表示します。(仕訳例)

(借)	繰越商品	××	(貸) 売上高	××

金を保有する企業としては、さまざまな商品の売買や投資を行っている商社などが保有していることがあるようです。

➡ トレーニングの 問題1 へ！

●デリバティブは決算時に時価評価

オプション取引

1 オプション取引

重要度 ★

オプション取引とは、将来の一定の日に、契約時に決めておいた価格で特定のものを売買する**権利を売買する取引**をいいます。

(1)オプションの種類と契約時の処理

特定のものを買う権利をコール・オプションといい、特定のものを売る権利をプット・オプションといい、以下の4種類があります。

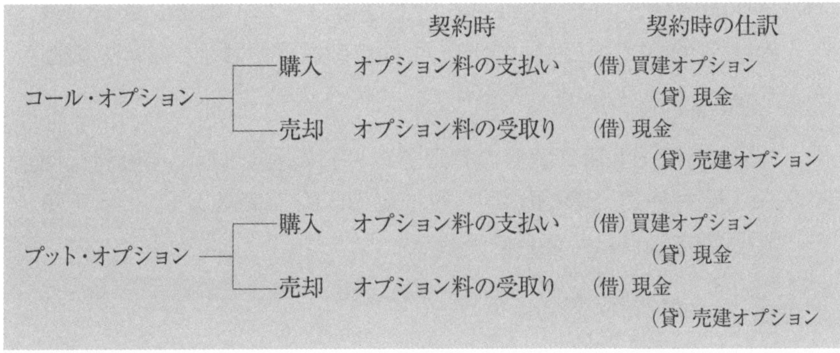

契約時
契約時の仕訳
コール・オプション
購入　オプション料の支払い　(借) 買建オプション　(貸) 現金
売却　オプション料の受取り　(借) 現金　(貸) 売建オプション
プット・オプション
購入　オプション料の支払い　(借) 買建オプション　(貸) 現金
売却　オプション料の受取り　(借) 現金　(貸) 売建オプション

※　買建オプションと売建オプションは、オプション資産、オプション負債を用いることもあります。

例えば、国債の価格の上昇を見込んで国債先物のコール・オプションを購入したり、
保有する株式の下落を見込んで、プット・オプションを購入したりします。

(2)決算時の処理

オプションはデリバティブ取引のため、**決算時に時価評価**して、評価差額は、原則として当期の**オプション差損益**などで処理します。

ただし、一定の要件を満たしたときはヘッジ会計を適用します。

(3)権利行使時（決済時）

コール・オプションの買い手は権利行使することにより、売り手に対して権利行使価格で特定のものを買うように求めることができます。

なお、デリバティブ取引のため権利行使による決済は**価格変動分の差額**を**オプション差損益**などで処理します。

例

●次の各取引の仕訳を示しなさい。

(1)×５年３月１日に今後の国債相場の上昇を見込んで、国債 100 口を１口 95 円で取得できる権利（コール・オプション）を購入し、オプション料 100 円を現金で支払った。

(2)×５年３月 31 日（決算日）におけるコール・オプションの時価は 120 円であった。なお、翌期首の振戻しは行わないものとする。

(3)×５年５月 31 日に国債の時価が@ 98 円となったため権利行使し、反対売買（@ 95 円で買い@ 98 円で売る）による差額 300 円を決済し、現金で受取った。

(1)オプション購入時

(借)			(貸)		
(借)	買建オプション	100	(貸)	現　金	100

(2)決算日

(借)			(貸)		
(借)	買建オプション	20	(貸)	オプション差損益	20

(3)権利行使時

(借)			(貸)		
(借)	現　金	300	(貸)	買建オプション	120
				オプション差損益	180

2 ヘッジ会計を適用する場合 重要度 ★

保有する国債や株式などのヘッジ対象の相場変動等による損失をヘッジするためにヘッジ手段としてオプションを購入したときは、ヘッジ会計を適用する場合があります。

ヘッジ会計を適用するときは、決算時の評価差額を繰延ヘッジ損益として繰延べます。

例

●次の各取引の仕訳を示しなさい。

(1)×５年３月１日にその他有価証券として保有する国債（10,000円）の今後の国債相場の下落を見込んで、国債100口を１口98円で売却できる権利（プット・オプション）を購入し、オプション料100円を現金で支払った。

(2)×５年３月31日（決算日）における国債現物の時価は9,900円、プット・オプションの時価は220円であった。
全部純資産直入法、ヘッジ会計（繰延ヘッジ）を適用する。

(1)オプション購入時

(借)	買建オプション	100	(貸)	現金	100

(2)決算日

①ヘッジ対象

9,900円－10,000円

(借)	その他有価証券評価差額金	100	(貸)	その他有価証券	100

②ヘッジ手段

(借)	買建オプション	120	(貸)	繰延ヘッジ損益	120

220円－100円

参考 予定取引に係るオプション 

予定取引（今後行う予定の取引）に係る相場変動等による損失をヘッジするためにオプション取引を行ったときは、予定取引が実行されるまでオプション取引に係る損益を**繰延ヘッジ損益**として繰り延べます。

【例】

⑴×５年３月１日にアメリカ企業に商品を100ドルで販売する契約を締結したが、出荷予定日は×５年４月20日で、代金回収日は×５年５月20日の予定である。

⑵上記契約日に今後の為替相場の変動により代金が減少するリスクを回避するために100ドルを１ドル@105円で売却する通貨オプション（ドル売りプット・オプション）を購入し、オプション料100円を現金で支払った。通貨オプション勘定を用いること。

⑶×５年３月31日（決算日）のオプションの時価は@220円であった。
なお、翌期首の振り戻しは行わない。

⑷×５年４月20日に商品100ドルを出荷し、代金は掛けとした。同日の為替レートは@102円、オプションの時価は@250円である。
なお、出荷の処理とオプションの処理は別々（独立処理）に行い、繰延ヘッジ損益をいったん把握した上で売上に加減すること。

⑸×５年５月20日に売掛金100ドルを現金で回収した。同日の為替レートは@100円であった。
あわせてオプションを決済し、差額500円を現金で受取った。

(1) 契約時

仕訳なし

(2)オプション購入時

(借)	通貨オプション	100	(貸)	現金	100

(3)決算時

(借)	通貨オプション	120 *	(貸)	繰延ヘッジ損益	120

＊220円－100円＝120円

(4)出荷時

①出荷

(借)	売掛金	10,200 *	(貸)	売上	10,200

＊100ドル×@102円＝10,200円

②オプションの時価評価

(借)	通貨オプション	30 *	(貸)	繰延ヘッジ損益	30

＊250円－220円＝30円

③繰延ヘッジ損益を売上に加減

(借)	繰延ヘッジ損益	150 *	(貸)	売上	150

＊繰延ヘッジ損益の累計額

(5) 回収時

①売掛金の回収

(借)	現金	10,000 *1	(貸)	売掛金	10,200
	為替差損益	200 *2			

＊1　100ドル×@100円＝10,000円

＊2　貸借差額

②オプションの決済

(借)	現金	500 *1	(貸)	通貨オプション	250
				為替差損益	250 *2

＊1　100ドル×（@105円－@100円）＝500円

＊2　貸借差額

Ch 12 特殊論点1

基本問題

次の資料にもとづき、当期末（×5年3月31日）の貸借対照表および損益計算書を作成しなさい。

決算整理前残高試算表

×5年3月31日　　　（単位：円）

買建オプション	100	

1．決算整理事項

⑴×5年3月1日に今後の国債相場の上昇を見込んで、国債100口を1口95円で取得できる権利（コール・オプション）を購入し、オプション料100円を現金で支払い、適切に処理している。

⑵×5年3月31日（決算日）におけるコール・オプションの時価は220円であった。

答案用紙

（単位：円）

貸借対照表		損益計算書	
Ⅰ　流動資産		Ⅳ　営業外収益	
買建オプション	（　　）	オプション差益	（　　）

解答

（単位：円）

貸借対照表		損益計算書	
Ⅰ　流動資産		Ⅳ　営業外収益	
買建オプション	（ 220 ）	オプション差益	（ 120 ）

⑴決算時

（借）買建オプション	120*	（貸）オプション差損益	120

＊　220円－100円＝120円

➡ トレーニングの 問題2 へ！

貸付金の譲渡

重要度 ★

今まで見てきたデリバティブ取引以外にも金融商品の論点はあります。ここでは貸付金の譲渡を見ていきましょう。

貸付金の譲渡とは、貸付金の債権者が第三者に債権を譲渡することにより、回収期日前に現金化することをいいます。

(1)取引の流れ

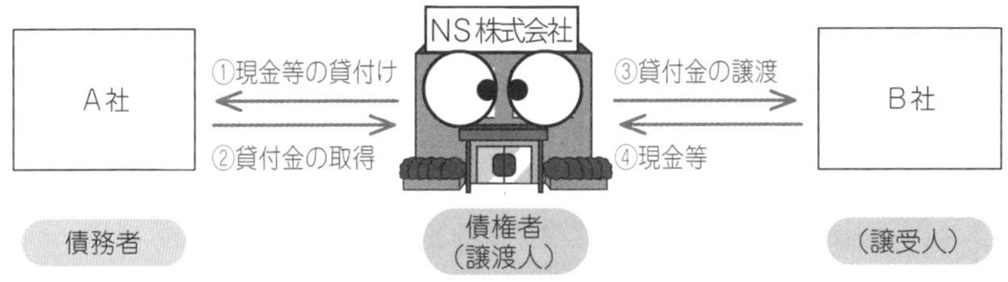

このとき、譲渡人が貸付金の回収を引き続き行い回収手数料を譲受人(ゆずりうけにん)から受け取ることがあります。

また、債務者が回収不能となった場合に債務者の代わりに支払う義務（**リコース義務**といいます。）や、貸付金の価値が上がった場合に貸付金を買い戻すことができる権利（**買戻権**(かいもどしけん)といいます。）が、新たに譲渡人に生じることがあります。

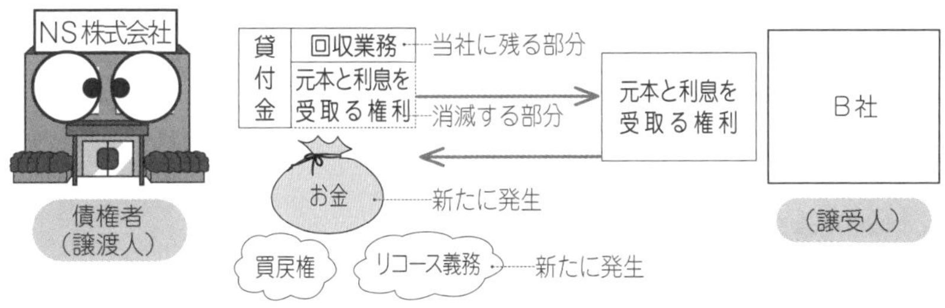

Ch 12 特殊論点1

⑵譲渡時の処理

貸付金のうち、消滅する部分（消滅部分）と当社に残る部分（残存部分）を分けて処理します。

①貸付金の帳簿価額の按分

貸付金の帳簿価額を、消滅部分の時価と残存部分の時価の割合で按分します。

$$\text{消滅部分の帳簿価額}:\text{帳簿価額}\times\frac{\text{消滅部分の時価}}{\text{消滅部分の時価}+\text{残存部分の時価}}$$

$$\text{残存部分の帳簿価額}:\text{帳簿価額}\times\frac{\text{残存部分の時価}}{\text{消滅部分の時価}+\text{残存部分の時価}}$$

消滅部分の時価は、譲渡により新たに発生した資産の時価から新たに発生した負債の時価を引いた純額とします。

②残存部分の処理

残存部分を貸付金勘定から「**回収サービス業務資産**」勘定（資産）に振替えます。

「回収サービス業務資産」は、債権の回収を当社が行うことにより譲受人から受け取る手数料を資産計上したものであり、貸借対照表上、未収収益として表示します。

③消滅部分の処理

貸付金の譲渡により新たに発生した資産（金銭と買戻権）、負債（リコース義務）を譲渡時の時価により計上し、この時価（純額）と、消滅部分に対応する帳簿価額との差額を**貸付金売却益**（または貸付金売却損）として処理します。

債権売却益、長期貸付金売却益などの科目を使うこともあります。本試験では、問題文の指示に従ってください。

【例】次の取引の当社における仕訳を示しなさい。

1　当社は、A社に対する貸付金（簿価8,000円）をB社に10,000円で譲渡し、対価は現金で受け取った。

2　貸付金の回収業務は当社が引き続き担当する。回収業務から得られる手数料の現在価値（回収サービス業務資産の時価）は1,000円である。

3　当社は、債権の価値が上がった場合などに債権を買い戻す権利（買戻権）を持つ。買戻権の時価は2,000円である。

4　当社がA社に対する貸付金が回収不能になった場合に負担する遡及義務（リコース義務）の時価は3,000円である。

①貸付金の帳簿価額の配分

消滅部分の時価：10,000円（現金収入）＋2,000円（買戻権）－3,000円（リコース義務）＝9,000円

消滅部分の時価は、譲渡により新たに発生した資産の時価から新たに発生した負債の時価を引いた純額とします。

残存部分：8,000円（貸付簿価）× $\frac{1{,}000\text{円（残存時価）}}{9{,}000\text{円（消滅時価）}+1{,}000\text{円（残存時価）}}$ ＝800円

消滅部分：8,000円（貸付簿価）× $\frac{9{,}000\text{円（消滅時価）}}{9{,}000\text{円（消滅時価）}+1{,}000\text{円（残存時価）}}$ ＝7,200円

②残存部分の処理

（借）		（貸）	
回収サービス業務資産	800	貸付金	800

③消滅部分の処理

貸付金売却益：9,000円（消滅時価）－7,200円（帳簿価額）＝1,800円

（借）		（貸）	
現金	10,000	貸付金	7,200
買戻権	2,000	リコース義務	3,000
		貸付金売却益	1,800

Ch 12 特殊論点1

上記の2つの仕訳を合わせると、次のようになります。

（借）	現　　　金	10,000	（貸）	貸　付　金	8,000
	買　戻　権	2,000		リコース義務	3,000
	回収サービス業務資産	800		貸付金売却益	1,800

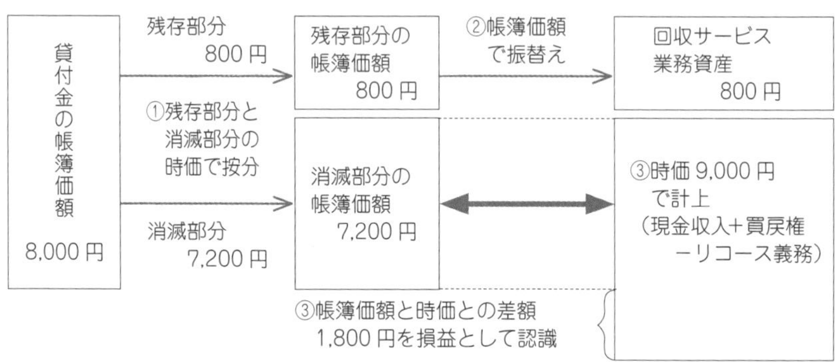

➡ トレーニングの 問題3 へ！

参考 有価証券の保有目的の変更

重要度 ★

有価証券の保有目的は取得時に決めるため、その後は正当な理由がなければ変更することはできません。これは恣意的に保有目的を変更し、利益額を操作するのを防ぐためです。

正当な理由としては、会社の資金運用方針の変更や、株式の追加取得及び売却などによって、他の保有目的から子会社株式に変更したり、子会社株式から他の保有目的に変更する場合などです。

(1) 原則的処理

有価証券の保有目的を変更した場合には、①**振替価額**をどうするか、②**振替時の評価差額**をどうするかの2点がポイントとなります。

保有目的の変更の原則的処理

①振替価額：原則として、変更「前」の保有目的の評価基準による金額で振替える。

②振替時の評価差額：変更「前」の保有目的区分から発生したものとして処理する。

例えば、「売買目的有価証券」から「子会社株式」に振り替えた場合、振替価額は振替時の時価となり、振替時の評価差額は「有価証券評価損益」とします。

【例1】当社は、正当な理由により以下の有価証券について保有目的を変更した。

銘　柄	変更前	変更後	帳簿価額	変更時の時価
A社株式	売買目的有価証券	子会社株式	1,000円	1,200円
B社社債	満期保有目的債券	売買目的有価証券	900円	930円
C社株式	子会社株式	その他有価証券	2,000円	2,200円

※B社社債の保有目的変更時の償却原価は920円である。

●A社株式

1,200円 − 1,000円 ＝ 200円
時　価　　簿　価　　評価損益

(借) 子会社株式	1,200	(貸) 売買目的有価証券	1,000
	時　価	有価証券評価損益	200

Ch 12 特殊論点1

株式を追加取得して、最初に取得した「売買目的有価証券」を「子会社株式」に振り替える場合をイメージしましょう。

●B社社債

(借) 売買目的有価証券	920 償却原価	(貸) 満期保有目的債券	900
		有価証券利息	20

●C社株式

(借) その他有価証券	2,000 簿価	(貸) 子会社株式	2,000

⑵例外的処理（その他有価証券からの変更）

その他有価証券から他の保有目的に変更した場合には、変更「後」の保有目的区分に従って処理を行います。

保有目的の変更の例外的処理

「その他有価証券」から「売買目的有価証券」に変更

①振替価額：時価

②振替時の評価差額：損益に計上（例外的処理）

「その他有価証券」から「子会社株式・関連会社株式」に変更

①振替価額：簿価（例外的処理）

②振替時の評価差額：生じない

「その他有価証券」から、「子会社株式」や「関連会社株式」に振り替える場合には、企業結合や連結との関係で、個別上は簿価で評価する必要があるため、例外的処理を行います。

【例2】当社は、正当な理由により以下の有価証券について保有目的を変更した。

銘　柄	変更前	変更後	帳簿価額	変更時の時価
D社株式	その他有価証券	売買目的有価証券	700円	900円
E社株式	その他有価証券	子会社株式	3,000円	3,100円

● D 社株式

(借) 売買目的有価証券	900 時　価	(貸) その他有価証券	700
		投資有価証券評価損益	200

● E 社株式

(借) 子 会 社 株 式	3,000 簿　価	(貸) その他有価証券	3,000

「その他有価証券」から「売買目的有価証券」に振り替えるときに評価差額を損益に計上するのは、変更前の評価方法で行うと、その他有価証券を保有していないのに「その他有価証券評価差額金」が計上されてしまうからです。

この他に、「その他有価証券」から「子会社株式」や「関連会社株式」に振替える場合で、前期末に部分純資産直入法を採用し評価損を計上していたときは、前期末時価で振替えます。

これは前期末時価で振替えることにより借方に評価損を計上し、期首の洗替えで貸方に計上されている投資有価証券評価損益と相殺するためです。
しかし、出題可能性は低いと思われるため気にしなくて良いでしょう！

【例3】 上記のE社株式3,000円について、前期末時価が2,900円で前期末に100円の評価損が計上されていた場合

期首の洗替え

（借）その他有価証券	100	（貸）投資有価証券評価損益	100

変更時

（借）子会社株式	2,900	（貸）その他有価証券	3,000
投資有価証券評価損益	100		

⑶保有目的の変更のまとめ

有価証券の保有目的の変更をまとめると、次のとおりです。なお、子会社株式・関連会社株式は合わせて関係会社株式として表示しています。

変更前	変更後	①振替価額	②振替時の評価差額
売買目的有価証券	関係会社株式	振替時の時価	有価証券評価損益
	その他有価証券		
満期保有目的債券	売買目的有価証券	振替時の償却原価	—
	その他有価証券		
関係会社株式	売買目的有価証券	振替時の簿価	—
	その他有価証券		
その他有価証券	売買目的有価証券	振替時の時価	（例外）投資有価証券評価損益
	関係会社株式	（例外）振替時の簿価※	—

※「その他」から「関係」の場合で、前期末に部分純資産直入法による評価損が計上されているときは「前期末時価」

➡ トレーニングの 問題4 へ！

Chapter 13

特殊論点2

最後のチャプターまで来ました！
難しい論点が続きますが、
重要度が低いため、
分配可能額を中心に
ざっとおさえておきましょう！

●分離した事業の持分の減少と、子会社の持分の増加を分けて処理

事業分離（連結）

1 事業分離の連結上の処理

重要度 ★

基礎編２では事業分離を行った場合の個別財務諸表上の処理を学習しました。

事業分離で、分離元企業（分割会社）が分離先企業（承継会社）の株式を受け取ることにより、分離元企業が親会社、分離先企業が子会社になることがあります。

この場合、連結財務諸表の作成が必要になります。

ここは難易度が非常に高いため、難しいと感じた方は、後回しにしてください！本試験の出題頻度も高くありません。

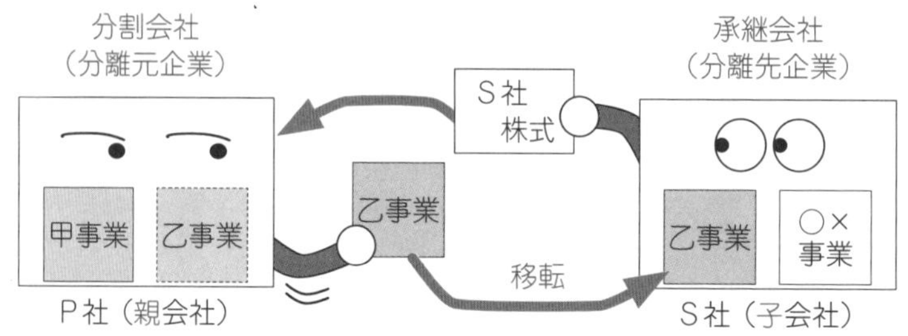

事業分離で連結上の処理が必要となるケースは他にもありますが、これを見ておけば十分でしょう。例を見ながら説明していきます。

【例】Ｐ社が乙事業をＳ社に分離し、Ｐ社はＳ社の発行済株式の60％を取得した場合についてみていきます。

Ｐ社の立場から、⑴Ｓ社がすでに行っている事業（既存の事業）と、⑵移転した乙事業を分けて考えます。

⑴Ｓ社の既存の事業の取得

事業分離によりＳ社株式を取得し、Ｓ社の既存の事業の60％を時価で取得したと考えます。

⑵乙事業の移転

Ｐ社の乙事業に対する持分はもともと100％でしたが、事業分離により子会社の支配を通じて乙事業を60％所有することになります。

つまり乙事業に対する持分が40％減少したと考えます

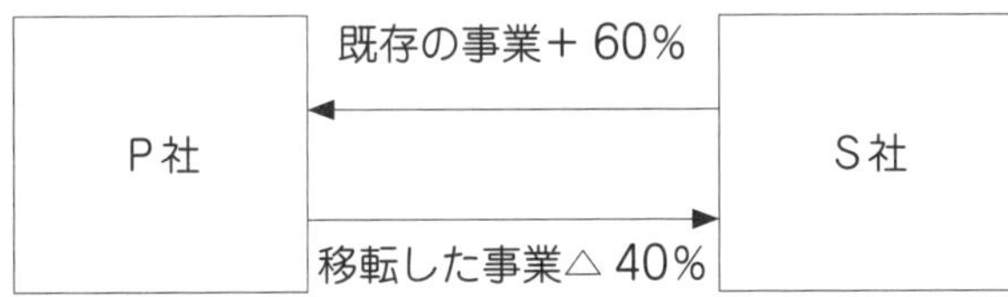

例

●P社の事業分離に係る連結修正仕訳を示しなさい。

・P社は当期末（×1年3月31日）に乙事業をS社に移転した。

・事業分離により、P社はS社よりS社株式の60%を受け取った。

・事業分離直前（×1年3月31日）の個別貸借対照表

P社貸借対照表

乙事業資産	10,000	乙事業負債	4,000
その他諸資産	22,000	その他諸負債	6,000
		資本金	14,000
		利益剰余金	8,000
	32,000		32,000

S社貸借対照表

諸資産	7,400	諸負債	3,600
		資本金	3,000
		利益剰余金	800
	7,400		7,400

・S社では事業分離による払込資本を全額、資本金とする。

・事業分離直前のS社の諸資産の時価は7,700円であった。

・事業分離直前のS社の既存の事業の時価は4,200円であった。

・S社に移転した乙事業の時価は6,300円であった。

---

1 個別財務諸表上の処理

(1)分離元企業（P社）

（借）	乙事業負債	4,000	（貸）	乙事業資産	10,000
	S社株式	6,000			

移転した事業の帳簿価額が子会社株式の取得原価となります。（投資の継続）

(2)分離先企業（S社）

（借）	乙事業資産	10,000	（貸）	乙事業負債	4,000
				資本金	6,000

移転した事業を分離元企業の帳簿価額で引き継ぎます。（逆取得）

2 事業分離後の個別貸借対照表

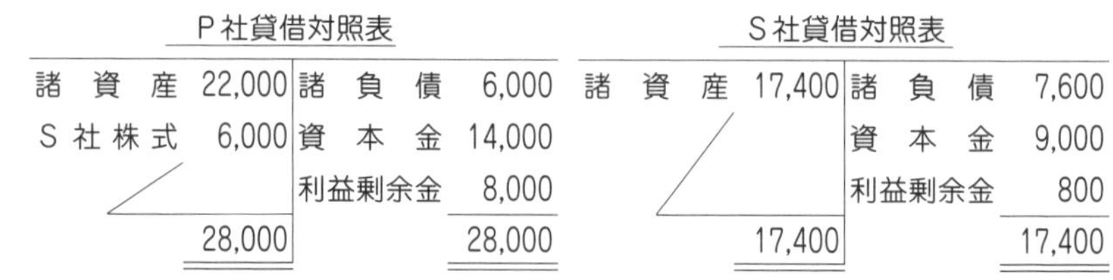

P社貸借対照表

諸資産	22,000	諸負債	6,000
S社株式	6,000	資本金	14,000
		利益剰余金	8,000
	28,000		28,000

S社貸借対照表

諸資産	17,400	諸負債	7,600
		資本金	9,000
		利益剰余金	800
	17,400		17,400

3 連結財務諸表上の処理

子会社の既存の事業と、移転した事業を分けて考えます。

(1)既存の事業の仕訳

(借) 諸資産	300	(貸) 評価差額	300

7,700円－7,400円

子会社の資産および負債を時価評価します。

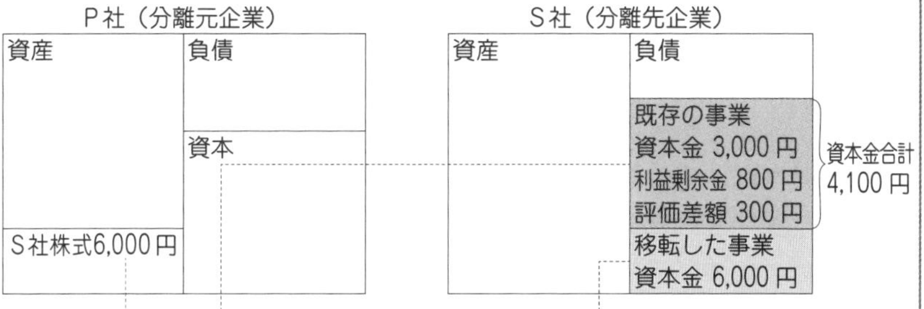

P社（分離元企業）

資産	負債
	資本
S社株式6,000円	

S社（分離先企業）

資産	負債
	既存の事業 資本金 3,000円 利益剰余金 800円 評価差額 300円
	移転した事業 資本金 6,000円

資本金合計 4,100円

①取得したS社株式のうち既存事業に投資したとみなす額を計算します。

4,200円 × 60% ＝ 2,520円

既存事業時価　親持分比率　みなし投資額

(2)既存の事業の仕訳

(借) 資本金	3,000	(貸) S社株式	2,520
利益剰余金	800	非支配株主持分	1,640
評価差額	300		
のれん	60（差額）		

④連結上、子会社株式を消去するため、残額を相殺します。

6,000円－2,520円＝3,480円

(3)移転した事業の仕訳

(借) 資本金	6,000（事業分離による資本増加額）	(貸) S社株式	3,480（残額）
		非支配株主持分	2,400
		資本剰余金	120（差額）

②非支配株主持分

4,100円×40%＝1,640円

既存事業資本

③のれん

2,520円－4,100円×60%
＝60円

⑤非支配株主持分

6,000円 × 40% ＝ 2,400円

事業分離による資本増加額

⑥資本剰余金（※）

仕訳の貸借差額を資本剰余金とします。

(4)連結財務諸表の作成

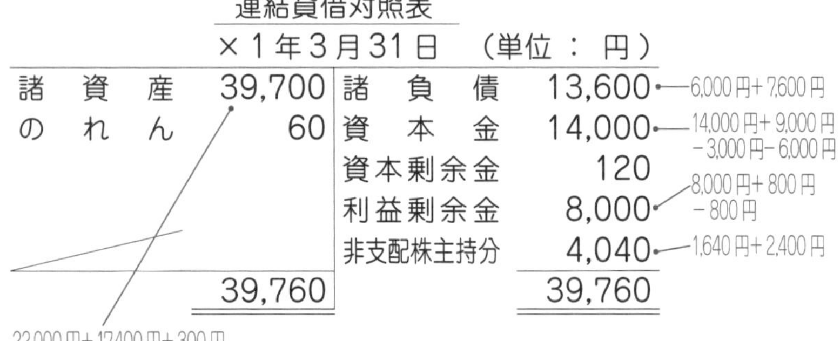

連結貸借対照表

×1年3月31日　（単位：円）

諸資産	39,700	諸負債	13,600
のれん	60	資本金	14,000
		資本剰余金	120
		利益剰余金	8,000
		非支配株主持分	4,040
	39,760		39,760

※　資本剰余金の計算

仕訳の貸借差額で計算できますが、次のように計算することもできます。

①考え方

Ｐ社の移転した事業に対する持分比率は、次のように変動しています。

事業分離前：100％　→　事業分離後：60％

そのため、移転した事業の40％を非支配株主に売却したと考えることができます。

②資本剰余金

移転した事業を時価で非支配株主に売却したと考え、移転した事業の時価（「みなし移転事業額」といいます。）に売却比率を掛けた額と、移転した事業の資本のうちの非支配株主持分との差額を資本剰余金とします。

6,300円×40％－6,000円×40％＝120円

（6,300円：移転事業時価、6,000円：移転による資本増加額）

基本問題

以下の資料にもとづき、P社の事業分離に係る個別上の仕訳と、連結修正仕訳を示しなさい。

1　P社は当期末（×1年3月31日）に乙事業をS社に移転した。

2　事業分離により、P社はS社よりS社株式を受け取った。これによりP社は、S社の発行済株式総数の60%を取得することとなり、S社を子会社とした。

3　事業分離直前（×1年3月31日）の個別貸借対照表

P社貸借対照表
×1年3月31日（単位：円）

乙事業資産	20,000	乙事業負債	8,000
その他諸資産	44,000	その他諸負債	12,000
		資本金	28,000
		利益剰余金	16,000
	64,000		64,000

S社貸借対照表
×1年3月31日（単位：円）

諸資産	14,800	諸負債	7,200
		資本金	6,000
		利益剰余金	1,600
	14,800		14,800

4　S社では事業分離による払込資本を全額、資本金とする。

5　事業分離直前のS社貸借対照表における諸資産の時価は15,400円であった。

6　事業分離直前のS社の既存の事業の時価は8,400円であった。

7　S社に移転した乙事業の時価は12,600円であった。

解答

1．個別上の仕訳

⑴分離元企業（P社）

（借）乙事業負債	8,000	（貸）乙事業資産	20,000
S社株式	12,000		

⑵分離先企業（S社）

（借）乙事業資産	20,000	（貸）乙事業負債	8,000
		資本金	12,000

2．連結修正仕訳

(1) 既存の事業の仕訳

①子会社の資産の評価替え

(借)	諸資産	600 *	(貸)	評価差額	600

* 15,400円−14,800円＝600円

②資本連結

(借)	科目	金額	(貸)	科目	金額
	資本金	6,000		S社株式	5,040 *1
	利益剰余金	1,600		非支配株主持分	3,280 *2
	評価差額	600			
	のれん	120 *3			

*1 8,400円（既存事業時価）× 60%（親持分比率）＝5,040円（みなし投資額）

*2 8,200円（既存事業資本）×40%＝3,280円

*3 5,040円−8,200円×60%＝120円

(2)移転した事業の仕訳

(借)	科目	金額	(貸)	科目	金額
	資本金	12,000 *1		S社株式	6,960 *2
				非支配株主持分	4,800 *3
				資本剰余金	240 *4

*1 事業分離による資本増加額

*2 12,000円−5,040円＝6,960円

*3 12,000円（事業分離による資本増加額）×40%＝4,800円

*4 貸借差額

（豆知識）資産・負債の時価と事業の時価

資産・負債の時価の差額に、企業の超過収益力であるのれんを乗せたものが事業の時価となります。ただし、のれんは、連結上、親会社持分しか認識しません。

資産・負債の時価(差額)：15,400円−7,200円＝8,200円

のれん：（8,400円（事業時価）−8,200円（資産・負債時価））×60%＝120円

➡ トレーニングの 問題１ へ！

参考 共同支配企業の形成 重要度 ★

共同支配とは、複数の独立した企業が契約等に基づき、ある企業を共同で支配することをいいます。

ここで、複数の独立した企業により共同で**支配される企業を共同支配企業**といい、共同支配企業を**支配する企業を共同支配投資企業**といいます。

共同支配企業が形成されるケースとしては、複数の企業（A社とB社）が事業を分離して、新たに会社（C社）を設立する（共同新設分割）場合があります。

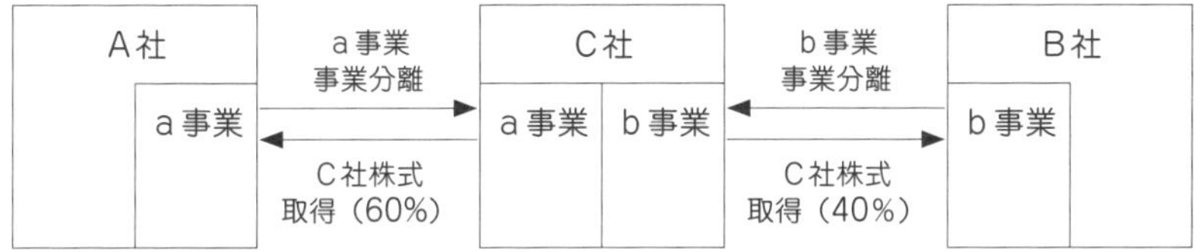

1 個別財務諸表上の処理

⑴共同支配投資企業（分離元企業）**の処理（A社、B社）**

事業を分離した企業は、移転した事業に対する投資が継続していると考え、受け取った株式（C社株式）の取得原価は、移転した事業に係る株主資本相当額（簿価）とします。

⑵共同支配企業（分離先企業）**の処理（C社）**

共同支配企業は、事業を取得しているにもかかわらず支配されているため、受け入れた資産及び負債を適正な帳簿価額により計上します。

2 連結財務諸表上の処理（共同支配投資企業（分離元企業））

連結財務諸表上、共同支配投資企業は、共同支配企業に対する投資について**持分法を適用**します。

A社もB社もそれぞれ子会社があり、連結財務諸表を作成していることが前提となります。

具体的には、A社は移転したa事業に対する持分の減少（100%→60%）については**持分変動損益**を計上し、新たに取得したb事業に対する持分（+60%）については**のれん**を把握します。B社も同様に処理します。

Ch 13 特殊論点2

【例】

A社とB社は、×5年4月1日においてそれぞれa事業とb事業を事業分離し、共同新設分割により新設分割設立会社であるC社を設立した。この取引は共同支配企業の形成に該当する。

(1)新設分割に際し、C社は、A社に60株を発行し、B社に40株を発行した。C社は増加資本を全額資本金とする。

(2)A社が移転したa事業

諸資産の簿価：15,000円　（時価：16,000円）

諸負債の簿価： 6,000円　（時価は簿価と一致）

a事業全体の時価：12,000円

(3)B社が移転したb事業

諸資産の簿価：13,300円　（時価：13,800円）

諸負債の簿価： 7,000円　（時価は簿価と一致）

b事業全体の時価：8,000円

1　個別財務諸表上の処理

①共同支配投資企業（A社）

(借)	金額	(貸)	金額
諸負債	6,000	諸資産	15,000
C社株式	9,000		

②共同支配投資企業（B社）

(借)	金額	(貸)	金額
諸負債	7,000	諸資産	13,300
C社株式	6,300		

③共同支配企業（C社）

a事業

(借)	金額	(貸)	金額
諸資産	15,000	諸負債	6,000
		資本金	9,000

b事業

(借)	金額	(貸)	金額
諸資産	13,300	諸負債	7,000
		資本金	6,300

2　連結財務諸表上の処理

①共同支配投資企業（A社）

イ移転事業分（持分変動損益）

a 事業に対する持分が100％から60％に減った分について、投資を清算したと考えて、時価と簿価の差額を「持分変動損益」とします。

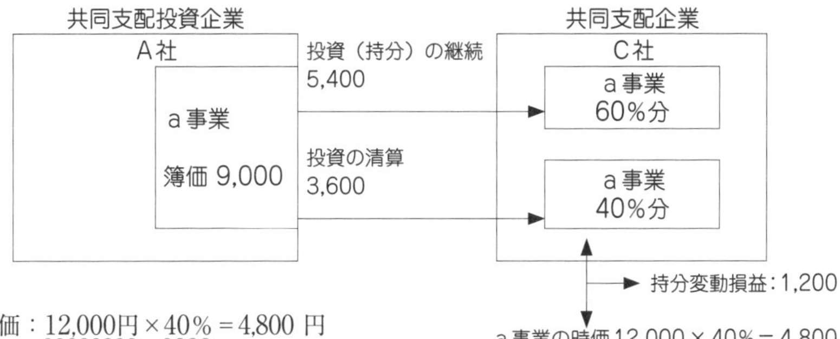

時価：12,000円（a 事業時価）×40％（減少分）＝4,800 円

簿価：（15,000円－6,000円）（a 事業簿価）×40％（減少分）＝3,600円

持分変動損益：4,800円（時価）－3,600円（簿価）＝1,200円

（借）C社株式	1,200	（貸）持分変動損益	1,200

ロ取得事業分（のれん）

b 事業に対する持分60％を新たに取得したと考えて、事業の時価と評価替え後の簿価の差額と「のれん」とします。ただし、持分法のためのれんという勘定は計上せずに翌期からC社株式と持分法による投資損益で償却します。

時価：8,000円（b 事業時価）×60％（取得分）＝4,800 円

評価替え後の簿価：（13,300円－7,000円）（b 事業簿価）×60％＋（13,800円－13,300円）（評価差額）×60％
＝4,080 円

のれん：4,800円（時価）－4,080円（簿価）＝720円

当期は仕訳なし

②共同支配投資企業（B社）

イ移転事業分（持分変動損益）

（借）C　社　株　式	1,020*	（貸）持分変動損益	1,020

* 8,000円（b事業時価）×60%（減少分）－（13,300円－7,000円）（b事業簿価）×60%（減少分）＝1,020円

ロ取得事業分（のれん）

時価：12,000円×40%＝4,800円

評価替え後の簿価：（15,000円－6,000円）×40%＋（16,000円－15,000円）×40%

＝4,000円

のれん：4,800円－4,000円＝800円

当期は仕訳なし

➡ トレーニングの 問題2 へ！

●剰余金は、ある程度会社に残さないといけないんです

分配可能額

1 分配可能額とは

重要度 ★

剰余金の配当では、その他資本剰余金とその他利益剰余金から配当しましたが、これらの剰余金（その他資本剰余金とその他利益剰余金）は、そのすべてを配当することはできず、法律によって配当できる金額に制限が設けられています。この配当できる金額の上限を**分配可能額**といいます。

会社の債権者に支払う財産を確保するために、配当制限が設けられているんですね。

要点 分配可能額

分配可能額…剰余金のうち、配当できる金額の上限

分配可能額を求めるには、まず**剰余金の金額**を計算します。

2 剰余金の金額 Step 1

重要度 ★★

分配可能額を計算するさいの剰余金は、**前期末の剰余金**に**分配時までの剰余金の増減**を加減した、**分配時の剰余金**です。

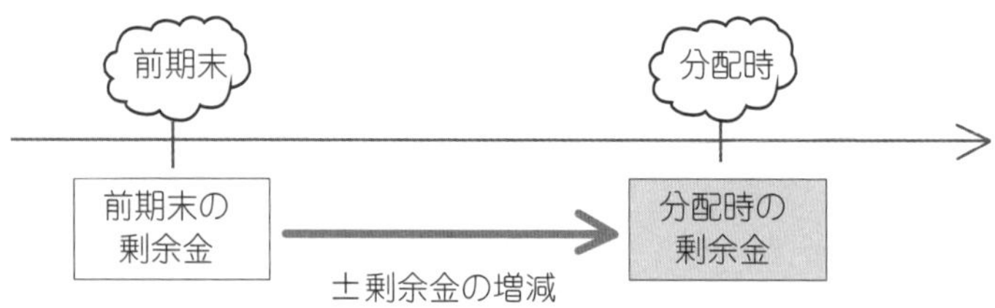

(1) 前期末の剰余金の計算

前期末の剰余金は、**前期末のその他資本剰余金と、その他利益剰余金の合計**となります。

貸借対照表

資産の部	負債の部		
（省略）	（省略）		
	純資産の部		
	Ⅰ．株主資本		
	1．資本金		2,400
	2．資本剰余金		
	(1) 資本準備金	250	
	(2) その他資本剰余金	650	900
	3．利益剰余金		
	(1) 利益準備金	180	
	(2) その他利益剰余金		
	任意積立金	400	
	繰越利益剰余金	600	1,180
	4．自己株式		△280

(2) 分配時の剰余金の計算

前期末の剰余金に、分配時までの剰余金（その他資本剰余金、任意積立金、繰越利益剰余金）の増減を加減して、分配時の剰余金を計算します。剰余金の増減項目には、利益準備金から繰越利益剰余金への振替えや自己株式の処分などがあります。

例

●次の資料にもとづき、×２年６月20日（分配時）の剰余金の金額を計算しなさい。

●前期末（×２年３月31日）の貸借対照表は次のとおりである。

貸借対照表（一部）
×２年３月31日　　（単位：万円）

	：		
	純資産の部		
	Ⅰ．株主資本		
	1．資本金		3,200
	2．資本剰余金		
	(1) 資本準備金	400	
	(2) その他資本剰余金	860	1,260
	3．利益剰余金		
	(1) 利益準備金	250	
	(2) その他利益剰余金		
	任意積立金	350	
	繰越利益剰余金	1,000	1,600
	4．自己株式		△420

●×２年５月１日に自己株式100万円を150万円で処分し、代金は当座預金口座に預け入れた。

●×２年６月１日に繰越利益剰余金80万円を利益準備金に振り替えた。

●前期末時点の剰余金の金額

860万円＋350万円＋1,000万円＝2,210万円

●×2年5月1日…自己株式の処分の仕訳（単位：万円）

(借)	当座預金	150	(貸)	自己株式	100
				その他資本剰余金	50

その他資本剰余金 ← 自己株式処分差益

●×2年6月1日…繰越利益剰余金の振替え（単位：万円）

(借)	繰越利益剰余金	80	(貸)	利益準備金	80

繰越利益剰余金 ← その他利益剰余金

●×2年6月20日（分配時）の剰余金の金額

2,210万円＋50万円－80万円＝2,180万円

×2年6月20日の残高試算表は次のとおりですね。

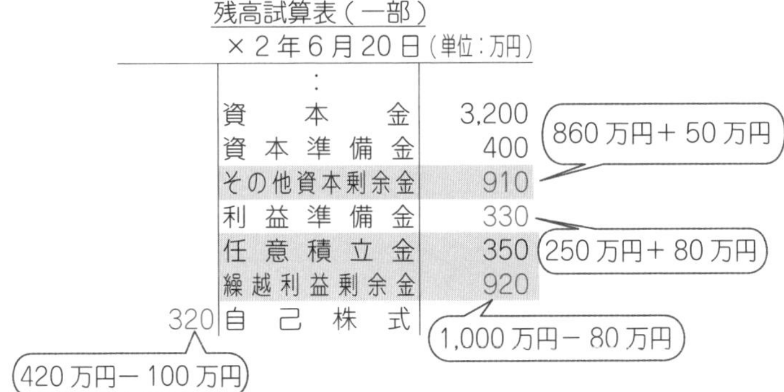

残高試算表（一部）

×2年6月20日（単位：万円）

	：	
	資本金	3,200
	資本準備金	400
	その他資本剰余金	910
	利益準備金	330
	任意積立金	350
	繰越利益剰余金	920
320	自己株式	

したがって、×2年6月20日の剰余金は、
910万円＋350万円＋920万円＝2,180万円
と計算することもできます。

3　分配可能額の計算 Step 2

重要度 ★★

分配時の剰余金を計算したら、次は分配可能額を計算します。

(1) 分配可能額の計算（全体像）

分配可能額は、Step 1 で計算した**分配時の剰余金**から、**A 分配時の自己株式の帳簿価額、B 前期末から分配時までの自己株式の処分対価、C のれん等調整額、D その他有価証券評価差額金（マイナスの場合）**などを差し引いて計算します。

分配可能額の計算

分配可能額＝

分配時の剰余金－
- A 分配時の自己株式の帳簿価額＊1
- B 前期末から分配時までの自己株式＊2の処分対価
- C のれん等調整額による制限額
- D その他有価証券評価差額金（マイナスの場合）

＊1　自己株式は、株主から自社の株式を買って株主にお金を払い戻した（分配した）ものと考えるため、分配可能額から除きます。

＊2　自己株式の処分によって特に金銭以外の財産を取得した場合に、取得した財産が仮に高く評価されると、不当に分配可能額が多くなります。
そのため、決算の承認を得た後でないと、自己株式の処分対価は分配可能額には入れることができません。

さきほどの例を使って、分配可能額（C、D がない場合）を計算してみましょう。

例

●次の資料にもとづき、×２年６月20日の分配可能額を計算しなさい。

●前期末（×２年３月31日）のその他資本剰余金は860万円、その他利益剰余金は1,350万円、自己株式は420万円である。

→ 前期末の剰余金は、2,210万円（860万円＋1,350万円）ですね

●×２年５月１日に自己株式100万円を150万円で処分し、代金は当座預金口座に預け入れた。 →処分対価

→ 仕訳は（借）当座預金 150 （貸）自己株式 100
その他資本剰余金 50

●×２年６月１日に繰越利益剰余金80万円を利益準備金に振り替えた。→ 仕訳は（借）繰越利益剰余金 80 （貸）利益準備金 80

●×２年６月20日の剰余金の金額（Step1）

2,210万円＋50万円－80万円＝2,180万円

●分配可能額の計算（Step2）

2,180万円－（420万円－100万円）－150万円＝1,710万円

Step1　**A** 分配時の自己株式の帳簿価額　**B** 前期末から分配時までの自己株式の処分対価

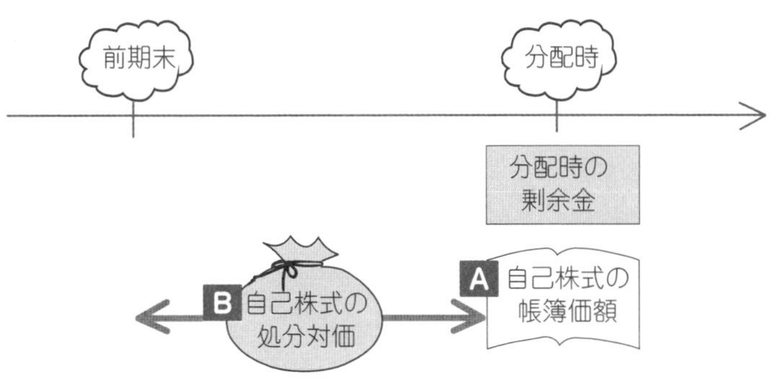

Ch 13 特殊論点2

(2) 分配可能額の計算（のれん等調整額の分配規制 C ）

のれんや繰延資産がある場合は、剰余金から一定の金額を差し引いて分配可能額を計算します。

なお、のれん等調整額とは、資産の部に計上された**のれん（無形固定資産）の金額の２分の１と繰延資産の合計**をいいます。

のれん等調整額 ＝ のれん $\times \frac{1}{2}$ ＋ 繰延資産

また、剰余金から差し引くのれん等調整額は、のれん等調整額と、**「前期末の資本金と資本準備金、利益準備金の合計」**（以下、**資本等金額**といいます）とを比べて決定します。

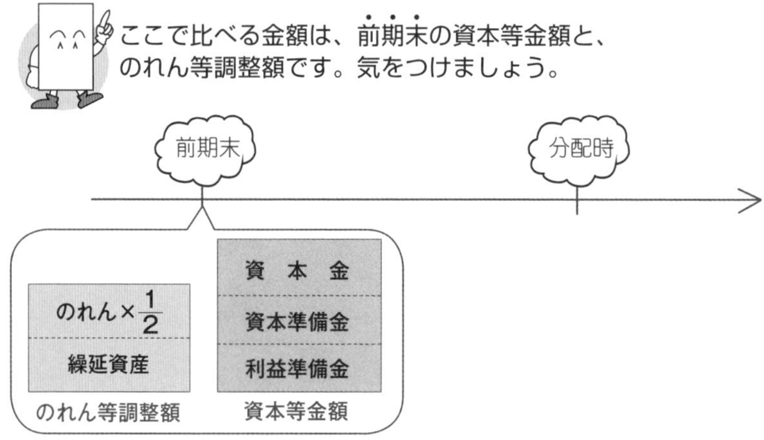

A．のれん等調整額が資本等金額以下の場合

のれん等調整額が資本等金額以下の場合は、剰余金から差し引くのれん等調整額は**ゼロ**となります。

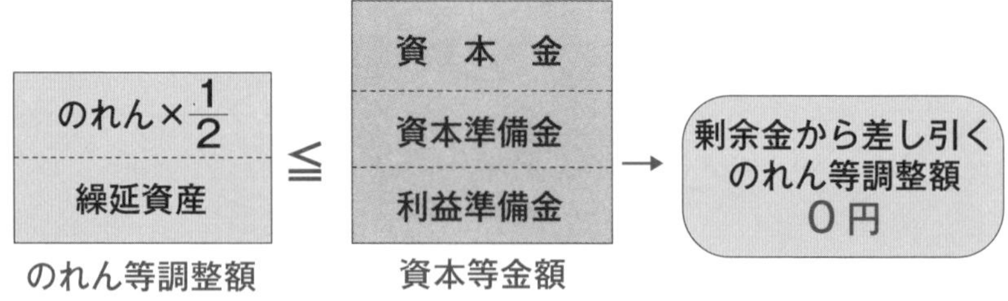

例A

●次の資料にもとづき、×2年6月20日の分配可能額を計算しなさい（前期末から分配時までの剰余金の変動はない）。
●前期末（×2年3月31日）の貸借対照表は次のとおりである。

貸借対照表（一部）
×2年3月31日　（単位：万円）

資産の部		：		
：		純資産の部		
Ⅱ．固定資産		Ⅰ．株主資本		
2．無形固定資産		1．資本金		3,200
のれん	4,000	2．資本剰余金		
Ⅲ．繰延資産		(1) 資本準備金	400	
1．株式交付費	100	(2) その他資本剰余金	860	1,260
		3．利益剰余金		
		(1) 利益準備金	250	
		(2) その他利益剰余金		
		任意積立金	350	
		繰越利益剰余金	1,000	1,600

●×2年6月20日の剰余金の金額（Step1）
860万円＋（350万円＋1,000万円）＝2,210万円
●分配可能額の計算（Step2）
・剰余金から差し引くのれん等調整額

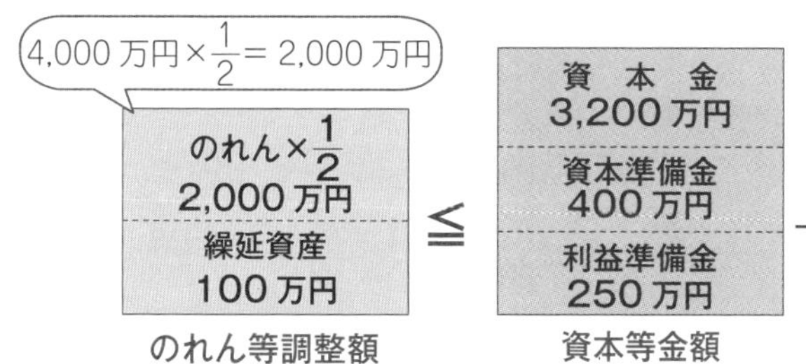

・分配可能額：2,210万円－0円＝2,210万円
Step1

Ch 13 特殊論点2

B. のれん等調整額が資本等金額を超える場合①

のれん等調整額が資本等金額を超える場合は、さらに、のれん等調整額と**「資本等金額とその他資本剰余金との合計額」**とを比べます。

そして、**のれん等調整額が、資本等金額とその他資本剰余金との合計額以下の場合は**、剰余金から差し引くのれん等調整額は**「のれん等調整額－資本等金額」**となります。

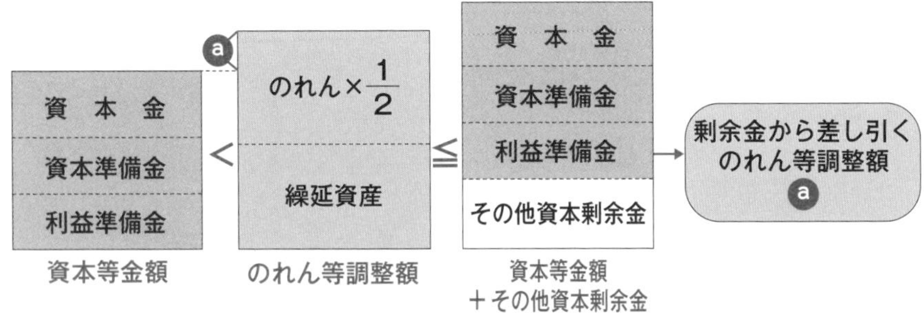

例B

●次の資料にもとづき、×2年6月20日の分配可能額を計算しなさい（前期末から分配時までの剰余金の変動はない）。

●前期末（×2年3月31日）の貸借対照表は次のとおりである。

貸借対照表（一部）
×2年3月31日　　（単位：万円）

資産の部		:		
:		純資産の部		
Ⅱ. 固定資産		Ⅰ. 株主資本		
2. 無形固定資産		1. 資本金		3,200
のれん	8,000	2. 資本剰余金		
Ⅲ. 繰延資産		(1) 資本準備金	400	
1. 株式交付費	100	(2) その他資本剰余金	860	1,260
		3. 利益剰余金		
		(1) 利益準備金	250	
		(2) その他利益剰余金		
		任意積立金	350	
		繰越利益剰余金	1,000	1,600

●×２年６月20日の剰余金の金額（Step1）

860万円＋（350万円＋1,000万円）＝2,210万円

●分配可能額の計算（Step2）

・剰余金から差し引くのれん等調整額

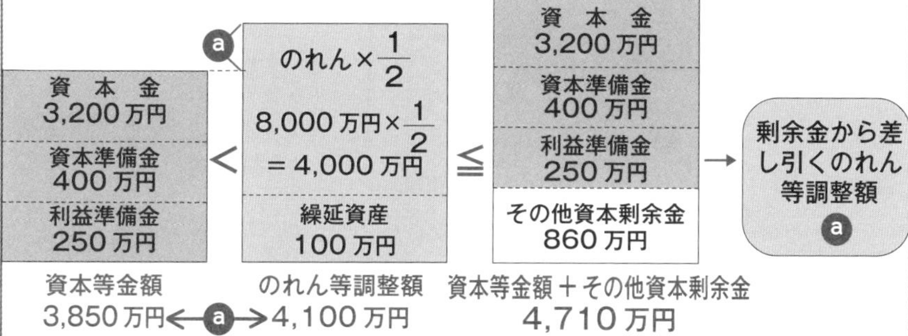

ⓐ剰余金から差し引くのれん等調整額：

4,100万円－3,850万円＝250万円

・分配可能額：2,210万円－250万円＝1,960万円

C．のれん等調整額が資本等金額を超える場合②

のれん等調整額が、資本等金額とその他資本剰余金との合計額をも超える場合は、こんどは**「のれんの２分の１」**と、**「資本等金額とその他資本剰余金の合計額」**を比べます。

そして、**のれんの２分の１が、資本等金額とその他資本剰余金との合計額以下の場合**、剰余金から差し引くのれん等調整額は**「のれん等調整額－資本等金額」**（Bと同様）となります。

また、**のれんの２分の１が、資本等金額とその他資本剰余金との合計額を超える場合**、剰余金から差し引くのれん等調整額は**「繰延資産とその他資本剰余金の合計額」**となります。

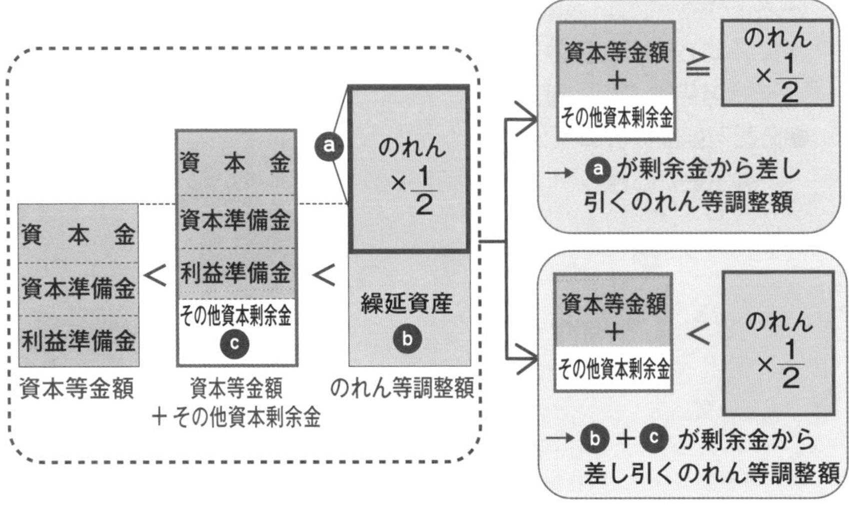

例C

●次の資料にもとづき、(1)のれんが9,000万円の場合と(2)のれんが10,000万円の場合の×2年6月20日の分配可能額を計算しなさい（前期末から分配時までの剰余金の変動はない）。

●前期末（×2年3月31日）の貸借対照表は次のとおりである。

貸借対照表（一部）
×2年3月31日　　（単位：万円）

資産の部		純資産の部		
：		：		
Ⅱ．固定資産		Ⅰ．株主資本		
2．無形固定資産		1．資本金		3,200
のれん	××	2．資本剰余金		
Ⅲ．繰延資産		(1) 資本準備金	400	
1．株式交付費	500	(2) その他資本剰余金	860	1,260
		3．利益剰余金		
		(1) 利益準備金	250	
		(2) その他利益剰余金		
		任意積立金	350	
		繰越利益剰余金	1,000	1,600

●×２年６月20日の剰余金の金額（Step1）

860万円＋350万円＋1,000万円＝2,210万円

●分配可能額の計算（Step2）

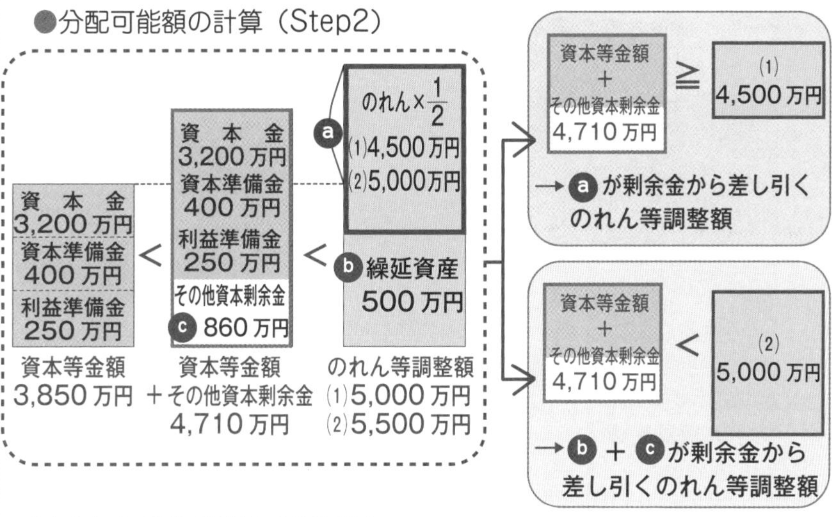

(1)のれんが9,000万円の場合

剰余金から差し引くのれん等調整額：

5,000万円－3,850万円＝1,150万円 ⓐ

分配可能額：2,210万円－1,150万円＝1,060万円

(2)のれんが10,000万円の場合

剰余金から差し引くのれん等調整額：

ⓑ 500万円＋ⓒ 860万円＝1,360万円

分配可能額：2,210万円－1,360万円＝850万円

最初からのれん÷２と、資本等金額＋その他資本剰余金を比較して、

のれん÷２＞資本等金額＋その他資本剰余金　の場合、

分配制限額：繰延資産＋その他資本剰余金

のれん÷２＜資本等金額＋その他資本剰余金　の場合、

分配制限額：のれん等調整額が資本等金額を超える部分

とおさえれば十分です。

例A～Cをまとめると次の通り。
まず、ⓘのれん等調整額、ⓘⓘ資本等金額、
ⓘⓘⓘ資本等金額＋その他資本剰余金の金額を計算します。

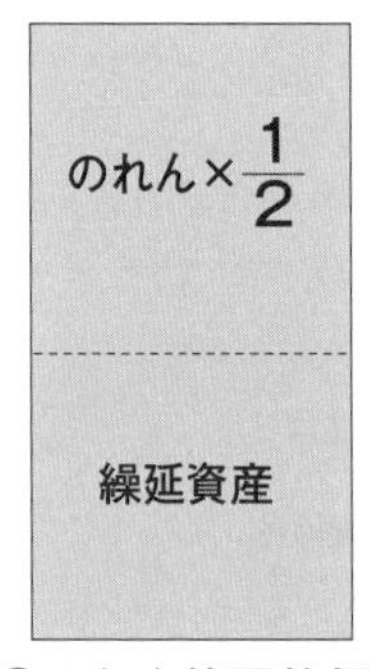

資本金 3,200万円
資本準備金 400万円
利益準備金 250万円

資本金 3,200万円
資本準備金 400万円
利益準備金 250万円
その他資本剰余金 860万円

ⓘのれん等調整額
例A　：2,100万円
例B　：4,100万円
例C(1)：5,000万円
例C(2)：5,500万円

ⓘⓘ資本等金額
3,850万円

ⓘⓘⓘ資本等金額
＋その他資本剰余金
4,710万円

そして、ⓘのれん等調整額と、ⓘⓘおよびⓘⓘⓘを比べて
剰余金から差し引くのれん等調整額を決定します。

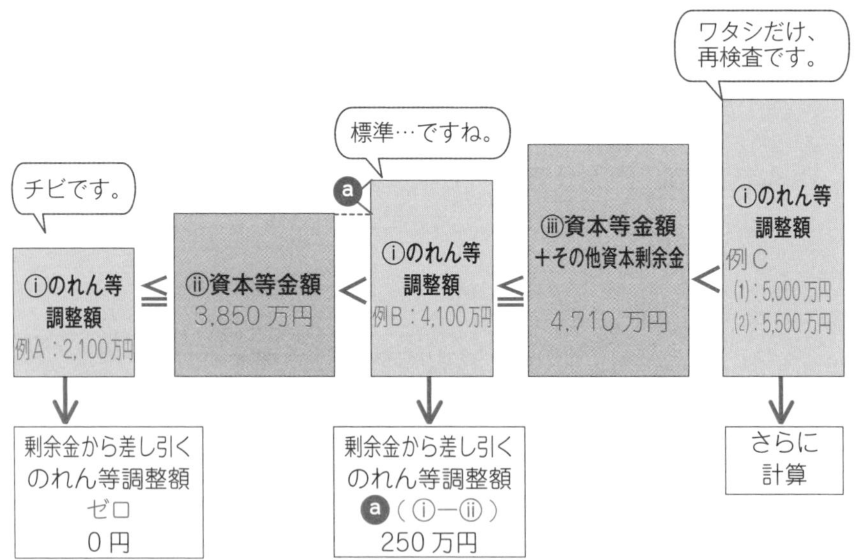

例Cの場合のみ、のれんの$\frac{1}{2}$とⓘⓘⓘを比べます。

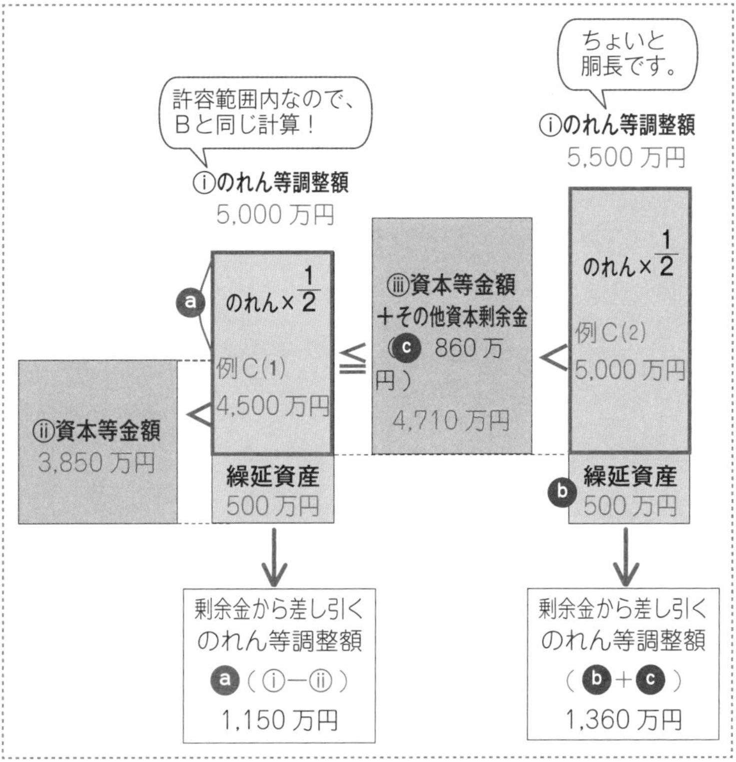

許容範囲内なので、Bと同じ計算！

ⓘのれん等調整額
5,000万円

ちょいと胴長です。

ⓘのれん等調整額
5,500万円

ⓐ のれん×$\frac{1}{2}$
例C(1)
4,500万円

ⓘⓘ資本等金額
3,850万円

ⓘⓘⓘ資本等金額
＋その他資本剰余金
（ⓒ 860万円）
4,710万円

のれん×$\frac{1}{2}$
例C(2)
5,000万円

繰延資産
500万円

ⓑ 繰延資産
500万円

剰余金から差し引くのれん等調整額
ⓐ（ⓘ－ⓘⓘ）
1,150万円

剰余金から差し引くのれん等調整額
（ⓑ＋ⓒ）
1,360万円

Ch 13 特殊論点2

以下の公式や、図解により計算することもできます。

①公式により計算する方法

	分配制限額
(ⅰ)のれん等調整額 ≦ 資本等金額	→ゼロ
(ⅱ)資本等金額 ＜ のれん等調整額 ≦ 資本等金額 ＋ その他資本剰余金	→のれん等調整額 － 資本等金額
(ⅲ)のれん等調整額 ＞ 資本等金額 ＋ その他資本剰余金	
(a)のれん ÷ 2 ≦ 資本等金額 ＋ その他資本剰余金	→のれん等調整額 － 資本等金額
(b)のれん ÷ 2 ＞ 資本等金額 ＋ その他資本剰余金	→その他資本剰余金 ＋ 繰延資産

② 図解により計算する方法

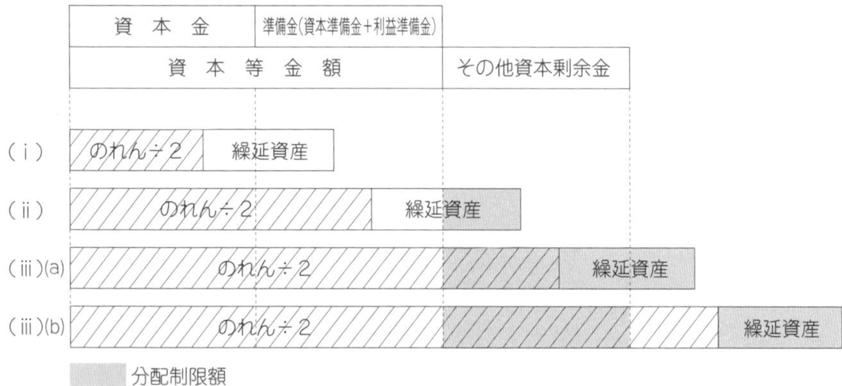

上記の方法の他に、以下のフローチャートにより計算することもできます。

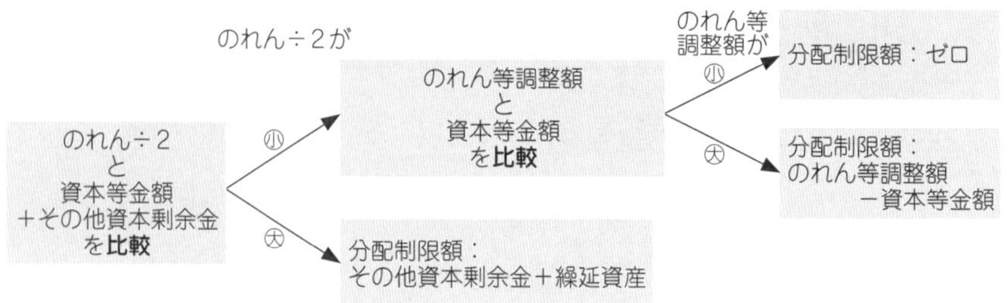

※　繰延資産は、会社法では費用の繰延べで財産価値がないものと考えています。
　この資産が資本金と準備金を超えるほど多額の場合には、分配可能額の計算で引きます。
　なお、のれんは将来企業に収益をもたらす可能性があるため、おおまかに2分の1の財産価値を認めています。

(3) 分配可能額の計算（その他有価証券評価差額金の分配規制 D）

前期末の**その他有価証券評価差額金がマイナス**の場合（評価損の場合）は、分配可能額の計算において剰余金から控除します。

プラスの場合（評価益の場合）は控除しません。

例

●次の資料にもとづき、×２年６月20日の分配可能額を計算しなさい（前期末から分配時までの剰余金の変動はない）。
●前期末（×２年３月31日）の貸借対照表は次のとおりである。

貸借対照表
×２年３月31日　（単位：万円）

	：		
	純資産の部		
	Ⅰ．株主資本		
	1．資本金		2,400
	2．資本剰余金		
	(1) 資本準備金	250	
	(2) その他資本剰余金	650	900
	3．利益剰余金		
	(1) 利益準備金	180	
	(2) その他利益剰余金		
	任意積立金	400	
	繰越利益剰余金	600	1,180
	4．自己株式		△280
	Ⅱ．評価・換算差額等		
	1．その他有価証券評価差額金		△100

●×２年６月20日の剰余金の金額（Step1）
650万円＋400万円＋600万円＝1,650万円
●分配可能額の計算（Step2）
1,650万円－280万円（自己株式帳簿価額）－100万円（その他有価証券評価差額金）＝1,270万円

分配時の自己株式の帳簿価額を差し引くことも忘れずに！

Ch 13 特殊論点2

純資産額300万円未満の分配規制　重要度★

株式会社の純資産額が300万円未満の場合は、配当をすることができません。また、配当を行うことによって、純資産額が300万円を下回るような配当は行うことができません。

基本問題1

次の資料にもとづき、×2年6月20日の剰余金の額と、分配可能額を計算しなさい。

【資料】

① 前期末（×2年3月31日）の貸借対照表は次のとおりである。

貸借対照表(一部)
×2年3月31日　（単位：万円）

	Ⅰ. 株主資本		
	1. 資本金		4,000
	2. 資本剰余金		
	(1) 資本準備金	500	
	(2) その他資本剰余金	760	1,260
	3. 利益剰余金		
	(1) 利益準備金	300	
	(2) その他利益剰余金		
	任意積立金	400	
	繰越利益剰余金	1,000	1,700
	4. 自己株式		△500

② ×2年5月1日に自己株式120万円を160万円で処分し、代金は当座預金口座に預け入れた。

③ ×2年5月20日に自己株式200万円を取得し、代金は小切手を振り出して支払った。

答案用紙

剰余金の額　[　　　　]　万円

分配可能額　[　　　　]　万円

解答

剰余金の額　**2,200**　万円

分配可能額　**1,460**　万円

（単位：万円）

・×２年５月１日…自己株式の処分

（借）	当座預金	160	（貸）	自己株式	120
				その他資本剰余金	40

・×２年５月20日…自己株式の取得

（借）	自己株式	200	（貸）	当座預金	200

①前期末の剰余金の金額：760万円＋400万円＋1,000万円	＝2,160万円
②前期末から分配時までの剰余金の増減：	＋40万円
③自己株式（帳簿価額）：500万円－120万円＋200万円＝	△580万円
④自己株式（処分対価）：	△160万円
●分配可能額：	1,460万円

Ch 13 特殊論点2

基本問題2

次の資料にもとづき×2年6月20日の分配可能額を計算しなさい。

【資料】

① 前期末（×2年3月31日）の貸借対照表は次のとおりである。

貸借対照表（一部）
×2年3月31日　　（単位：万円）

Ⅱ．固定資産		Ⅰ．株主資本			
2．無形固定資産		1．資本金			8,200
のれん	18,400	2．資本剰余金			
Ⅲ．繰延資産			(1) 資本準備金	850	
1．社債発行費	1,000		(2) その他資本剰余金	900	1,750
		3．利益剰余金			
			(1) 利益準備金	800	
			(2) その他利益剰余金		
			任意積立金	200	
			繰越利益剰余金	1,400	2,400

② 前期末から分配時までの剰余金の変動はない。

答案用紙

分配可能額　　＿＿＿＿万円

解答

分配可能額　　2,150万円

①剰余金の金額：900万円＋200万円＋1,400万円＝2,500万円
②資本等金額：8,200万円＋850万円＋800万円＝9,850万円
③資本等金額＋その他資本剰余金：9,850万円＋900万円＝10,750万円

・のれん等調整額：18,400万円×$\frac{1}{2}$＋1,000万円＝10,200万円

9,850万円（資本等金額）＜10,200万円（のれん等調整額）＜10,750万円（資本等金額＋その他資本剰余金）

→剰余金から差し引くのれん等調整額：
10,200万円－9,850万円＝350万円

●分配可能額：2,500万円－350万円＝2,150万円

➡ トレーニングの 問題3 問題4 へ！

●年度の財務諸表との違いを意識しましょう。

四半期財務諸表

1　四半期財務諸表

重要度 ★★

四半期とは1年間のうちの4分の1、つまり3カ月をいい、四半期財務諸表とは、年度末の財務諸表を除く、3カ月ごとに作成する財務諸表をいいます。

四半期財務諸表を作成するのは、主に証券取引所に株式を上場している会社です。そして、原則として、四半期連結財務諸表を作成する場合には、四半期個別財務諸表を作成する必要はありません。

そのため、四半期連結財務諸表について、説明していきます。

(1)四半期連結財務諸表の範囲

四半期連結財務諸表の範囲は、四半期連結貸借対照表、四半期連結損益計算書、四半期連結包括利益計算書（2計算書方式の場合）および四半期連結キャッシュ・フロー計算書です。

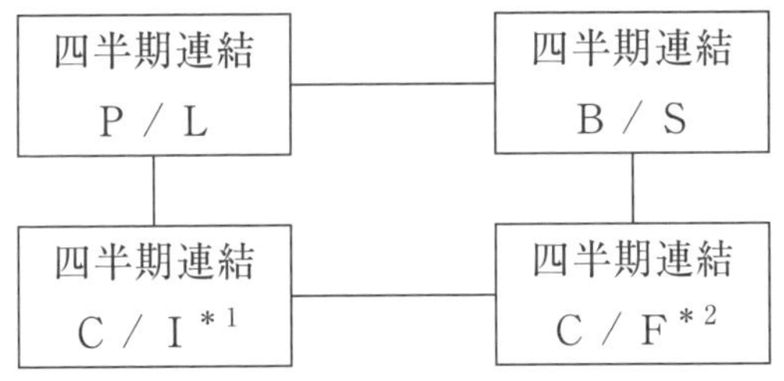

＊1　包括利益計算書について、Statement of comprehensive income を略しています。

＊2　開示の簡素化のため、第1四半期と第3四半期はキャッシュ・フロー計算書の作成を省略できます。

四半期の株主資本等変動計算書は作成しないことに注意してください。なお、四半期連結財務諸表の中でも、包括利益計算書とキャッシュ・フロー計算書については本試験での重要性が低いため、貸借対照表と損益計算書を中心に説明していきます。

⑵ 四半期連結財務諸表の対象期間

４月から３月までを年度の会計期間とした場合、第１四半期は４月から６月まで、第２四半期は７月から９月まで、第３四半期は10月から12月までとなります。

例えば、第３四半期の連結財務諸表の場合、四半期連結損益計算書については期首からの累計期間（４月１日から12月31日まで）をもとに作成し、四半期連結貸借対照表については、四半期会計期間の末日（12月31日）をもとに作成します。

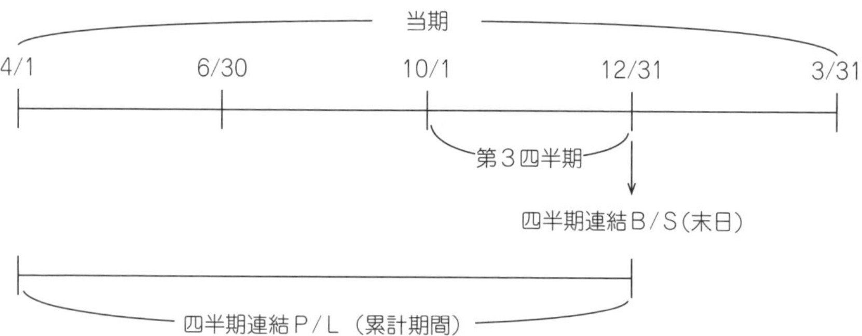

四半期連結財務諸表については、厳密には当期の財務諸表と合わせて前期の財務諸表も開示しますが、本試験での重要性が低いと思われるため、当期の財務諸表を中心に説明します。

(3) 四半期財務諸表の考え方

四半期財務諸表については、四半期会計期間を年度と並ぶ一会計期間とみた上で、四半期財務諸表を、**原則として年度の財務諸表と同じ会計方針を適用して作成すること**により、四半期会計期間に係る企業集団又は企業の財政状態、経営成績及びキャッシュ・フローの状況に関する情報を提供するという考え方（**実績主義**）を用いています。

しかし、四半期財務諸表は年度の財務諸表よりも開示の迅速性が求められています。そのため、一部の処理について四半期特有の処理が認められています。

2　四半期財務諸表に特有の処理　重要度★★

四半期財務諸表に特有の処理として、本書では、税金費用（法人税等）の計算と有価証券の減損処理についてみていきます。

(1) 税金費用（法人税等）の計算

年度の決算に適用する税率を用いて、四半期の課税所得をもとに法人税等を計算するのが原則処理ですが、**税引前四半期純利益に見積実効税率を掛けて法人税等を計算**することが認められています。

> 税金費用の簡便的処理
>
> 法人税等：税引前四半期純利益×見積実効税率
>
> 見積実効税率：
>
> $$\frac{（予想年間税引前当期純利益 \pm 永久差異^{*}）\times 法定実効税率 - 税額控除}{予想年間税引前当期純利益}$$ ←年間の税金費用

＊　会計上、費用または収益として計上しても、税法上、永久に損金または益金に算入されない項目をいいます。交際費等の損金不算入額や受取配当等の益金不算入額などがあります。

税額控除とは、課税所得に税率を掛けて計算した税額から税法の規定で差し引くことができる金額をいいます。試験研究費の特別控除などがありますが、簿記の試験では内容の詳細についてはあまり気にする必要はありません。

例

●次の資料にもとづいて第１四半期の法人税等計上の仕訳を示しなさい。なお、当社では税金費用について簡便的な処理を採用している。

●第１四半期を含む年度の予想税引前当期純利益は1,000円、年度で発生する永久差異は交際費200円（損金不算入）、税額控除は50円と見積もられた。法人税等の法定実効税率は30％である。

●第１四半期の税引前四半期純利益は200円であった。

⑴年間見積実効税率：$\dfrac{(1{,}000\text{円}+200\text{円}^{*})\times 30\% - 50\text{円}}{1{,}000\text{円}}$

$= 31\%$

＊　損金として認められないことにより課税所得が増えるため、加算します。

⑵法人税等：200円×31％（見積実効税率）＝62円

(借) 法人税、住民税及び事業税	62	(貸) 未払法人税等	62

➡ トレーニングの 問題５ へ！

Ch 13 特殊論点2

⑵ 有価証券の減損処理

年度末における有価証券の減損処理（強制評価減と実価法）については、切放法のみで洗替法は認められていません。

一方、四半期会計期間末における有価証券の減損処理については、**切放法と洗替法のいずれかを選択適用することが認められています。**

その他有価証券を例に説明していきます。

例

- 第３四半期会計期間末におけるその他有価証券の減損処理について、切放法または洗替法を採用している場合の第３四半期と年度末の仕訳をそれぞれ答えなさい。時価の回復可能性は不明である。
- 当社は第３四半期にその他有価証券（Ａ社株式）を 1,000 円で取得した。全部純資産直入法を採用し、税効果会計は無視する。
- 第３四半期末におけるＡ社株式の時価は 400 円であった。
- 年度末におけるＡ社株式の時価は 480 円であった。

第３四半期末

切放法	洗替法
投資有価証券評価損 600 ／ その他有価証券 600	投資有価証券評価損 600 ／ その他有価証券 600

第３四半期Ｐ／Ｌ（切放法）

投資有価証券評価損 600	

第３四半期Ｐ／Ｌ（洗替法）

投資有価証券評価損 600	

年度末

切放法	洗替法
洗替	
仕訳なし	その他有価証券 600 / 投資有価証券評価損戻入 600
評価	
その他有価証券 80 / その他有価証券評価差額金 80	投資有価証券評価損 520 / その他有価証券 520

切放法

年度末残高試算表

借方		貸方	
投資有価証券評価損	600	その他有価証券評価差額金	80
その他有価証券	480		

年度P / L

借方		貸方	
投資有価証券評価損	600		

年度B / S

借方		貸方	
その他有価証券	480	その他有価証券評価差額金	80

洗替法

年度末残高試算表

借方		貸方	
~~投資有価証券評価損~~	~~600~~	~~投資有価証券評価損戻入~~	~~600~~
投資有価証券評価損	520		
その他有価証券	480		

年度P / L

借方		貸方	
投資有価証券評価損	520		

年度B / S

借方		貸方	
その他有価証券	480		

残高試算表で見やすくするように、洗替法における仕訳の貸方を「投資有価証券評価損戻入」としていますが、「投資有価証券評価損」で大丈夫です。

四半期財務諸表については158回までの本試験で、会計学の正誤問題と語句記入問題で2回出題があるのみです。ただし、今後、簡単な計算問題の出題も考えられるため、掲載しました。

理論問題

次の文章のうち1. については空欄の中に入る適切な語句を記入し、2. および3. については文章が正しい場合には○を、誤っている場合には×を正誤欄に記入し、×を記入した場合にはその理由を簡潔に述べなさい。

1. 四半期財務諸表の作成にあたって、四半期会計期間を年度と並ぶ一会計期間とみた上で、 四半期財務諸表を原則として年度の財務諸表と同じ会計方針を適用して作成することにより、 当該四半期会計期間に係る企業集団または企業の財政状態、経営成績およびキャッシュ・フローの状況に関する情報を提供するという考え方を（　ア　）という。

2. 四半期財務諸表に関する会計基準によれば、四半期連結財務諸表の範囲は、四半期連結貸借対照表、四半期連結損益計算書、四半期連結キャッシュ・フロー計算書とされている。

3. 四半期連結財務諸表の作成にあたっては、実績主義が採用されているため、税金費用の計算についても原則として年度決算と同様の方法によって計算しなければならない。
ただし、財務諸表利用者の判断を誤らせない限り、税引前四半期純利益に年間見積実効税率を乗じて計算する方法も認められる。

解答

1	ア	実績主義

2	×	四半期連結財務諸表の範囲には、四半期連結包括利益計算書も含まれる。
3	○	

参考 セグメント情報　重要度 ★★

セグメント情報は、売上高、利益（または損失）、資産その他の財務情報を、事業の構成単位に分けた情報です。

セグメント情報は、財務諸表利用者が過去の業績を理解し、将来のキャッシュ・フローの予測を適切に評価できるようにするために作成し、財務諸表の注記情報として開示します。

⑴セグメントの区分

セグメント情報を作成するにあたっては、経営者が経営上の意思決定を行い業績を評価するために区分した企業の構成単位（事業セグメント）を一定の基準により分類・集約し、報告すべきセグメント（報告セグメント）を決定します。

経営者が経営上の意思決定を行い業績を評価するために、企業を事業の構成単位に区分した方法を基礎として報告セグメントを決定する方法を、マネジメント・アプローチといいます。

⑵開示する内容

企業はセグメント情報として、報告セグメントの概要、**報告セグメントの利益、資産、負債**及びその他の重要な項目等を開示しなければなりません。

なお、報告セグメントの利益（または損失）の額に次の項目が含まれている場合、開示しなければなりません。

- 外部顧客への売上高
- 事業セグメント間の内部売上高または振替高
- 減価償却費
- のれんの償却額及び負ののれん発生益
- 受取利息及び支払利息
- 持分法投資利益（または損失）
- 特別利益及び特別損失
- 税金費用
- 重要な非資金損益項目

【例】

P社はS社の発行済株式総数のすべてを取得しS社を支配しており、連結財務諸表を作成している。以下の資料にもとづき、セグメント情報を作成する。

⑴各社の事業の内容

	報告セグメント	セグメントの内容
P社	自動車	自動車の製造と、自動車の販売
	自動車部品	エンジンなど自動車の動力に係る部品の製造
S社	自動車部品	ボンネットなど自動車の車体に係る部品の製造

① P社とS社の自動車部品事業部は、部品の製造原価に一定の利益を付けてP社の自動車事業部に販売するとともに、他の自動車メーカーにも販売している。

② P社の自動車事業部は、自動車部品をもとに自動車を製造し、販売している。

⑵各社の財務諸表　(単位：円)

	P社		S社
	自動車	自動車部品	自動車部品
売　上　高	5,000	2,000	1,000
⋮	⋮	⋮	⋮
減価償却費	400	130	170
のれん償却額	200	70	30
⋮	⋮	⋮	⋮
受取利息	80	50	20
支払利息	50	10	30
特別利益	500	200	100
特別損失	100	140	60
セグメント利益	1,500	600	300
セグメント資産	4,000	1,500	1,000
セグメント負債	1,100	600	200

① 自動車部品事業部の売上高の内訳

P社の自動車部品事業部

自動車事業部への売上：1,200円、他のメーカーへの売上：800円

S社の自動車部品事業部

自動車事業部への売上：　600円、他のメーカーへの売上：400円

なお、P社の自動車事業部が期末に保有する自動車部品には未実現利益540円が含まれているため、セグメント資産およびセグメント利益を調整する。

② 自動車事業部の売上高は、すべて外部顧客への売上高である。

セグメント情報 （単位：円）

	P社		調整額	連結財務諸表計上額
	自動車	自動車部品		
売上高				
外部顧客への売上高	5,000	1,200	–	6,200
セグメント間の内部売上高又は振替高	–	1,800	△1,800	–
計	5,000	3,000	△1,800	6,200
セグメント利益	1,500	900	△540	1,860
セグメント資産	4,000	2,500	△540	5,960
セグメント負債	1,100	800	–	1,900
その他の項目				
減価償却費	400	300	–	700
のれんの償却額	200	100	–	300
受取利息	80	70	–	150
支払利息	50	40	–	90
特別利益	500	300	–	800
特別損失	100	200	–	300

自動車部品事業部の金額

P社とS社の自動車部品事業部の金額を合計して、各項目を計算します。

外部顧客への売上高：800円＋400円＝1,200円

セグメント間の売上高：1,200円＋600円＝1,800円

理論問題

次の文章の空欄の中に入る適切な語句を記入しなさい。

1. セグメント情報の報告セグメントの決定において、経営上の意思決定を行い、業績を評価するために、経営者が企業を事業の構成単位に区分した方法を基礎として報告セグメントを決定する方法を（　ア　）・アプローチといい、企業はこうして決定された各報告セグメントの概要、利益または損失、資産、負債、その他の重要項目の金額とそれらの測定方法などを開示しなければならない。

2. 企業が開示する報告セグメントの利益に含まれる項目のうち、開示が要求されているものには、外部（　イ　）への売上高、事業セグメント間の内部売上高又は振替高、減価償却費、（　ウ　）の償却額、受取利息及び支払利息、（　エ　）投資利益（または損失）、特別利益及び特別損失、税金費用、重要な非資金損益項目がある。

解答

1	ア　マネジメント		
2	イ　顧　客	ウ　の れ ん	エ　持 分 法

参考 賃貸等不動産

重要度 ★★

(1)賃貸等不動産とは

賃貸等不動産とは、棚卸資産に分類されている不動産*以外のもので、**賃貸収益またはキャピタル・ゲイン（売却益）**の獲得を目的として保有されている不動産をいいます。

＊ 不動産業者などが保有する販売目的の不動産（土地や建物など動かすことのできない財産）のことです。

また、物品の製造や販売、サービスの提供、経営管理（本社ビルなど）に自ら使用している場合は賃貸等不動産には含まれません。

(2)賃貸等不動産の範囲

賃貸等不動産には、次の不動産が含まれます。

① 貸借対照表において投資不動産として区分されている不動産

（投資目的*で所有する土地、建物その他の不動産）

② 将来の使用が見込まれていない遊休不動産

③ 上記以外で賃貸されている不動産

＊ 投資目的とは、賃貸収益またはキャピタル・ゲインを得る目的であり、賃貸等不動産のメインは投資不動産となります。

おおまかに分類すると次のとおりとなります。

	科　目	賃貸等不動産
販　売　目　的	販売用不動産	該当しない
投　資　目　的	投資不動産	該当する
物品製造販売等の目的 （自社で使用している場合）	建物、土地等	該当しない

(3)賃貸等不動産に関する注記

賃貸等不動産を保有している場合は、次の事項を注記します。

① 賃貸等不動産の概要

② 賃貸等不動産の貸借対照表計上額及び期中における主な変動

③ 賃貸等不動産の**当期末における時価**及びその算定方法

④ 賃貸等不動産に関する損益

【例】

以下の資料にもとづき、×７年３月末の当社の財務諸表を作成するとともに、賃貸等不動産に関する注記を行う。

【資料】

当社では、東京都において以下の賃貸用のオフィスビル（投資不動産）を有している。

前期の期首に取得したオフィスビルＡ

取得原価：40,000千円 期首減価償却累計額：1,000千円

(1) 当期首に賃貸用のオフィスビルＢを40,000千円で追加取得し、代金は当座預金口座より支払った。

(2) 当社が保有するオフィスビルＡ、Ｂを他社に賃貸し、賃貸料5,500千円が当座預金口座に振り込まれた。

また、オフィスビルＡの修繕費1,000千円を当座預金口座より支払った。なお、修繕費は賃貸原価として計上すること。

(3)① 決算時にオフィスビルＡ、Ｂについて、定額法、耐用年数40年、残存価額ゼロ、間接法により減価償却を行う。なお、減価償却費は賃貸原価として計上すること。

② 「不動産鑑定評価基準」にもとづいて自社で算定した×７年３月末の賃貸用のオフィスビルの時価は、次のとおりである。

オフィスビルＡ：37,000千円　オフィスビルＢ：41,000千円

(1) 取得時（オフィスビルB）

（借）投資不動産	40,000	（貸）当座預金	40,000

(2) 賃貸料受取り、修繕費支払い時

（借）当座預金	5,500	（貸）賃貸収入	5,500
（借）賃貸原価	1,000	（貸）当座預金	1,000

(3) 決算時

（借）賃貸原価	2,000*	（貸）投資不動産減価償却累計額	2,000

＊ 4,000千円÷40年＋4,000千円÷40年＝2,000千円

貸借対照表		
Ⅱ 固定資産		
3．投資その他の資産		
投資不動産	80,000	
減価償却累計額	3,000	77,000

損益計算書	
Ⅳ 営業外収益	
賃貸収入	5,500
Ⅴ 営業外費用	
賃貸原価	3,000

（注記例）

当社では、東京都において、賃貸用のオフィスビルを有しております。これら賃貸等不動産の貸借対照表計上額、当期増減額及び時価は、次のとおりであります。

（単位：千円）

貸借対照表計上額			当期末の時価
前期末残高	当期増減額	当期末残高	
39,000 *1	38,000 *2	77,000 *3	78,000 *4

（注１） 貸借対照表計上額は、取得原価から減価償却累計額を控除した金額であります。

（注２） 当期増減額のうち、増加額はオフィスビルＢの取得、減少額は減価償却費であります。

（注３） 当期末の時価は、「不動産鑑定評価基準」にもとづいて自社で算定した金額であります。

また、賃貸等不動産に関する×７年３月期の損益は、次のとおりであります。

（単位：千円）

賃貸収入	賃貸原価	賃貸利益	その他損益
5,500	3,000 *5	2,500	−

（注１） 賃貸原価にはオフィスビルに係る費用（修繕費、減価償却費）が含まれております。

＊１ 40,000千円－1,000千円＝39,000千円
＊２ 40,000千円（Ｂ）－（1,000千円＋1,000千円）＝38,000千円
＊３ （40,000千円－2,000千円）＋（40,000千円－1,000千円）＝77,000千円
＊４ 37,000千円＋41,000千円＝78,000千円
＊５ 1,000千円＋1,000千円（Ａ）＋1,000千円（Ｂ）＝3,000千円

理論問題

次の文章のうち1. については空欄の中に入る適切な語句を記入し、2. については文章が正しい場合には○を、誤っている場合には×を正誤欄に記入し、×を記入した場合にはその理由を簡潔に述べなさい。

1. 棚卸資産に分類される不動産以外で、賃貸収益またはキャピタル・ゲインの獲得を目的として保有されている不動産を（　ア　）不動産という。
（　ア　）不動産を保有している場合は、その概要、貸借対照表計上額および期中における主な変動、当期末における（　イ　）およびその算定方法、および（　ア　）不動産に関する損益を注記しなければならない。

2. 「賃貸等不動産の時価等の開示に関する会計基準」によれば，賃貸を目的として保有している不動産については，企業の選択により原価または当期末の時価で評価する。原価で評価した場合には時価を注記しなければならない。

解答

1	ア　　賃貸等	イ　　時価

2	×	賃貸を目的として保有している不動産については、原価で評価し、時価を注記する。

➡ トレーニングの 問題8 へ！

●支配権が残っていれば売却益は認められない。

不動産の流動化

1 不動産の流動化（証券化） 重要度 ★

不動産の流動化（証券化）とは、特別目的会社等（Special Purpose Company = SPC）を通じて、土地等の不動産を証券化し、資金を調達する手段をいいます。

(1)取引の流れ

不動産の流動化の方法にはいくつかの方法がありますが、ここではもっとも基本的な方法について、不動産の譲渡人の処理を説明します。

①譲渡時の取引

ⓐ 不動産の譲渡人（A社）が不動産の流動化を実行するため、SPC（B社）を新たに設立し、SPC（B社）に対して所有する不動産を時価で売却した。

ⓑ SPC（B社）は社債と出資証券を発行し、社債については投資家が購入し、出資証券については譲渡人（A社）が購入した。

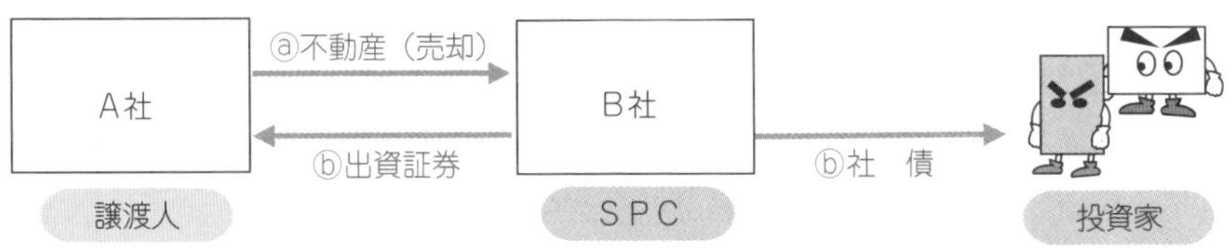

出資証券とは、譲渡人から出資があったことを証明する証券をいいます。

なお、出資証券の中には、配当等において
ふつうの出資証券よりも優先するものがあり、
これを優先出資証券といいます。

②毎期の取引

ⓒ　SPC（B社）は不動産の管理を管理会社（C社）に依頼し、管理会社（C社）に対し、管理料などの賃貸原価を支払う（B社はC社を通じてテナントに不動産を貸し付ける）。

ⓓ　SPC（B社）は毎年、管理会社（C社）から賃貸収入を受け取る。

ⓔ　SPC（B社）は毎年、投資家に対して社債利息を、譲渡人（A社）に対して配当金を支払う。

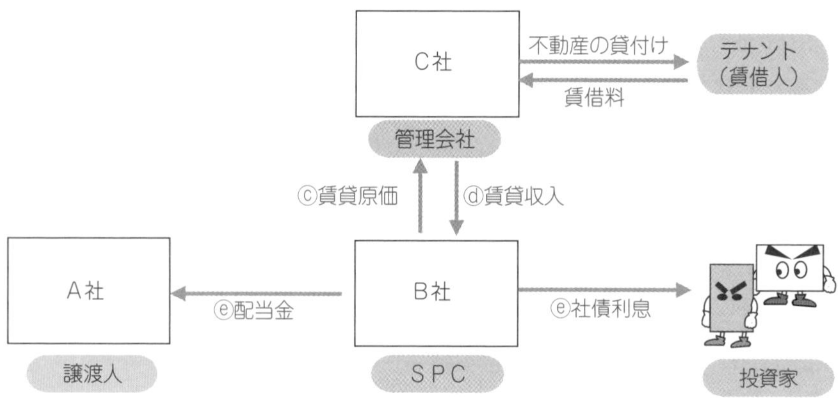

2 譲渡人の会計処理

重要度★

不動産の譲渡人の会計処理には、譲渡する不動産にかかるリスクや経済価値のほとんどが他の者に移転しているかどうかによって、売却取引として処理する方法と金融取引として処理する方法があります。

譲渡する不動産にかかるリスクとは、不動産の価値の下落のことをいい、経済価値とは、その不動産を所有、使用、処分することによって得られる経済的利益のことをいいます。

譲渡する不動産にかかるリスクや経済価値のほとんどが、（SPCを通じて）他の者に移転していると認められる場合には売却取引として処理し、それ以外の場合には金融取引として処理します。

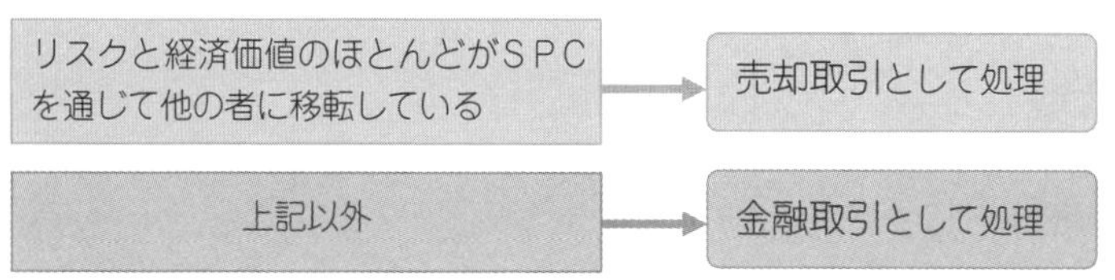

〔参考〕リスクと経済価値の移転に関する具体的な判断は、以下の公式にもとづいて行います。

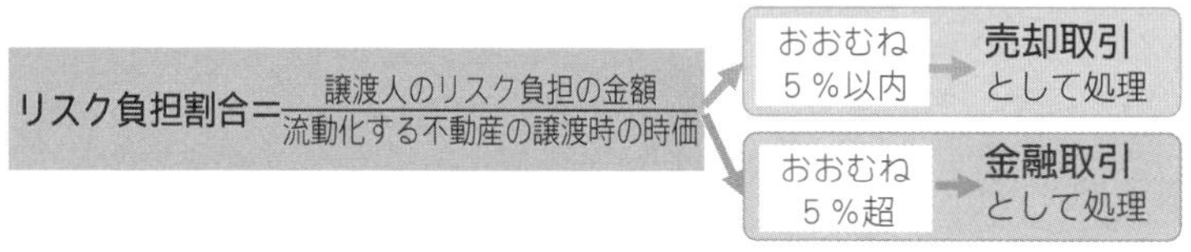

Ch 13 特殊論点2

(1)売却取引として処理する場合(譲渡人の処理)

①譲渡時の処理

売却取引として処理する場合、不動産の譲渡人(A社)は**不動産を売却したときの処理**をします。また、SPC(B社)から出資証券を受け取る(購入する)ので、**有価証券を取得したときの処理**をします。

例

● A社(譲渡人)はB社(SPC)に対し、所有する土地(帳簿価額600円)を時価1,000円で売却し、代金は現金で受け取った。
B社は社債950円と優先出資証券50円を発行し、このうちA社は優先出資証券50円を購入した(代金は現金で支払った)。
売却取引として処理する。

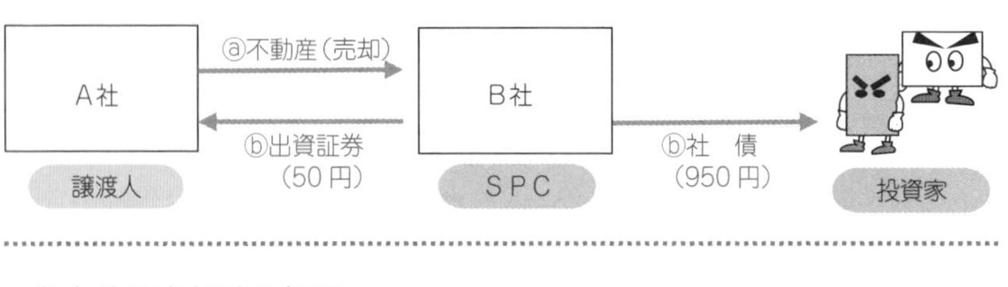

●土地の売却時の処理

(借) 現　金	1,000	(貸) 土　地	600
		固定資産売却益	400

●優先出資証券の取得時の処理

(借) 有価証券	50	(貸) 現　金	50

優先出資証券を取得したときの借方科目は、優先出資証券の保有目的に応じた勘定科目で処理します(このテキストでは「有価証券」で処理しておきます)。

②毎期の処理

譲渡人（A社）は毎期、SPC（B社）から配当金を受け取るため、**配当金を受け取ったときの処理**をします。

例

●B社（SPC）はC社（管理会社）に不動産の管理を依頼し、毎期、賃貸原価40円を現金で支払うとともに、C社より賃貸収入（当期の賃貸収入は100円）を現金で受け取る。また、B社は社債利息57円と配当金3円を現金で支払う。

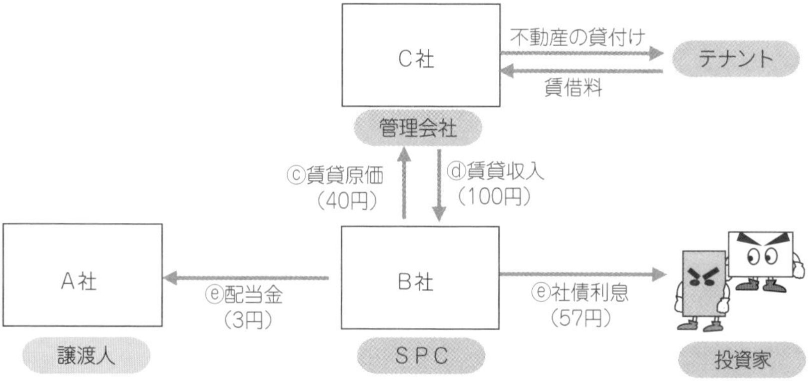

●配当金の受取時の処理

(借) 現　　金	3	(貸) 受取配当金	3

⑵金融取引として処理する場合（譲渡人の処理）

①譲渡時の処理

金融取引として処理する場合、不動産の譲渡人（A社）は、不動産を担保に現金等を借り入れたとして処理します。

また、SPC（B社）から出資証券を購入したときは、出資証券の金額分だけ**借入金（負債）を返済した**として処理します。

例

● A社（譲渡人）はB社（SPC）に対し、所有する土地（帳簿価額600円）を時価1,000円で売却し、代金は現金で受け取った。
B社は社債850円と優先出資証券150円を発行し、このうちA社は優先出資証券150円を購入した（代金は現金で支払った）。金融取引として処理する。

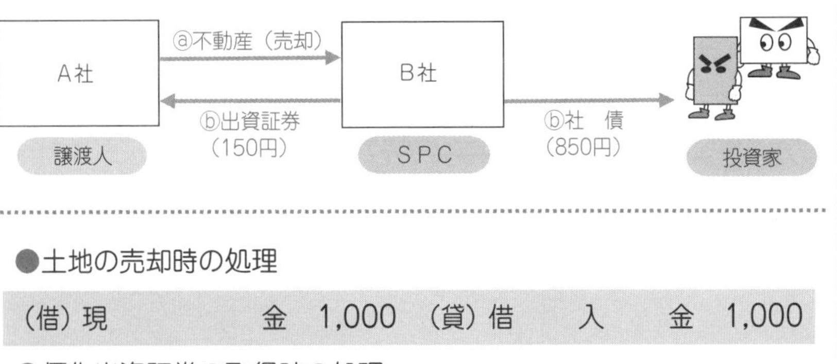

●土地の売却時の処理

（借）現	金	1,000	（貸）借入金	1,000

●優先出資証券の取得時の処理

（借）借入金		150	（貸）現金	150

②**毎期の処理**

金融取引として処理する場合、賃貸原価の支払いや賃貸収入の受取りは、SPC（B社）を通じて譲渡人（A社）が行ったものとして処理をします。

また、SPC（B社）が投資家に対して支払った**社債利息**も、譲渡人（A社）が**借入金に対する利息（支払利息）を支払ったものとして処理**します。なお、**配当金の受取りの処理は行いません。**

例

● B社（SPC）はC社（管理会社）に不動産の管理を依頼し、毎期、賃貸原価40円を現金で支払うとともに、C社より賃貸収入（当期の賃貸収入は100円）を現金で受け取る。また、B社は社債利息51円と配当金9円を現金で支払う。

●賃貸原価の支払いと賃貸収入の受取りの処理

(借)	賃貸原価	40	(貸) 現金	40
(借)	現金	100	(貸) 賃貸収入	100

●社債利息の処理

(借)	支払利息	51	(貸) 現金	51

基本問題

次の資料にもとづき、当期末（×5年3月31日）の貸借対照表および損益計算書を作成しなさい。

決算整理前残高試算表

×5年3月31日　　　（単位：円）

現金預金	5,000	固定資産売却益	2,400
その他有価証券	2,000		

1．決算整理事項

当社は不動産の流動化のため，当期首に特別目的会社（ＳＰＣ）Ｓ社を設立し、当社の所有する土地4,600円を時価7,000円で売却している。

⑴Ｓ社は、優先出資証券 2,000千円および普通社債 5,000千円を発行し、当社はこのうち、優先出資証券2,000円（その他有価証券）を購入している。

⑵当社はこの取引を「売却取引」として処理をしていたが、当社のリスク負担が「概ね５％」の基準を大幅に超えているため、「金融取引」として修正する。

「金融取引」とした場合、Ｓ社の取引は当社の取引として処理する。

また、社債は長期借入金とする。

⑶Ｓ社は資産管理会社に賃貸原価 400円を支払い、賃貸収入 500円を受け取っている。また、Ｓ社は社債利息100円を支払っている。

答案用紙

（単位：円）

貸借対照表

Ⅰ	流動資産	
	現金預金	（　　　）
Ⅱ	固定資産	
	土地	（　　　）
	⋮	⋮
Ⅱ	固定負債	
	長期借入金	（　　　）

損益計算書

Ⅳ	営業外収益	
	賃貸収入	（　　　）
Ⅴ	営業外費用	
	賃貸原価	（　　　）
	支払利息	（　　　）

解答

（単位：円）

貸借対照表	
Ⅰ　流動資産	
現金預金	(5,000)
Ⅱ　固定資産	
土地	(4,600)
⋮	⋮
Ⅱ　固定負債	
長期借入金	(5,000)

損益計算書	
Ⅳ　営業外収益	
賃貸収入	(500)
Ⅴ　営業外費用	
賃貸原価	(400)
支払利息	(100)

⑴不動産の売却の修正（借入れ）

(借)	土地	4,600	(貸)	長期借入金	7,000
	固定資産売却益	2,400			

⑵有価証券の購入の修正（借入金の返済）

(借)	長期借入金	2,000	(貸)	その他有価証券	2,000

⑶不動産の賃貸

(借)	現金預金	500	(貸)	賃貸収入	500
(借)	賃貸原価	400	(貸)	現金預金	400

⑷利息の支払い

(借)	支払利息	100	(貸)	現金預金	100

➡ トレーニングの 問題9 へ！

●各会計のルールの基本的な考え方をまとめたもの

概念フレームワーク

1　概念フレームワーク　重要度 ★

「財務会計の概念フレームワーク」は、会計基準の基本的な考え方をあらわしたものであり、これによって、会計基準に対する理解が深まるなどの効果があります。

2　財務報告の目的　重要度 ★

財務報告とは財務諸表と関連する開示事項を外部に報告することであり、概念フレームワークでは、財務報告の目的を「投資家による企業成果の予測と企業価値の評価に役立つような、企業の財務状況の開示」にあるとしています。

「企業の財務状況の開示」とは、企業の**投資のポジション**（ストック）とその**成果**（フロー）を開示することとしています。

企業は資金を株主・債権者から純資産・負債として調達し、商品や有形固定資産、有価証券などに投資をし、それらを利用して活動を行った結果、成果として収益を得ます。

そのため、投資のポジションとは企業の**財政状態**、投資の成果とは企業の**経営成績**とイメージしておけばいいでしょう。

フローが一定期間、ストックが一定時点ということになります。

3　会計情報の意思決定有用性　重要度 ★

概念フレームワークでは、財務報告の目的を達成するために、会計情報の最も基本的な特性として「意思決定有用性」を挙げています。

そして、この「意思決定有用性」を支える特性として「意思決定との関連性」と「信頼性」の2つの特性を挙げています。

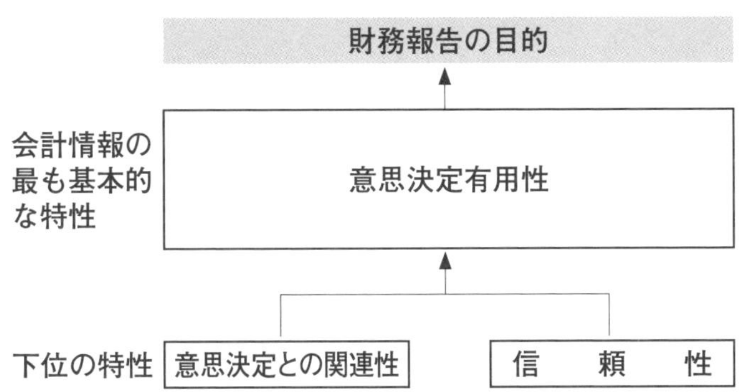

意思決定有用性：会計情報が投資家の意思決定に有用な情報であること。
意思決定との関連性：会計情報が投資家の意思決定に積極的な影響を与えて貢献すること。
信　頼　性：会計情報が信頼できる情報であること。

4　財務諸表の構成要素　重要度 ★★

概念フレームワークでは、貸借対照表及び損益計算書の構成要素について定義されています。

⑴資産

資産とは、過去の取引または事象の結果として、報告主体が**支配**している**経済的資源**をいいます。

報告主体とは財務諸表を作成する企業を指します。

⑵負債

負債とは、過去の取引または事象の結果として、報告主体が**支配**している**経済的資源**を放棄もしくは**引き渡す義務**、またはその同等物をいいます。

経済的資源とは、キャッシュの獲得に貢献する利益の源泉をいいます。

⑶　純資産

純資産とは、資産と負債の**差額**をいいます。

⑷株主資本

純資産のうち報告主体の所有者である**株主に帰属**する部分をいいます。

⑸純利益

純利益とは、特定期間の期末までに生じた純資産の変動額のうち、その期間中にリスクから解放された**投資の成果**であって、報告主体の所有者に帰属する部分をいいます。

⑹収益

収益とは、純利益または非支配株主損益を増加させる項目であり、特定期間の期末までに生じた資産の増加や負債の減少に見合う額のうち、**投資のリスクから解放された部分**をいいます。

１級では、リスクからの解放とは、収益の認識で学習した「実現」とイメージしておけば十分です。

⑺費用

費用とは、純利益または非支配株主損益を減少させる項目であり、特定期間の期末までに生じた資産の減少や負債の増加に見合う額のうち、**投資のリスクから解放された部分**をいいます。

理論問題

概念フレームワークに関する次の文章の空欄に入る最も適切な語句を答えなさい。

1．資産とは、過去の取引または事象の結果として、報告主体が（　ア　）している（　イ　）をいう。

2．負債とは、過去の取引または事象の結果として、報告主体が（　ウ　）している（　エ　）を放棄もしくは引き渡す義務、またはその同等物をいう。

3．純資産とは、資産と負債の（　オ　）をいう。

4．純資産のうち報告主体の所有者である（　カ　）に帰属する部分をいう。

5．純利益とは、特定期間の期末までに生じた（　キ　）のうち、その期間中に（　ク　）から解放された投資の成果であって、報告主体の所有者に帰属する部分をいう。

ア		イ		ウ	
エ		オ		カ	
キ		ク			

解答

ア	支　配	イ	経済的資源	ウ	支　配
エ	経済的資源	オ	差　額	カ	株　主
キ	純資産の変動額	ク	リスク		

➡ トレーニングの 問題10 へ！

人間貸借対照表論

人は裸で生まれてきて、自分の力で歩み始める。そして就職し、働くことを覚える。

第１段階は、誰しもが体１つを資本としての出発である。
貸借対照表でいうと、できたばかりの会社、つまり資本金（＝体）だけがあり、その分の資産しかない状態である。

そしてその人が頑張りはじめると第２段階に入っていく。そうすると頑張った分で少しづつ経験を積み、小さいながらも自信が持ててくるようになる。

損益計算書でいうと、努力（＝費用）よりも成果（＝収益）が大きくなり利益が出た状態。

そして貸借対照表でいうと、損益計算書で上がった利益の分（繰越利益剰余金＝自信）が貸借対照表の資本（＝自己資本）に加わり、資本（その人の中身、価値）が少しだけ増える。

さらに、周りのことを思って頑張っていくと、今度は周りがその人を信用しはじめる。これが第３段階。

周りからの信用は、『君に任せた』という言葉とともに、その人の資産を預かって、自分が運用することになる。

貸借対照表でいうと他人資本（＝負債）の発生である。そうしてその信託に応え、きっちり運用して返していくと、別の人がそれを見ていて『君は信用できる』とさらに大きな資産を預けてくれる。
つまり貸借対照表でいうと、負債が発生して、借方や貸方の合計額（＝その人が運用できる範囲）が格段に大きくなり、発展してきた状態を示している。このまま他人の信用を大事にして発展しつづけないといけない。

逆に、ちょっとサボって、信用に応えない（＝負債を返さない）と、周りはそれを敏感に察知し『返さないやつに貸すなんてとんでもない』と、もう二度と資産を預けてくれなくなる。

このときに、また体１つに戻って頑張ればいいが、そうでないと倒産、破滅ということになる。

信用は何よりも大事にしなければいけない。

これが、私の知人が教えてくれた「人間貸借対照表論」です。

さくいん

あ

委託販売……263
売上割戻（収益認識）……207
売建オプション……311
ＳＰＣ……373
オプション差損益……312
オプション取引……311

か

外貨建てのれん……126
外貨建満期保有目的債券……22
開業費……56
回収可能性（税効果会計）……26
回収サービス業務資産……318
買建オプション……311
概念フレームワーク……382
開発費……56
買戻権……317
貸付金の譲渡……317
貸付金売却益……318
カスタマー・ロイヤルティー・プログラム……225
割賦販売……295
株式移転の連結上の処理……136
株式交換の連結上の処理……131
株式交付費……56
借入資本利子……39
為替換算調整勘定……116
為替予約……28
完成工事原価……249
完成工事高……249
完成工事未収入金……251
簡便法（連結キャッシュ・フロー計算書）……154
期末一括法……267
共同支配企業……333
共同支配投資企業……333
金融取引（不動産の流動化）……375
金融要素……214
組替調整……74
繰延資産……54
繰延積送諸掛……265
繰延内部利益……182
繰延内部利益控除……182
繰延内部利益戻入……183
契約資産……231
契約負債……204
原価回収基準……236
原価比例法……238
建設業会計……236
原則法（連結キャッシュ・フロー計算書）……148
現物出資による取得（固定資産）……40
交換による取得（固定資産）……41
工事契約……236
工事損失引当金……253
工事未払金……248
交付株式数の決定……140
コール・オプション……311
子会社株式の追加取得……81

子会社株式の売却……92

さ

在外子会社の換算……114
在外子会社の連結……122
在外支店の換算……190
自家建設……38
事業分離の連結上の処理……326
自社ポイント……225
支店間取引……168
支店独立会計制度……160
支店分散計算制度……168
四半期財務諸表……357
資本的支出……42
社債発行費……56
収益的支出……42
修正受渡日基準……18
受託販売……276
取得関連費用（連結）……86
試用販売……278
商品券……220
数理計算上の差異の計算……79
税率の変更（税効果会計）……36
セール・アンド・リースバック……2
積送諸掛……264
セグメント情報……365
総記法……306
総合償却……48
総合損益勘定……179
贈与による取得（固定資産）……40
創立費……56
その都度法……267

た

退職給付に係る資産……75
退職給付に係る調整額……68
退職給付に係る負債……68
代理人取引……216
他社ポイント……230
段階取得……103
段階取得に係る差益……104
段階取得に係る差損……104
中途解約……8
長期前受収益……3
長期前払費用……3
帳簿の締切り（本支店会計）……177
賃貸等不動産……369
手許商品区分法……267
投資不動産……369
特殊商品売買……260
特別目的会社……373
独立処理……28
取替法……48
トレーディング目的……310

な

のれん等調整額……344

は

非支配株主への配当金の支払額……152
評価差額の実現……112
評価性引当額……26
プット・オプション……311
不動産の流動化……373
分配可能額……337
返金負債……209
変動対価……207

返品権付き販売……210
ポイント制度……225
本支店会計……160
本支店合併財務諸表……171
本店集中会計制度……160
本店集中計算制度……169

ま

前払年金費用……75
未成工事支出金……248
未着品売買……290
持分法から連結への移行……107
戻り商品……297
戻り商品損失……298

や

約定日基準……18
有価証券の保有目的の変更……321
予定取引（オプション）……314
予定取引（為替予約）……32

ら

リース債務解約損……8
リース資産除却損……8
リース料の前払い……12
履行義務……199
リコース義務……318
リサイクリング……74
リベート……207
連結キャッシュ・フロー計算書……146
連結上の退職給付……66

ネットスクールの WEB 講座のご案内

日商簿記1級

簿記検定の最高峰、日商簿記１級の WEB 講座では、実務的な話も織り交ぜながら、誰もが納得できるよう分かりやすく講義を進めていきます。
また、WEB 講座であれば、自宅にいながら受講できる上、受講期間内であれば何度でも繰り返し納得いくまで受講できるため、範囲が広くて1つひとつの内容が高度な日商簿記１級の学習を無理なく進めることが可能です。
ネットスクールと一緒に、日商簿記１級に挑戦してみませんか？

標準コース　学習期間（約1年）

じっくり学習したい方向けのコースです。初学者の方や、実務経験のない方でも、わかり易く取引をイメージして学習していきます。お仕事が忙しくても１級にチャレンジされる方向きです。

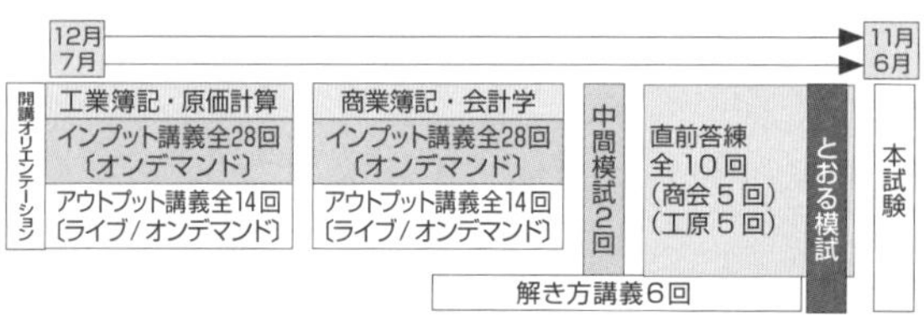

速修コース　学習期間（約6カ月）

短期間で集中して１級合格を目指すコースです。 比較的残業が少ない等、一定の時間が取れる方向きです。また、税理士試験の受験資格が必要な方にもオススメのコースです。

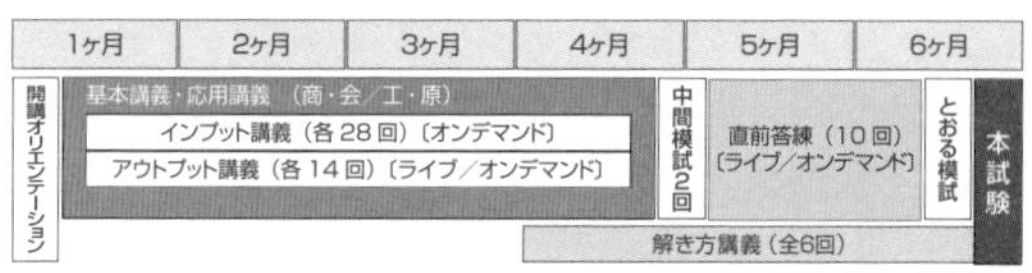

※１級標準・速修コースをお申し込みいただくと、特典として**２級インプット講義が本試験の前日まで学習いただけます。**
２級の内容に少し不安が…という場合でも安心してご受講いただけます。

日商簿記1級WEB講座で採用『反転学習』とは？

【従　　来】

簿記の授業でも、これまでは上記のように問題演習を授業後の各自の復習に委ねられ、学習到達度の大きな差が生まれる原因を作っていました。そこで、ネットスクールの日商簿記対策 WEB 講座では、このスタイルを見直し、反転学習スタイルで講義を進めています。

【反 転 学 習】

各自、オンデマンド講義でまずは必要な知識のインプットを行っていただき、その後のライブ講義で、インプットの復習とともに具体的な問題演習を行っていきます。ライブ講義とオンデマンド講義、それぞれの良い点を組み合わせた「反転学習」のスタイルを採用することにより、学習時間を有効活用しながら、早い段階で本試験レベルの問題にも対応できる実力が身につきます。